Wolfgang Münchau

MAKRO-
STRATEGIEN

Sicher investieren,
wenn Staaten pleitegehen

HANSER

FSC
Mix
Produktgruppe aus vorbildlich
bewirtschafteten Wäldern und
anderen kontrollierten Herkünften
Zert.-Nr. GFA-COC-001262
www.fsc.org
© 1996 Forest Stewardship Council

Das für dieses Buch verwendete FSC-zertifizierte Papier Munken Pre-
mium liefert Arctic Paper Munkedals AB, Schweden.

Bibliografische Information der Deutschen Nationalbibliothek
Die Deutsche Nationalbibliothek verzeichnet diese Publikation in der
Deutschen Nationalbibliografie; detaillierte bibliografische Daten sind
im Internet über http://dnb.d-nb.de abrufbar.

1   2   3   4   5   6   13 12 11 10

© 2010 Carl Hanser Verlag München
Internet: http://www.hanser.de
Lektorat: Martin Janik
Herstellung: Stefanie König
Umschlaggestaltung: Keitel & Knoch GbR, München, unter
Verwendung eines Bildmotivs von © Detelf Fotolia
Satz: Presse- und Verlagsservice, Erding
Druck und Bindung: Friedrich Pustet, Regensburg
Printed in Germany

ISBN 978-3-446-42345-9

Inhalt

Prolog

Die Finanzkrise war für mich als Journalist eines der prägenden Ereignisse meiner Karriere. Von 2006 bis jetzt war die Blase und später die Krise im Eurogebiet das mit Abstand dominierende Thema meiner publizistischen Arbeit. Und es gab keine Frage, die man mir während dieser ganzen Periode häufiger stellte als die Frage, was man denn mit seinem angesparten Vermögen machen sollte. Die Frage war zu keinem Zeitpunkt leicht zu beantworten. Viele Menschen haben berechtigterweise Angst, ähnliche Fehler zu machen wie Investoren, die in Wertpapiere der Firma Lehman investierten oder die ihr Geld in einer isländischen Bank angelegt haben. In Zeiten volkswirtschaftlicher Instabilität bestehen gerade für Privatinvestoren enorme Risiken.

Makrostrategien ist das Buch für Anleger in Krisenzeiten. Auch wenn die akute Phase der Finanzkrise vorbei ist, halten die Krisenzeiten an. Ich erwarte, dass sich die deutsche Wirtschaft insbesondere im zweiten Halbjahr 2010 und 2011 erholt. Damit ist nur leider trotzdem die Krise nicht vorbei. Die Kreditkrise im amerikanischen Immobilienmarkt hat sich zu einer globalen Schuldenkrise ausgeweitet und droht mittlerweile ganze Staaten in den Abgrund zu reißen. Die daraus resultierende Instabilität sollten Sie als Investoren berücksichtigen.

Das entscheidende Merkmal dieser Krisenzeiten ist, dass volkswirtschaftliche Faktoren alles andere überschatten. Da kann sich die Unternehmensführung eines aktiennotierten Dax-Unternehmens noch so abrackern. Wenn die Volkswirtschaft zusammenbricht, wenn Instabilität an den Märkten vorherrscht oder wenn Inflation oder Deflation wüten, dann dominiert Makro über Mikro. In solchen Zeiten verfahren Sie am besten, wenn Sie zumindest die volkswirtschaftlichen Faktoren in Ihre Strategien mit einbeziehen. Mit *Makrostrategien* versuche ich zu erreichen, dass Sie über Investitionen etwas anders nachdenken. Investoren, vor allem private Investoren, ignorieren zumeist makroökonomische Umstände. Bestenfalls spielen sie eine untergeordnete Rolle. Investitionsentscheidungen werden auf der Basis von Mikroanalysen getroffen – Prognosen über Unternehmensgewinne und Marktanteile, Nachfrage nach Öl und anderen Faktoren. In stabilen Zeiten sind das auch richtige Strategien, nur nicht in Zeiten, wenn makroökonomische Unsicherheit dominiert.

Einige Investmentprofis, sogenannte Makro-Hedgefonds, verfahren nach dieser Devise schon seit Langem. Ich versuche Ihnen zu demonstrieren, dass man auch als privater Investor eine stark abgewandelte Version solcher Strategien übernehmen kann. Ich will Ihnen dabei nicht zu risikoreichen Strategien raten, wie sie von einigen Hedgefonds getätigt werden. Dazu fehlen Ihnen als Investoren mit großer Wahrscheinlichkeit auch die liquiden Mittel und vor allem der Zugang zu großen Kreditlinien. Und trotzdem lässt sich von den professionellen Makroinvestoren einiges lernen. Professionelle Makroinvestoren sind Leute, die die meiste Zeit damit verbringen, die Wirtschaft zu analysieren und ein tiefes Verständnis wirtschaftlicher Vorgänge zu erzielen. Makrostrategien sind das Ergebnis eines gedanklichen Prozesses, der mit einer detaillierten Analyse beginnt. Makroinvestoren sind keine Cowboys, die mit entsicherter Waffe durch den Markt rennen. Es sind meistens zurückhaltende Intellektuelle, die sich stundenlang über die Frage nach der Nachhaltigkeit der griechischen Haushaltspolitik unterhalten können. Dieses Buch ist somit ebenfalls der Versuch, eine Investitionsstrategie mit einer harten Analyse zu untermauern.

Vielleicht überrascht es Sie, aber die Profis unter den Makroinvestoren interessieren sich überraschend wenig für die Konjunktur. Die Konjunktur ist wichtiger für den klassischen Investor. Das Hauptinteresse eines Makroinvestors gilt strukturellen Aspekten des Systems. In unserem Fall ist die alles überragende strukturelle Systemschwäche die Instabilität an den Finanzmärkten. Das schließt eine große Anzahl spezieller Systemprobleme mit ein, im Bankensektor natürlich, aber auch bei Wechselkursen, in Bondmärkten und in Rohstoffmärkten.

Damit ist auch die Struktur des Buches vorgegeben. Im ersten Teil erkläre ich, woher die Instabilität kommt und warum sie uns in verschiedenen Formen leider erhalten bleibt. Das hat zunächst nichts mit Investitionsstrategien zu tun, bildet aber einen unverzichtbaren analytischen Hintergrund, auf dem die späteren Strategien aufbauen. Denn was wären Makrostrategien ohne Makro?

Im zweiten Teil erkläre ich, anhand welcher Kriterien man entscheidet, wann man in bestimmten Märkten, wie für Aktien, festverzinsliche Wertpapiere, Immobilien oder Gold, investiert.

Im dritten Teil geht es um konkrete Investitionsstrategien, die sich aus der Analyse im ersten und zweiten Teil ergeben. Hier muss ich Sie aber schon vorweg warnen. Je konkreter eine Strategie, desto kürzer der Zeitraum ihrer Gültigkeit. Das gilt insbesondere für Makrostrategien. Es handelt sich daher auch nur um Beispiele, die demonstrieren, welche Strategien im Frühjahr 2010 sinnvoll waren. Einige dieser Strategien beinhalten sogenannte Leerverkäufe, die im Mai 2010 von der Bundesregierung untersagt wurden. Diese Entscheidung allein zeigt, dass man Makrostrategien ständig an neue Realitäten anpassen muss. Für Leser dieses Buches unterhalte ich auf meiner Webseite www.munchau.com eine Rubrik, in der ich verschiedene Aspekte aus dem Buch aktualisiere.

Seien Sie bitte nicht enttäuscht, wenn die konkreten Strategien erst später beschrieben werden. Jede gute Strategie bedarf einer soliden Analyse. Und seien Sie gewarnt. Ich gebe in diesem Buch keine heißen Tipps. Die didaktische Absicht dieses Buches besteht darin, Ihnen zu zeigen, wie man auf der Basis einer relativ theoretischen Betrachtung volkswirtschaftlicher Zusammenhänge auf eine konkrete Strategie kommt. Meine Strategien sind daher eher Beispiele, die zum Zeitpunkt Ihrer Lektüre möglicherweise schon nicht mehr aktuell sind. Sie können und sollten sowohl die Analyse als auch die Strategien hinterfragen und anpassen.

Wenn Ihnen der ganze theoretische Kram zu viel Arbeit ist und Sie Ihr Geld nach Gutdünken und Bauchgefühl investieren möchten, dann ist dieses Buch nichts für Sie. Wenn Sie aber die intellektuelle Herausforderung suchen, eine Investitionsstrategie zu entwickeln, die das makroökonomische Umfeld mit einbezieht und Sie dabei vor extremen Schwankungen schützt, dann bietet Ihnen mein Buch eine gute Grundlage.

Hier nun eine Kurzbeschreibung der einzelnen Teile des Buches. Der erste Teil beginnt mit einer detaillierten Analyse der Finanzinstabilität. Zunächst versuche ich, eine kohärente makroökonomische Erklärung für die Finanzkrise zu liefern, die über die in den Medien verbreiteten Thesen über Regulierungsschwäche und Bonusregeln hinausgeht. Danach beschreibe ich eine generelle Theorie der Finanzinstabilität nach Hyman Minsky, einem Ökonomen, der während der Finanzkrise posthum zu Ruhm gelangte. In diesem Abschnitt versuche ich zu erklären, dass Instabilität, die wir verstärkt seit den 90er-Jahren beobachteten, kein Betriebsunfall ist, sondern in unserem System selbst entsteht. Später erkläre ich in einigem Detail, warum moderne Ökonomen ihre Schwierigkeiten mit dieser Krise haben und warum es noch einige Zeit dauern wird, bis wir ein halbwegs funktionierendes Modell der Instabilität bekommen werden. Und dann wird noch weitere Zeit verstreichen, bis diese Ideen bis

zur Politik vorgedrungen sind. In der Zwischenzeit, so
meine Prognose, wird sich die Instabilität fortsetzen, eine
für Investoren allgemeine und Privatinvestoren insbesondere wichtige Erkenntnis.

Im zweiten Kapitel geht es dann los mit den Makrostrategien, zunächst mit einer Analyse der für Investoren
wichtigsten Segmente des Finanzmarktes, dem Aktienmarkt, dem Bondmarkt, den Rohstoffmärkten, den Immobilienmärkten und den Devisenmärkten. Hier geht es
darum, die Chancen und Gefahren zu erkennen, die diese
Märkte in Zeiten der Instabilität hervorbringen. Als Teil
dieser Analyse produziere ich konkrete Kriterien, anhand
derer Sie entscheiden können, ob und wann Sie in diese
Märkte investieren sollen oder nicht. Im dritten Kapitel
geht es um konkrete Szenarien für Makroinvestoren. Ich
versuche nicht, Sie hier zu einem Spekulanten auszubil-
den. Ich versuche ebenfalls nicht, Sie reich zu machen.
Wenn mir das gelingen sollte, dann herzlichen Glück-
wunsch! Mein Ziel ist bescheidener: Sie vor der extremen
Volatilität an den Märkten zu beschützen.

Ich bin mir bei alledem darüber im Klaren, dass Ihnen
als Privatinvestor nicht dieselben Mittel zur Verfügung
stehen wie professionellen Makroinvestoren wie George
Soros, der im Jahre 1992 mit Erfolg auf den Rückzug des
britischen Pfundes aus dem Währungsmechanismus des
Europäischen Währungssystems spekulierte und dabei
eine Milliarde Dollar verdiente. Selbst mit perfekter Voraussicht sind Sie, liebe Leserin, lieber Leser, kein George
Soros, allein deswegen, weil Ihnen Ihre Bank den Geld-
hahn vorher zudrehen würde. Der britische Ökonom
John Maynard Keynes sagte einmal, die Märkte können
länger irrational sein, als dass man selbst liquide ist.
Recht zu haben allein reicht nicht.

Aber es gibt eine Reihe wichtiger Lektionen, die man
von Leuten wie Soros und anderen erfolgreichen Makroinvestoren lernen kann. Die wichtigste davon besteht da-

rin, das makroökonomische Umfeld entsprechend detailliert zu studieren. Soros war ein ausgewiesener Experte in den Devisenmärkten, und er verstand das Risiko im Detail.

Entsprechend sollte man von jemandem erwarten, der sich vor der Instabilität an den Finanzmärkten schützen möchte, dass er oder sie die Instabilität im Detail versteht. Das setzt eine tiefere Analyse der Materie voraus.

Sie können den ersten Teil des Buches unabhängig vom zweiten und dritten lesen, aber nicht umgekehrt. Es bringt Ihnen nichts, wenn Sie in diesem Buch gleich zu den Kapiteln für Anlagestrategien springen und hier irgendwelche Kochrezepte herauspulen. Das widerspräche der grundlegenden Idee eine Makrostrategie. Und wenn Sie mit meiner Analyse im ersten Teil des Buchs nicht einverstanden sind – was Ihr gutes Recht ist –, dann wären Sie fahrlässig, wenn Sie versuchen wollten, meine Strategie umzusetzen. Ich erhebe mit dem Buch nicht den Anspruch, die einzig wahre Analyse getroffen zu haben und damit auch nicht die einzig richtige Strategie.

Wie bei meinen Büchern *Vorbeben* und *Kernschmelze im Finanzsystem* benutze ich das Mittel des grau hinterlegten Textkastens. Diese Textkästen bieten detaillierte Hintergründe, sind nicht notwendig für ein weiteres Verständnis des Buches.

In den Textkästen selbst benutze ich an zwei Stellen einfache mathematische Formeln, die den Zweck haben, eine ansonsten komplizierte Darstellung zu vereinfachen. Wenn Sie verstehen wollen, warum ein Leistungsbilanzüberschuss dasselbe ist wie die Differenz zwischen Ersparnissen und Investitionen, ist die mathematische Darstellung verblüffend einfach. Lassen Sie sich dadurch aber nicht erschrecken. Für ein Verständnis dieser Materie sind diese Formeln nicht notwendig. Sie können sie getrost überspringen. Ich setze weder makroökonomische noch finanztechnische Vorkenntnisse voraus. Wenn Sie auf ein Wort stoßen, das Sie nicht kennen, dann versuchen Sie zunächst, das Wort im Glossar am Ende des Buches nachzuschauen.

Es gibt drei Möglichkeiten, dieses Buch zu lesen. Wenn Sie sich eine grobe Übersicht verschaffen und möglichst schnell zu den Makrostrategien kommen wollen, dann lesen Sie das ganze Buch, aber ohne Textboxen.

Wenn Sie kein Investor sind und sich nur für eine zusammenhängende Darstellung der Finanzinstabilität und ihrer volkswirtschaftlichen Konsequenzen interessieren, dann lesen Sie nur den ersten Teil, aber mit allen Textboxen.

Wenn Sie eine gut fundierte Darstellung der volkswirtschaftlichen Zusammenhänge sowie der Makrostrategien wollen, dann machen Sie es ganz altmodisch und lesen Sie einfach das ganze Buch.

Der Autor würde natürlich letztere Vorgehensweise empfehlen.

I. Teil:
Willkommen im Zeitalter der Instabilität

Bevor wir eine erfolgreiche Makrostrategie entwickeln, müssen wir unser makroökonomisches Umfeld im Detail analysieren. Dies ist das Thema des ersten Teils, der etwas mehr als ein Drittel des gesamten Buches ausmacht. Hierin werden unter anderem die folgenden Fragen beantwortet: Was ist überhaupt Finanzinstabilität? Wo kommt sie her? Wie offenbart sie sich? Warum hat sie sich in diesem Jahrhundert verstärkt? Was sind die Ursachen der letzten Finanzkrise? Warum bekommen Volkswirte das Konzept von Instabilität nicht in den Griff? Welche Gefahren lauern in der Zukunft? Droht Inflation oder Deflation? Das erste Kapitel versucht, diese Fragen zu beantworten.

1. Das Ende der Stabilität

Es war das Zeitalter bürgerlicher Spießigkeit. Im Jahre 1957 veröffentlichte der damalige Wirtschaftsminister Ludwig Erhard seinen Bestseller *Wohlstand für alle.* Im gleichen Jahr verkündete der britische Premierminister Harold Macmillan bei einer Wahlveranstaltung: „Noch nie ging es den meisten unserer Menschen so gut." Und ebenfalls im gleichen Jahr verkündete der amerikanische Präsident Dwight Eisenhower mit einer rhetorischen Eloquenz, die an seinen späteren Nachfolger George W. Bush erinnerte: „Die Dinge sind eher, wie sie jetzt sind, als wie sie früher waren." Es war sicher nicht das Goldene Zeitalter der großen Rhetoriker und politischer Visionäre. Aber es war ein Zeitalter bislang unbekannter wirtschaftlicher Stabilität, die fast die gesamten 50er- und 60er-Jahre andauerte. Während dieser zwei Jahrzehnte gab es kaum Rezessionen. Fast alle Länder genossen Vollbeschäftigung, verbunden mit einem geringen Maß an Inflation. Vor allem gab es keine Finanzkrisen. Während dieser zwei Jahrzehnte ging kaum eine Bank in den Konkurs, es gab keine Blasen an Börsen und Immobilienmärkten. Der Welt schien es zum ersten Mal überhaupt gelungen zu sein, das scheinbar unerreichbare Ziel allen wirtschaftspolitischen Handelns bewältigt zu haben: einen hohen Grad von Wachstum, Beschäftigung und Stabilität. Die Volkswirtschaftslehre war fest in der Hand der Keynesianer, was erst langsam in den 60er-Jahren infrage gestellt wurde.

Aus heutiger Sicht sind die 50er- und frühen 60er-Jahre ein sehr befremdliches Zeitalter. Der britische Schriftsteller L. P. Hartley schrieb einmal: „Die Vergangenheit ist wie ein fremdes Land. Man verhält sich dort anders als hier." Und so war es in den 50er-Jahren. Man kann sich nur mit großen Mühen vorstellen, wie ein Hedgefonds oder ein Kreditausfallderivat in dieses Zeitalter gepasst hätten.

Was machte die 50er- und 60er-Jahre so stabil? Die Antwort auf diese Frage liefert zumindest eine Vermutung über die Ursachen der heutigen Instabilität. Für mich sind drei Faktoren für die Stabilität der 50er- und 60er-Jahre entscheidend. Der wichtigste Faktor waren die quasi festen Wechselkurse im sogenannten Bretton-Woods-System. Der Dollar hatte eine feste Beziehung zum Goldpreis, und alle anderen Währungen hatten einen festen Wechselkurs zum Dollar. Durch dieses System kam es global zu einer weitgehenden Harmonisierung von Zinssätzen, die effektiv von der Federal Reserve für den Rest der Welt gesetzt wurden. Es gab keinen *Carry Trade*, dessen Logik darin besteht, sich in einem Billigzinsland wie Japan zu verschulden und das Geld über Nacht in einem relativen Hochzinsland wie Brasilien anzulegen. Trotz einer massiven Ausweitung des internationalen Handels während dieser Periode erlebte die Welt keine nennenswerte Instabilität, denn durch die Stabilität von Wechselkursen und Zinsen kam es zu keinen nennenswerten Spekulationsblasen.

Der zweite Grund war eine restriktive Finanzregulierung. Die im Zuge der Großen Depression in den USA eingeführten Regeln zur Trennung zwischen Geschäftsbanken und Investmentbanken, der sogenannte Glass-Steagall Act, hatte den amerikanischen Finanzsektor erheblich geschwächt, ebenso wie die restriktive Regulierungspolitik der Regierung Kennedy/Johnson in den 60er-Jahren. Finanzmärkte waren überall auf der Welt noch sehr stark reguliert. Es gab Zugangsbeschränkungen, sodass nur bestimmte, von den Börsen zugelassene Institutionen und Individuen den Handel von Wertpapieren betreiben durften. Es gab kaum grenzüberschreitende Bankfusionen, und das internationale Finanzwesen war das Pendant zum internationalen Handel, den es finanzierte. Der Finanzsektor war zu klein, um Krisen, wie wir sie heute kennen, zu erzeugen.

Drittens war der Grad der Finanzinnovationen noch nicht so weit fortgeschritten. In den 50er- und 60er-Jahren gab es noch keine Verfahren, den Preis von Wertpapieroptionen mathematisch genau zu ermitteln. Der amerikanische Ökonom Harry Markowitz hatte in den 50er-Jahren seine Portfoliotheorie entwickelt, wonach man das Risiko eines Portfolios durch Streuung reduzieren kann, ohne dabei den zu erwartenden Gewinn zu reduzieren. Die Ideen von Markowitz wurden in den 60er-Jahren im Capital Asset Pricing Model (CAPM) weiterentwickelt, einem Preismodell für Kapitalgüter, das die Frage beantwortet, welchen Teil des Gesamtrisikos man nicht wegdiversifizieren konnte und wie man dieses Restrisiko optimal bewertet.

In den 40er-Jahren forschte ein japanischer Mathematiker, der im Jahre 2008 verstorbene Kiyoshi Ito, in dem scheinbar weit entlegenen mathematischen Fachbereich der stochastischen Prozesse und fand heraus, wie man die Differenzial- und Integralrechnung auf derartige Prozesse anwenden kann. Diese Prozesse bildeten später die Grundlage moderner finanzmathematischer Modelle. Erst in den frühen 70er-Jahren gelang es, diese Erkenntnisse anzuwenden, um den Preis von Optionen zu berechnen. Die modernen Kreditderivate bauen darauf auf. Erst damit nahm eine Phase der Finanzinnovationen ihren Lauf.

Anfang der 70er-Jahre brach das Bretton-Woods-System zusammen, weil das System fester Wechselkurse eine Reihe von Spannungen erzeugte. Durch den Vietnam-Krieg stiegen in den USA das Haushaltsdefizit und das Handelsdefizit, und es kam zu Abflüssen von Gold und einem Anstieg einheimischer Inflation. Trotz mehrerer Wiederbelebungsversuche brach das System endgültig im Jahre 1973 zusammen. Es war das Schicksal aller Systeme fester Wechselkurse in der Vergangenheit. Sie waren allesamt Schönwetterkonstruktionen, die große ökonomische Schocks nicht aushalten konnten.

2. Das Zeitalter der Krisen

In den 70er-Jahren wurden die festen Wechselkurse durch flexible Wechselkurse ersetzt, das sogenannte Free Floating. Die Goldbindung wurde ebenfalls aufgegeben, sodass erstmalig Geld seinen Anker verlor. Dadurch wurden die nationalen Notenbanken wichtiger, denn ihnen oblag es, ohne Goldanker die Stabilität des Geldes durch die Zinspolitik zu gewährleisten. Man spricht auch von Fiatgeld, was bedeutet, dass Geld per Staatsdekret als gesetzliches Zahlungsmittel ein Monopol hat. Vor allem besteht kein Eintauschrecht gegenüber Gold.

In den 70er-Jahren endete die Illusion permanenter Finanzstabilität abrupt. In Großbritannien kam es Anfang der 70er-Jahre zu einer Krise, die uns heute bekannt vorkommt. Damals kam es zu einem Hauspreisboom, der durch großzügige Kredite von den Banken angetrieben wurde. Als der Boom dann platzte, verfügten die Banken über ungenügende Sicherheiten. Viele dieser Banken waren technisch insolvent.

Das Bankengeschäft war damals einfacher als heute. Es gab keinen Subprime-Markt, keine Verbriefungen, keine der coolen Instrumente des modernen Finanzwesens. Aber ansonsten hat sich da nicht viel geändert. Man war zu optimistisch, was die weitere Entwicklung von Hauspreisen anging, und dieser Optimismus mündete in einer Euphorie, die das Kreditvolumen massiv ansteigen ließ, was die Euphorie wiederum beflügelte. Irgendwann bricht so ein Kreislauf zusammen.

Egal, ob man historische oder moderne Krisen betrachtet, sie sind im Grunde alle sehr ähnlich. Sie alle basieren auf Krediten, die auf Vermögen abgesichert sind, deren Wert rapide verfällt. Die Briten lösten ihre Bankenkrise damals noch auf altmodische Weise. Die Bank of England, die Notenbank, bewahrte damals insgesamt 30 Banken vor dem Kollaps. Es bestand aber ein wesentlicher Unterschied zwischen der Situation damals und heute. Damals war der Finanzsektor wesentlich kleiner. Länder konnten das Problem eines Finanzcrashs aus eigener Kraft lösen, ohne sich dabei selbst in Schwierigkeiten zu bringen. Die Briten handelten dabei nach einem Prinzip, das von einem Journalisten im 19. Jahrhundert aufgestellt wurde, einem Walter Bagehot, dem ehemaligen Chefredakteur des Wirtschaftsmagazins *Economist*. Bagehot stellte die Doktrin auf, dass eine Zentralbank eine notleidende Bank immer retten müsste, allerdings zu einem für die Aktionäre der Bank schmerzlichen Preis. Die britische Krise der frühen 70er-Jahre endete in Bagehots Tradition, nämlich durch einen Bailout, eine staatliche Notrettung. Danach war alles gut.

Nicht so gut endete die Geschichte der Herstatt-Bank in Deutschland im Jahre 1974. In diesem Jahr betrat die deutsche Bankenaufsicht die Bank an einem Morgen und machte den Laden dicht, nachdem hohe Verluste in Wechselkursgeschäften aufgetreten waren. Da man glaubte, Herstatt sei eine kleine unbedeutende Bank, wandte man Bagehots Doktrin nicht an, was sich als folgenschwerer Irrtum entpuppen sollte. Wie wir aus eigener Erfahrung in der Finanzkrise wissen, war es nicht das letzte Mal, dass man sich so grundlegend geirrt hat.

Herstatt war eine Privatbank. Im späten 18. Jahrhundert gegründet, hatte die Herstatt-Familie die Bank im 19. Jahrhundert verkauft, sie dann im Jahre 1955 wiedergekauft. Es war damals eine Kleinstbank, die sich darauf spezialisierte, Kirchen, Zeitungen, ja sogar Bordelle zu finanzieren. In den stabilen 50er- und 60er-Jahren änderte sich auch noch nicht viel an Herstatts Geschäftsmodell. Es war das Ende des Bretton-Woods-Systems und die Freigabe der Wechselkurse, die aus einer Kleinstbank mit einem Umsatz von knapp einer Million Euro eine kleine Großbank mit einem Umsatz von knapp umgerechnet einer Milliarde Euro entstehen ließ. Mit anderen

Worten: Herstatt vergrößerte sich um einen Faktor von
1 000!

Einer der Gründe für diesen mysteriösen Wandel war
der Herstatt-Devisenhändler Dany Dattel, der in der
Endphase des Bretton-Woods-Systems, also Anfang der
70er-Jahre enorm erfolgreich war. Das war eine großarti-
ge Zeit für Spekulanten, die auf einen fallenden Dollar
spekulieren konnten. Der *Spiegel*[1] berichtete damals, eine
Sekretärin habe mithilfe von Dattel eine sechsstellige
Summe gewonnen, und ein Lehrling habe sich mit Gewinnen aus Devisenspekulationen einen Porsche gekauft.
Optimismus erzeugte weiteren Optimismus. Die Legende
von Dany Dattel erzeugte einen unbeirrbaren Glauben
an diesen Spekulanten.

Anfang 1974 machte die Devisenabteilung von Herstatt einen folgenschweren Fehler. Man spekulierte jetzt
auf einen steigenden Dollar, aber das Gegenteil geschah,
und innerhalb von vier Monaten erzielte man Verluste von
1,4 Milliarden D-Mark, eine Summe, die weitaus größer
war als das gesamte Kapital der Bank. Am nächsten Tag
standen Menschen, die bei Herstatt ihr Spar- oder Ge-
haltskonto unterhielten, draußen in einer Schlange und
wollten ihr Geld zurück. Es war der erste Bank-Run moderner Zeiten. Die Bank war mittlerweile pleite.

Die Bankenaufsicht wusste zu dieser Zeit noch nicht,
dass die Herstatt-Pleite fast das globale Finanzsystem mit
in den Abgrund gerissen hätte, denn Herstatt war Vertragspartner in einem sogenannten Währungsswap, ein
Vertrag, mit dem Herstatt eine bestimmte Anzahl von D-
Mark gegen Dollars tauschen würde. Der amerikanische
Vertragspartner, eine in New York ansässige Bank, hatte
schon die D-Mark an Herstatt bezahlt, aber die Bankenaufsicht schloss Herstatt, noch bevor Herstatt seinen Teil
der Transaktion durchführen konnte. So saßen nicht nur
deutsche Sparer auf heißen Kohlen, sondern auch die
amerikanische Bank. Diese Geschichte ging glimpflich

aus, aber sie zeigt auch, wie gefährlich eine Bankpleite für das internationale Finanzsystem sein kann.

Wir schreiben jetzt das Jahr 1974, also nur ein Jahr nach dem endgültigen Ende des Bretton-Woods-Systems. Die Welt hatte ihre ersten Finanzkrisen. Viele weitere sollten in den nächsten Jahren dazukommen, darunter eine lateinamerikanische Schuldenkrise und verschiedene Vermögenspreisblasen, zumeist in Aktienmärkten und in Immobilien. In Japan gab es Ende der 80er-Jahre beides, einen beispiellosen Aktien- und Immobilienboom. Während dieser Zeit blickte die Welt neidisch auf Japan. Als der Boom platzte, war die Party plötzlich zu Ende. Sie ist seitdem nie wieder richtig in Schwung geraten, und Japan krebst mittlerweile schon 20 Jahre am Rande des Nullwachstums mit einer leichten Deflation. Auch Japan ist für uns eine Warnung davor, welche permanenten Schäden auftreten können, wenn man Blasen nicht rechtzeitig unter Kontrolle bekommt.

Die Geschichte von Blasen ist auf einer Ebene immer dieselbe. Eine genügend große Anzahl von Menschen gerät in einen Kaufrausch und fängt irgendwann an, neue Theorien zu glauben, die die hohen Preise rechtfertigen. Folgende amüsante Grafik über den japanischen Immobilienboom zeigt uns sehr deutlich die Psychologie einer Blase. Zu Anfang ist noch Skepsis dominant, die sich dann langsam in Euphorie verwandelt, und nahe dem Höhepunkt glaubt man, es gebe ein neues Paradigma, das diese extrem hohen Preise rechtfertigt. Zu jedem Zeitpunkt liegt die Masse der Investoren falsch. Die Grafik 1 zeigt uns ein wenig, wie sich Massenhysterie ausbreitet.

Die Grafik beschreibt die Psychologie einer einfachen Immobilienblase, aber man kann die einzelnen Punkte fast eins zu eins auf andere Blasen übertragen, auch auf die Kreditblase der Jahre 2004 bis 2007. Chuck Prince, der ehemalige Chef der Citigroup, sagte einmal im Inter-

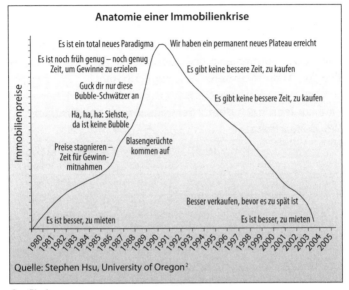

Anatomie einer Immobilienkrise

Quelle: Stephen Hsu, University of Oregon[2]

Grafik 1

view mit der *Financial Times* im Jahre 2007[3]: „Solange die Musik spielt, müssen Sie aufstehen und tanzen. Wir tanzen immer noch." Wie mein Kollege John Kay von der *Financial Times*[4] zutreffend bemerkte, hat Prince die Massenhysterie der Zeit perfekt zusammengefasst. Wie wir heute wissen, tanzte er danach nicht mehr lange.

Sein Vorvorgänger Walter Wriston machte in den 70er-Jahren eine ebenso berüchtigte Bemerkung in Bezug auf die hohen Kredite seiner Bank an lateinamerikanische Regierungen: „Staaten gehen nicht pleite", sagte er damals, eine Aussage, die zwar technisch korrekt ist, aber zu falschen Schlussfolgerungen führte. Natürlich gehen Staaten nicht pleite, aber sie können nicht immer ihre Schulden bezahlen, und es sind die Gläubiger wie die Citibank, die die Verluste dann übernehmen.

Die lateinamerikanische Schuldenkrise war eine der ersten großen supranationalen Finanzkrisen nach dem

Ende des Bretton-Woods-Regimes. Aber auch diese Krise war noch ein Bagatellfall im Vergleich zu den späteren Krisen. In der folgenden Tabelle habe ich eine Liste von Krisen zusammengestellt, die uns seit dem Kollaps des Bretton-Woods-Systems erschüttert haben.

Finanzkrisen nach dem Zusammenbruch des Bretton-Woods-Systems

	Jahr	Banken-krisen	Blasen	Makro-krisen
Erste Ölkrise	1973		X	X
Britische Immobilienkrise	1974	X	X	
Herstatt	1974	X		
Zweite Ölkrise	1979		X	X
Lateinamerikanische Schuldenkrise	1982–1989	X		X
Amerikanische Hypothekenbankenkrise	1986–1995	X		X
Japanische Aktien- und Immobilienblase	1986–1990	X	X	X
Aktienblase	1987		X	
Deutsche Wiedervereinigungsblase	1989–1992		X	X
Asiatische Finanzkrise	1997	X	X	X
Russische Finanzkrise	1998	X	X	X
Kollaps von Long-Term Capital Management	1998		X	

	Jahr	Banken-krisen	Blasen	Makro-krisen
New-Economy-Blase	1998–2001		X	X
Argentinische Schuldenkrise	2001			X
Amerikanische Immobilienblase	2001–2006	X	X	X
West- und osteuropäische Immobilienblasen	2000–2007	X	X	X
Kreditblase	2004–2007	X	X	X
Aktienblase	2006–2008	X	X	X
Diverse Rohstoffblasen	2006–2008		X	X
Amerikanische Investmentbank-krise	2008	X		X
Isländische Finanzkrise	2008	X		X
Transatlantische Bankenkrise	2008	X		X
Weitere Rohstoffblasen	2009		X	(X)
Staatsschulden-krise im europäischen Währungsraum	2009	X		X

Diese Liste erhebt keinen Anspruch auf Vollständigkeit. Ich habe mit Sicherheit irgendwelche wichtigen Blasen und Finanzkrisen übersehen. Aber diese Liste gibt einen guten Eindruck darüber, wie sehr sich Finanzinstabilität seit dem Zusammenbruch des Bretton-Woods-Systems ausgebreitet hat. Des Weiteren zeigt die Tabelle sehr klar, dass die Krise immer breitere Kreise zog. Die Anzahl der „X" in allen drei Kästen wächst mit der Zeit. Mit anderen Worten: Es gibt nicht nur immer mehr Krisen, die Krisen an sich haben auch größere Effekte.

Genau das ist Instabilität. Ich will Ihnen all diese Blasen nicht im Einzelnen nacherzählen. Das würde ein ganzes Buch füllen. Autoren wir Charles Kindleberger[5] und John Kenneth Galbraith[6] haben zu diesem Thema viele hervorragende Bücher verfasst. Galbraith schrieb in seinem Buch *A Short History of Financial Euphoria*, dass man nach einer geplatzten Blase für eine kurze Zeit geheilt ist und blasenimmun wird. In früheren Zeiten traten Blasen so alle 100 Jahre auf. Seitdem hat sich die Frequenz enorm erhöht. In den letzten 20 Jahren hat es zwischen den einzelnen Blasen kaum noch eine Atempause gegeben. In diesem Kapitel geht es um die Frage: Warum hat sich die Frequenz so stark erhöht?

Wenn Sie sich die Tabelle anschauen, dann ist die Finanzkrise nicht eine einzige Krise, sondern eine Häufung mehrerer Krisen. Das führt zu der Vermutung, dass diese Krisen irgendwie zusammenhängen. Man sollte daher auch der Versuchung widerstehen, sich auf einen Unteraspekt zu konzentrieren, etwa unsere Bankenkrise, und spezifische Maßnahmenkataloge zu fordern, die ein Wiederholen dieser Krise unwahrscheinlich machen. Man kann den Banken verbieten, verbriefte Wertpapiere in Tochtergesellschaften auszulagern, oder man kann sie dazu zwingen, ihre Kapitalquoten zu erhöhen, sodass sie im Fall einer Krise etwas mehr Puffer haben. Man kann die Bonuszahlungen durch hohe Steuern einschränken, um zu verhindern, dass die Bank zu hohe Risiken eingeht. Man kann die Bankenaufsicht stärken, den Informationsfluss verbessern und vieles andere mehr tun. Damit würde man eine exakte Wiederholung der alten Krise verhindern. Aber an der Krisenanfälligkeit unseres Finanzsystems würde man wenig ändern.

Wenn Sie sich die Tabelle ansehen, dann sehen Sie sofort, dass die Krisen nicht alle identisch waren. Nach jeder dieser Krisen wurden irgendwelche krisenspezifischen Probleme gefixt. Nach der Asien-Krise haben sich die asiatischen Staaten enorme Währungsreserven angeeignet, um gegen zukünftige Krisen gewappnet zu sein. Die asiatischen Staaten sind damit in der Tat stärker geworden. Nur haben diese Währungsreserven, wie wir später sehen werden, weitere Instabilität im internationalen Finanzsystem erzeugt.

Oder nehmen Sie die amerikanische Immobilienkrise. Auch dort kann man die Vergabe von Hypotheken etwas strenger regulieren, um eine erneute Subprime-Blase zu verhindern. Aber ursächlich können diese fehlenden regulativen Maßnahmen nicht sein, denn sonst hätte sich die globale Finanzinstabilität nicht so ausgebreitet.

Die politische Debatte über die Finanzkrise hat sich bislang auf die Mikrothemen beschränkt, die Dinge, die für Politiker und die allgemeine Öffentlichkeit fassbar und verständlich waren, die aber mit großer Wahrscheinlichkeit nichts mit den Ursachen der Instabilität zu tun haben.

Wenn man sich die Entwicklung der Finanzkrisen seit dem Zweiten Weltkrieg ansieht, erkennt man zwei große Brüche. Der erste Bruch, wie schon erwähnt, geschah in den 70er-Jahren, als das Zeitalter des finanzkrisenlosen Bretton-Woods-Regimes zu Ende ging. Der zweite Bruch geschah Ende der 90er-Jahre. Schauen Sie noch mal auf die Tabelle. Ab dann eskalierten die Anzahl und die Heftigkeit der Krisen. Wir müssen also beide Phänomene erklären. Warum kam es zur Finanzinstabilität seit den 70er-Jahren, und warum beschleunigte sie sich Ende der 90er-Jahre. Wir haben es also mit zwei Phänomenen zu tun, einem allgemeinen Ausbruch der Instabilität und einer speziellen Entwicklung in unserem neuen Jahrhundert. Um eine Erklärung zu finden, brauchen wir also so etwas wie eine spezielle und eine allgemeine Theorie, ganz analog den großen Theorien in der Physik oder der Ökonomie in der ersten Hälfte des 20. Jahrhunderts.

Und wie bei diesen Theorien auch ist es besser, die spezielle Frage zuerst zu behandeln, also die Frage nach den Ursachen der Finanzkrise, bevor wir die allgemeine Krise der Instabilität besprechen.

3. Ursachen für die Krise 2007 bis 2009

Die meisten Menschen glauben, die Ursachen der Krise zu kennen. Der eine sieht die Fehler in der Bankenaufsicht, für den anderen sind die Regeln zu lasch, ein dritter beschuldigt die Notenbanken, die Zinsen zu niedrig gehalten zu haben. Ich möchte Sie, liebe Leserin, lieber Leser, zumindest für den Verlauf dieses Unterkapitels bitten, eine offene Haltung einzunehmen. Eine präzise Analyse dieses Monumentalereignisses ist entscheidend für die Entwicklung einer funktionierenden Investitionsstrategie. Als ich im Jahre 2006, also noch vor der Krise, mit meinen Recherchen über die Kreditblase begann, dachte auch ich, die Schuld lag bei den Notenbanken, insbesondere bei der Federal Reserve. Doch je mehr ich mich mit dem Thema beschäftigte, desto stärker zog ich diese monokausale Erklärung in Zweifel. Es ist oft so, dass man selbst nach intensiver Beschäftigung mit einem Thema genauso verwirrt ist wie vorher, vielleicht auf einem höheren Niveau. Als ich meine zwei Bücher über die Finanzkrise schrieb, *Vorbeben* und *Kernschmelze im Finanzsystem*, wagte ich noch keine abschließende Ursachenforschung, obwohl viele meiner Leser ihr Urteil schon längst gefällt hatten. Schuld waren die Banker, Alan Greenspan, der ehemalige Chef der Federal Reserve, das Fiatgeld allgemein, vor allem die Abkopplung vom Gold, oder sogar die Hedgefonds, obwohl, wie sich später herausstellen sollte, sie in der Krise kaum eine Rolle spielten.

Welche Rolle hat die Geldpolitik gespielt? Zunächst ist die Annahme plausibel, dass geringe Notenbankzinsen in den USA sowohl die Immobilienblase als auch die Kreditblase unterfütterten. Schließlich sollte man sich nicht wundern, wenn Menschen Kredite verlangen, wenn die Zinsen niedrig sind. Inwieweit also spielt die Entscheidung der Federal Reserve in den Jahren 2003 und 2004, die Kurzfristzinsen auf ein Prozent zu senken, eine Rolle?

Die Antwort ist: Sie spielt mit Sicherheit eine Rolle, vor allem eine größere Rolle, als die Federal Reserve es zugibt. Aber es war nicht die tiefe Ursache der Krise. Wenn wir an Zinsen denken, denken wir oft an einen Zins, und zwar den, den die Notenbank kontrolliert. Die Notenbank hat aber nur relativ geringe Kontrolle über viele andere Zinsen im System, etwa die längerfristigen Zinsen, die vom Markt bestimmt sind. Hier spielen Inflationserwartungen eine Rolle, aber auch strukturelle Angebots- und Nachfragefaktoren.

Im Verlauf dieses Kapitels werde ich zeigen, dass es eine überschüssige Nachfrage nach amerikanischen Wertpapieren vonseiten der chinesischen Regierung gab, die Export-Dollars recyceln musste. Sie tat das zu jedem Preis, denn China hatte effektiv keine Wahl. Diese hohe Nachfrage nach zumeist relativ kurzfristigen Wertpapieren, mit einer Laufzeit von drei Monaten, drückte die Marktzinsen.

Notenbanken haben etwas Spielraum, und auch damals hätte die Fed einen etwas höheren Zinssatz wählen können. Man tat es nicht, weil die Inflationsrate auf unter ein Prozent gefallen war, man fürchtete die Deflation. Das war eine unbegründete Sorge, denn die Nachfrage brach nicht ein, und die geringen Inflationsraten waren damals die Folge fallender Energie- und Rohstoffpreise. Die Fed hätte diese Sorgen ignorieren können, aber sie hätte in diesem Umfeld nicht eine komplett andere Geldpolitik fahren können, zum Beispiel einen Zinssatz von fünf Prozent. Vielleicht wäre ein Zinssatz von zwei Prozent möglich gewesen, und vielleicht hätte das die Blase ein klein wenig reduziert. Doch angesichts der massiven Kapitalströme, die auf einen deregulierten Finanzmarkt mit einem extrem hohen Innovationstempo stießen, hätte das kaum einen Unterschied gemacht. Ein Zinssatz von fünf Prozent hätte in der Tat möglicherweise zu einer Deflation, einem Verfall der Preise, führen können. Mit

Geldpolitik alleine hätte man also diese Megablase wahrscheinlich nicht verhindern können.

Und so verhält es sich mit jeder monokausalen Erklärung. Eine stärkere Regulierung der Hypothekenfirmen hätte sicherlich die schlimmsten Exzesse des Subprime-Geschäftes verhindert, aber der Subprime-Markt war lediglich der Auslöser unserer Krise, nicht die tiefe Ursache. Verbrieft wurden Unternehmenskredite, Kreditkarten, Autokredite sowie alle möglichen anderen Kredite, denn schließlich war die Nachfrage nach solchen Produkten weltweit sehr groß. Um die extremen Blasen zu erklären – in den Immobilienmärkten, Kreditmärkten, Rohstoffmärkten, Aktienmärkten –, braucht man eine Erklärung, die nicht nur in der Lage ist, diese multiplen Phänomene zu begründen, sondern auch zu erklären, warum diese Blase just zu diesem Zeitpunkt entstanden ist. In diesem Kapitel versuche ich, eine solche Erklärung zu liefern.

Während der Krise wurden viele alternative Erklärungsansätze diskutiert. Es kristallisierten sich zwei große Gruppen von Ansätzen heraus, eine makroökonomische, wonach die tiefe Ursache der Krise in der Globalisierung zu suchen ist, vor allem in der Finanzglobalisierung in Verbindung mit den globalen Ungleichgewichten. Ein zweiter Ansatz bezog sich auf die Regulierung und Aufsicht. Hätte man die Produkte und die Banken besser reguliert, wäre uns das alles nicht passiert.

Mit der Zeit kristallisiert sich dann eine Fusion der beiden Ansätze heraus, nicht so sehr als Kompromiss zwischen Menschen, die sich nicht einig sind, sondern als Erklärungsansatz, der versucht, die globalen Finanzströme und die Struktur unseres Finanzsystems unter einen Hut zu bringen. Es ist die einzige Erklärung, der ich bislang begegnet bin, der es gelingt, zu demonstrieren, warum sich die Krise ausgerechnet in den frühen Jahren des neuen Jahrhunderts zugetragen hat. Alle anderen Erklärungsmuster, denen ich bislang begegnet bin, sind entweder nicht plausibel oder sie bestehen diesen Zeittest nicht. Alan Greenspan trieb sein Spiel in der Federal Reserve schon seit den 80er-Jahren, und die Verbriefung gibt es seit den 70er-Jahren.

Ich möchte Ihnen diesen wichtigen Erklärungsansatz in einigem Detail liefern, denn diese Debatte gibt ein Gefühl für den Grad der Schieflage unserer Weltwirtschaft. Für ein volles Verständnis der Zusammenhänge bedarf es eines Minimums an Wissen über die Außenwirtschaft. Selbst viele fachfremde Volkswirte schwimmen meiner Erfahrung nach bei diesem Thema ein wenig. Wenn Sie die Definition einer Leistungsbilanz kennen und verstehen, warum sich die Leistungsbilanz und die Außenbilanz auf null addieren, dass ein Leistungsbilanzüberschuss dasselbe ist wie ein Überschuss nationaler Ersparnisse, dann brauchen Sie die folgende Textbox nicht zu lesen. Ansonsten würde ich die Lektüre eindringlich empfehlen. Die Inhalte werden zwar nicht für den Fließtext, aber für die weiteren Texte in diesem Kapitel noch gebraucht. Keine Angst, ich gebe hier keine allgemeine Einführung in die Außenwirtschaft. Es geht nur um die Klarstellung der Begriffe, die wir unbedingt benötigen.

Was ist eine Zahlungsbilanz?

Inmitten der Krise berichtete ein deutsches Internetportal voller Stolz, immer mehr Länder würden die deutsche Exportstrategie übernehmen, selbst die USA. Nur vergaß man, darauf hinzuweisen, dass die Summe aller Exporte und Importe auf der Welt sich per Definition auf null addieren. Ein Exportmodell kann logischerweise kein Modell für alle sein, denn solange wir nicht mit Mond und Mars Handel treiben, steht jedem

Überschuss ein Defizit gegenüber. Eine Exportstrategie ist somit per Definition eine parasitäre Strategie, denn sie basiert darauf, dass es jemanden gibt, der Defizite gleicher Größenordnung in Kauf nimmt. Ich will damit nicht sagen, dass es für ein Land falsch sein muss, Exportüberschüsse zu erzielen. Ich sage lediglich, eine solche Strategie kann kein Modell sein.

Auch die jährliche Nachricht, dass Deutschland mal wieder Exportweltmeister geworden ist, ergibt keinen ökonomischen Sinn. Es gibt keine Exportweltmeisterschaft. Es mag zwar gut sein, wenn man Erster in der Bundesliga ist. Aber es kann gut oder nicht gut sein, ob man nominal der größte Exporteur der Welt ist. Mit wirtschaftlicher Leistungskraft hat das nichts zu tun, eher etwas mit einem Unverständnis von Zusammenhängen in der internationalen Volkswirtschaft.

Hier also nun die notwendigsten Grundbegriffe: Das entscheidende Instrument des internationalen Rechnungswesens ist die Zahlungsbilanz. Die Zahlungsbilanz besteht, grob gesprochen, aus drei Teilen, die sich auf null addieren: die Leistungsbilanz, die Kapitalbilanz und die Devisenbilanz.

Wie in der Betriebsbuchhaltung benutzt man auch im volkswirtschaftlichen Rechnungswesen das Prinzip der doppelten Buchführung. Jedem Eintrag steht irgendwo ein Posten mit entgegengesetztem Vorzeichen gegenüber. Ein Export ins Ausland wird in der Leistungsbilanz mit einem positiven Vorzeichen versehen. Die Gegenleistung besteht in einer Zahlung von Dollars, die in der Kapitalbilanz mit negativem Vorzeichen eingetragen wird. Warum negativ? Schließlich ist es doch positiv, wenn man aus dem Ausland Geld bekommt? Das mag positiv für Sie sein, aber aus der mechanischen Sicht des Bilanzwesens werden Strömungen,

die aus dem Land hinausgehen, mit positivem Zeichen
bewertet, zum Beispiel ein Export von Gütern, wohingegen Strömungen, die in das Land hineingehen, mit
negativem Vorzeichen versehen werden. Wenn Dollars
hineinfließen, dann ergibt das ein negatives Vorzeichen
in der Kapitalbilanz. (Vorsicht, die internationale Klassifizierung ist etwas anders. Hier unterscheidet man zwischen einem Financial Account und Capital Account).

Die Zahlungsbilanz sieht in einer vereinfachten Struktur also wie folgt aus.

Die Zahlungsbilanz und ihre Komponenten

- Leistungsbilanz
  - Handelsbilanz
  - Dienstleistungsbilanz
  - Übertragungsbilanz

- Kapitalbilanz
  - Deutsche Investitionen im Ausland
  - Ausländische Investitionen in Deutschland

- Devisenbilanz

Die Zahlungsbilanz ist insgesamt ausgeglichen. Mit anderen Worten: Die Summe aus Leistungsbilanz (Flüsse
von Waren und Dienstleistungen, Übertragungen) und
Kapitalbilanz (Geldflüsse) und Devisenbilanz ist gleich
null.

Letztere beiden, also Kapitalbilanz und Devisenbilanz, fasst man zusammen als Außenbilanz. Man hat
also folgende Identität:

Leistungsbilanz + Außenbilanz = 0

beziehungsweise

Leistungsbilanz = – Außenbilanz

Oder

Leistungsbilanz = – (Kapitalbilanz + Devisenbilanz)

Länder wie Deutschland und die USA ändern ihre Devisenvorräte von Jahr zu Jahr nicht sehr stark, sodass man die Devisenbilanz in diesen Fällen effektiv unterschlagen kann. So kommt man auf die vereinfachte Pi-mal-Daumen-Formel

Leistungsbilanz = – Kapitalbilanz

Ein einfaches Beispiel:
Wenn wir Autos im Wert von zehn Millionen Euro in die USA exportieren, und die Dollars in US-Staatsanleihen anlegen, dann ergeben sich zwei Einträge in die Zahlungsbilanz. Der erste dieser Flüsse wird in der Handelsbilanz eingetragen. Der zweite Fluss geht in die Rubrik deutsche Nettoanlagen im Ausland.

Diese einfache Transaktion hätte also folgende Konsequenz für die volkswirtschaftliche Gesamtrechnung:

Leistungsbilanz

Handelsbilanz	+10 Mio.
Dienstleistungsbilanz	
Übertragungsbilanz	

Kapitalbilanz

Deutsche Nettoinvestitionen im Ausland	
Ausländische Nettoinvestitionen in Deutschland	–10 Mio.
Summe	0

Egal, welche Auslandstransaktionen man unternimmt.

Die Leistungsbilanz und Kapitalbilanz sind ungefähr gleich groß mit umgekehrtem Vorzeichen. Salopp ausgedrückt heißt das: Die Autos fließen raus, und die Dollars fließen rein.

Von den Kategorien der Leistungsbilanz ist die Handelsbilanz bei den meisten großen Ländern am wichtigsten. Das liegt daran, dass man fast alle Güter exportieren kann, aber nur einen kleinen Teil der Dienstleistungen. Der deutsche Exportüberschuss ist ein, wenn auch ungenauer, Indikator unseres Leistungsbilanzüberschusses. In den USA ist das Handelsdefizit ebenfalls ein guter Indikator des Leistungsbilanzdefizits. Oft werden die beiden Ausdrücke Handelsbilanz und Leistungsbilanz gleichgesetzt, was bilanztechnisch zwar falsch ist, aber für die großen Volkswirtschaften durchaus erlaubt ist.

Wir haben die Leistungsbilanz bislang in ihrer für die Buchhaltung wichtigen Standardform definiert, nämlich als die Differenz von Exporten und Importen von Waren und Dienstleistungen. Aus einer volkswirtschaftlichen Perspektive kann man die Leistungsbilanz allerdings auch anders betrachten. Nämlich als ein Maß für den Überschuss an Ersparnissen. Damit ist nicht die Sparquote gemeint, also der Anteil der Ersparnisse am verfügbaren Einkommen, sondern die Differenz, was das Land insgesamt spart und was es daheim investiert. Wenn ein Land wie Deutschland einen Leistungsbilanzüberschuss erzielt, dann heißt das, dass Deutschland mehr spart als daheim investiert. Ein Teil unserer Ersparnisse muss notgedrungen ins Ausland fließen. Es ist daher kein Wunder, dass Länder mit hohen Leistungsbilanzüberschüssen besonders hart von der Kreditkrise betroffen waren. Durch die vielen Exporte hatten deutsche Firmen überschüssige US-Dollars akkumu-

liert, die durch das Bankensystem in die Giftmüllpro-
duktion des amerikanischen Finanzmarktes gerieten.

Warum ist aber ein Leistungsbilanzüberschuss dasselbe wie ein Sparüberschuss? Im Folgenden benutze
ich ein paar einfache Formeln, für die man nicht mehr
als Mathematikkenntnisse aus der Mittelstufe benötigt.

Das Bruttoinlandsprodukt misst das, was die Volkswirtschaft im Jahr produziert. Auch hier wird die doppelte Buchführung angewendet. Man kann das BIP
von der Ausgabenseite her betrachten sowie von der
Einnahmeseite.

Wir benutzen im Folgenden die international übli-
chen Abkürzungen, also

Y = Bruttoinlandsprodukt
C = Konsum
I = Investitionen
G = Staatsausgaben (einschließlich staatlicher Investi-
　　tionen)
X = Exporte
M = Importe
S = Ersparnisse
T = Steuern

Von der Ausgabenseite her betrachtet setzt sich das BIP
wie folgt zusammen. Es ist die Standardgleichung der
Volkswirtschaft, wie sie im ersten Semester gelehrt wird:

$$Y = C + I + G + (X - M)$$

Das Bruttoinlandsprodukt besteht also aus dem, was
wir konsumieren (C), was wir investieren (I), was der
Staat konsumiert und investiert (wird beides unter G
subsumiert), sowie aus Nettoexporten (X − M), also
den Exporten minus den Importen.

Von der Einnahmeseite her kann man das BIP so auffassen:

$$Y = C + S + T$$

Mit unserem Einkommen können wir nur drei Dinge
machen. Wir können es konsumieren (C), sparen (S)
und Steuern zahlen (T). Wir haben also für das BIP,
also für Y, zwei Formeln, die man gleichsetzen kann:

$$C + I + G + (X - M) = C + S + T$$

Wenn man das C auf beiden Seiten herauskürzt, dann
ergibt sich

$$I + G + (X - M) = S + T$$

Und wenn man das umformt, dann haben wir unser
Ergebnis:

$$(X - M) = (S - I) + (T - G)$$

Ein Leistungsbilanzüberschuss (X – M) besteht aus der
Summe des Sparüberschusses (S – I), also dem, was der
private Sektor mehr spart als investiert, und der Neuverschuldung des Staates (T – G), also der Differenz
zwischen Steuern und Ausgaben. Mit anderen Worten
setzt sich das Leistungsbilanzdefizit aus der Summe
der Defizite/Überschüsse des privaten Sektors und des
öffentlichen Sektors zusammen.

Wenn sich also weltweit die Leistungsbilanzen aller
Länder auf null addieren, da jedem Export irgendwo
ein Import gegenübersteht, gilt logischerweise auch,
dass sich die Überschüsse und Defizite der privaten
und öffentlichen Sektoren weltweit auf null addieren.
Genauso wenig, wie alle ein Exportmodell verfolgen
können, ist es möglich, dass alle Staaten mehr sparen
als investieren. Mit anderen Worten: Wenn wir von

den Amerikanern und Europäern fordern, ihre Haushaltsdefizite zu senken, also mehr zu sparen, dann muss es irgendjemanden geben, der mehr investiert, also weniger spart.

Wenn die Materie neu für Sie ist, dann tun Sie sich den Gefallen, diese Textbox noch einmal gründlich zu lesen. Die Formeln dienen nur dem Zweck, zu beweisen, warum ein Leistungsbilanzdefizit eine Aussage trifft über das Verhältnis von Ersparnissen und Investitionen.

Sie sollten auf jeden Fall zwei Dinge verstanden haben. Zum einen, warum Leistungsbilanz und Kapitalbilanz (ungefähr) die gleiche Größenordnung haben mit umgekehrtem Vorzeichen. Zum anderen, warum ein Leistungsbilanzdefizit (oder -überschuss) nichts anderes ist als die Summe des privaten Spardefizits (oder -überschusses) und des öffentlichen Haushaltsdefizits (oder -überschusses). Für das Verständnis des folgenden Textes benötigt man beide Sachverhalte. Wir werden Ausdrücke wie Leistungsbilanz, Kapitalbilanz und Außenbilanz im weiteren Fließtext benutzen, ohne sie neu zu erklären. Am Ende des Buches gibt es ein Glossar, das diese Begriffe noch mal erklärt.

4. Der Versuch einer Erklärung für die Finanzkrise

Der für mich bislang plausibelste Erklärungsansatz für die Finanzkrise basiert auf einer Analyse zweier französischer Ökonomen, Anton Brender und Florence Pisani.[7] Ich versuche im Folgenden die wesentlichen Punkte dieser Analyse herauszuarbeiten. Brender und Pisani zeigen, wie die globalen wirtschaftlichen Ungleichgewichte Geldströme erzeugen, die in Verbindung mit deregulierten Finanzmärkten die Krise auslösten.

Was sind wirtschaftliche Ungleichgewichte? Es sind zu hohe Leistungsbilanzdefizite und -überschüsse, gemessen am Bruttoinlandsprodukt. Für die meisten Länder kann man eine Pi-mal-Daumen-Regel anwenden, wonach die Leistungsbilanzdefizite und -überschüsse nicht mehr als drei Prozent vom Bruttoinlandsprodukt betragen sollten. In den USA war das Leistungsbilanzdefizit im Jahre 2007 fast sieben Prozent. In Deutschland betrug der Leistungsbilanzüberschuss acht Prozent vom BIP. In China war der Leistungsbilanzüberschuss fast zehn Prozent. Mit diesen hohen Defiziten und Überschüssen ergeben sich Defizite und Überschüsse mit umgekehrten Vorzeichen in der Kapitalbilanz. Das heißt, es fließen massive Geldströme durch die internationalen Finanzmärkte, Geld, das am Ende einer Reihe von Transformationen für die Finanzierung amerikanischer Hypotheken und Konsumausgaben benutzt wurde.

Wie misst man Ungleichgewichte? Man kann hier nicht einfach die Defizite und Überschüsse addieren, denn sie ergeben schließlich jedes Jahr immer den Wert null. Aber man kann den Betrag, also den positiven Wert, der Überschüsse und Defizite addieren und durch zwei teilen. Genau das haben Brender und Pisani getan, und kamen zu folgender Darstellung (siehe Grafik 2).

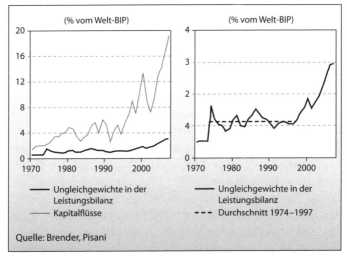

Grafik 2

Die rechte Grafik zeigt den rasanten Anstieg der Ungleichgewichte seit Anfang dieses Jahrhunderts. Bis dahin fluktuierte der Wert um etwa ein Prozent vom Bruttoinlandsprodukt der Weltwirtschaft. Zuletzt lag er bei drei Prozent, stieg also um das Dreifache an. In der linken Grafik sieht man die Kapitalströme. Wohingegen sich der Wert der Leistungsbilanzungleichgewichte „nur" verdreifacht hat, sind die Kapitalströme um das 20-Fache gestiegen. Wir haben es also ohne Zweifel mit einem explodierenden Phänomen zu tun.

Woher kommt diese Explosion globaler Ungleichgewichte und globaler Kapitalströme? Die Antwort liegt in dem Entwicklungsmodell Chinas und anderer neu industrialisierter Länder. In früheren Zeiten bestand das Modell von Entwicklungsländern darin, Kapital von reichen Ländern zu importierten, dieses Kapital daheim zu investieren und somit einen neuen Grad in Technologie und Produktivität zu erreichen. China bediente sich anderen Modells, des Exportmodells, das auch Deutschland in den Nachkriegsjahren anwandte. Da China, im Gegensatz zu Deutschland, über eine fast unendliche Anzahl billiger Arbeitskräfte verfügt – 900 Millionen der 1,3 Milliarden Chinesen leben immer noch außerhalb des industrialisierten Speckgürtels des Landes –, konnte China sein Entwicklungsmodell umdrehen. China importierte kein Kapital, sondern exportierte Kapital. China importierte allerdings Rohstoffe, die es für die Produktion brauchte. Das gelang aber allein durch die Profite der Produktion, ohne Fremdkapital. Solange die Löhne weniger stark wachsen als die Produktivität, was in China der Fall war, kann eine solche Strategie funktionieren. Mit einem Reservepool von 900 Millionen Arbeitern kann eine solche Strategie selbst bei starkem Wachstum mehrere Jahrzehnte funktionieren. In den letzten Jahren erzielte China Leistungsbilanzüberschüsse von fast zehn Prozent vom BIP.

In Chinas Strategie spielt der Wechselkurs eine wichtige Rolle. Ein freier Wechselkurs würde diese Strategie zunichtemachen, denn die verbesserte Produktivität des Landes würde einen stärken Renminbi zur Folge haben. Deutschland profitierte in den 50er- und 60er-Jahren von der Stabilität des Bretton-Woods-Systems fester Wechselkurse. Der nominale Wechselkurs zwischen D-Mark und Dollar war festgelegt, der reale Wechselkurs der D-Mark fiel aber drastisch, denn die Produktivität in Deutschland wuchs viel schneller als in den USA. Das Bretton-Woods-System brachte also nur nominal Stabilität. Unter Einbeziehung von Arbeitskosten genoss Deutschland eine reale Abwertung und sicherte somit seinen Wettbewerbsvorteil zwei Jahrzehnte lang. Diese reale Abwertung war sicher ein wichtiger Teil des deutschen Wirtschaftswunders, und es ist der entscheidende Teil des chinesischen Wirtschaftswunders.

Ich nehme China hier nur als Beispiel. Die Geschichte spielt sich in verschiedenen Varianten anderswo auch ab, in Indien, Brasilien, in der Türkei, in Osteuropa und anderswo. Das Exportmodell hat sich durchgesetzt. In China gibt es aber eine Besonderheit. Dort ist die Zahlungsbilanz nicht liberalisiert. Das heißt, die chinesischen Unternehmen erhalten keine Dollars oder Euros für ihre Exporte, sondern müssen ihre Gewinne über die chinesische Notenbank abbuchen. Die Dollars und Euros fließen in die Währungsreserven der Chinesen. Die Zentralbank emittiert daraufhin chinesische Wertpapiere, in Renminbis, die sie den Exporteuren auszahlt. Der chinesische Export wird also in heimischer Währung bezahlt mit Wertpapieren, die auf einer Fremdwährung abgesichert sind. Die Chinesen haben damit neben der Sicherung ihrer Wettbewerbsfähigkeit einen weiteren Grund, den Wechselkurs des Renminbis nicht freizugeben.

Was geschieht mit den Dollars? Diese werden in den USA investiert in der Form von US-Staatsanleihen. Durch ihr Exportmodell wurden die Chinesen zu den größten Kunden des amerikanischen Finanzministeriums. Ein wichtiger Effekt dieser großen und stetigen Nachfrage nach amerikanischen Staatsanleihen war ein Verfall der Zinsen. Die Nachfrage war größer und somit stieg der Preis dieser Anleihen, was bedeutet, dass die Zinsen fielen. Dadurch, dass der Dollar die wichtigste Weltreservewährung ist, mit einem Anteil von rund 65 Prozent, kamen die USA in den Genuss geringerer Zinsen, denn die Chinesen waren gezwungen, ihr massives Vermögen in den USA zu investieren, egal zu welchen Konditionen. Den Chinesen ging es nicht darum, Profite zu erzeugen, sondern Stabilität. Geringe Zinsen waren in Ordnung, solange der Wechselkurs des Renminbis stabil blieb. Das chinesische Modell würde sonst wie ein Kartenhaus zusammenbrechen. Chinas Währungsreserven hatten bis zum Ende des ersten Jahrzehnts des neuen Jahrhunderts einen Wert von über 2 000 Milliarden Dollar erreicht, eine bislang unvorstellbare Größenordnung.

Die moderne Globalisierung funktionierte also nach anderen Regeln als die alte. China exportiert Produkte und Kapital in der Form überschüssiger Dollars. Der Kapitalfluss ging also nicht mehr vom Westen nach Asien, sondern von Asien in den Westen. Dieser Kapitalfluss hat die Zinsen in den USA gedrückt und somit den Konsum erhöht. Es war ein Kreislauf, bei dem amerikanische Konsumenten chinesische Produkte kauften, deren Erlöse wieder zurück in die USA flossen. Die künstlich geringen Zinsen waren aber nicht der einzige Mechanismus des Schneeballsystems. Um die Krise zu erzeugen, musste noch etwas anderes geschehen.

Die Geschichte nahm ihren fatalen Verlauf dadurch, dass die explodierenden Kapitalströme aus dem neuen Globalisierungsmodell mit den Erneuerungen im westlichen Finanzwesen kollidierten. Was waren das für Erneuerungen? Bis in die 90er-Jahre verfolgten Banken das klassische Modell. Mit den Erlösen von Gehalts- und Sparkonten verliehen sie Geld an Private und Unternehmen. Wie Brender und Pisani ausführlich beschrieben, gab es in diesem klassischen Banking drei Risiken aus Sicht der Bank: ein Kreditrisiko, wenn der Kunde den Kredit nicht zurückzahlt; ein Zinsrisiko, wenn die Marktzinsen steigen und wenn der Kredit zu einem festen Zinssatz ausgegeben ist; und das Liquiditätsrisiko, wenn die Sparkundeninhaber alle auf einmal ihr Geld wiederhaben wollen. Die moderne Revolution im Bankwesen bestand darin, dass die Banken alle drei Risiken abwälzen konnten.

Das Mittel war die Verbriefung. Ich will hier nicht im Einzelnen den Verbriefungsmarkt erklären. In meinen Büchern über die Krise habe ich diese Instrumente im Detail beschrieben. Für unsere Zwecke reicht hier die Beobachtung, dass die Bank ihre Kredite, etwa ein Bündel von Hypotheken, in eine Zweckgesellschaft auslagern konnte, die wiederum eigene Wertpapiere, sogenannte Mortgage-

Backed Securities, auf den Kapitalmarkt brachte. Diese MBS waren festverzinsliche Wertpapiere und hatten ähnliche Charakteristika wie Staatsanleihen. Sie kamen sogar in den Genuss guter Benotungen durch die Ratingagenturen.

Für unsere Geschichte entscheidend war die Tatsache, dass diese Papiere quasi ein Ersatzprodukt für Staatsanleihen waren mit einem Unterschied. Die Verzinsung war weitaus attraktiver, denn die Renditen auf normale US-Staatsanleihen wurden durch Großkunden wie die Chinesen effektiv versaut.

Und vor allem war dieser Markt groß. Laut Brender und Pisani war der Betrag der offenstehenden verbrieften Wertpapiere 12 600 Milliarden Dollar, mehr noch als der Gesamtmarkt der offenstehenden US-Staatsanleihen. Hier ist also ein neuer Markt entstanden von Wertpapieren in einer Größenordnung und mit scheinbar ähnlichen Charakteristika.

China war von der Subprime-Krise nicht direkt betroffen, denn China investierte die Dollars in Staatsanleihen, per Dekret. Aber was war mit den anderen Ländern mit Leistungsbilanzüberschüssen, allen voran Deutschland und Japan? In beiden Ländern ist die Zahlungsbilanz liberalisiert. Unternehmen, die exportieren, erhalten die Dollars direkt von ihren Kunden, die sie ihrer Bank geben, die ihrerseits wiederum die Dollars investiert. Und da die Chinesen die Renditen von US-Staatsanleihen gedrückt haben, haben die europäischen Banken in die Wertpapiere mit den höheren Renditen investiert. Es ist also kein Wunder, dass Länder mit Leistungsbilanzüberschüssen wie Deutschland, Japan und die Niederlande besonders von der Krise betroffen waren. Die dort ansässigen Banken mussten die von der Volkswirtschaft verdienten Dollars anlegen, und sie machten den Fehler zu glauben, dass die von den Ratingagenturen so hoch bewerteten Kreditprodukte tatsächlich so gut seien wie Staatsanleihen.

Die Banken haben das Risiko dieser Produkte massiv unterschätzt. Warum eigentlich? Gehen wir noch mal zurück zum Ausgangspunkt. Im traditionellen Bankengeschäft gab es die drei Risiken – Kreditrisiko, Zinsrisiko und Liquiditätsrisiko. Mit der Verbriefung konnten die Banken alle drei Risiken auf den Kapitalmarkt abwälzen. Das Risiko war aber noch im System, es war nur woanders. Wie beim Energieerhaltungssatz in der Physik lassen sich Risiken, wie Energie, verschieben, aber nicht reduzieren, zumindest nicht systemweit. Der Finanzökonom Avinash Persaud machte im Gespräch mit dem Autor einmal die treffende Bemerkung, im globalen Finanzsystem gäbe es zwei Typen von Institutionen, diejenigen, die Risiken absorbieren, und diejenigen, die Risiken verstärken. Das heißt, im Idealfall – den wir nicht hatten – funktioniert die Risikoverteilung so, dass das Risiko dorthin fließt, wo es am leichtesten getragen werden kann. Leider ist während der Krise das Gegenteil passiert. Das Risiko floss zu Institutionen wie Bear Stearns, AIG und Lehman Brothers, die das Risiko nicht absorbieren konnten. Diese Fehlallokation ging einher mit einem falschen Preis für diese Risiken. Da der Markt die individuellen Risiken unterschätzte – wegen der fehlenden Transparenz der Produkte – sowie das systematisch Risiko – wegen der fehlenden Transparenz des Finanzsystems –, kam es zu einer permanenten Fehleinschätzung der Risiken und einer permanenten Unterbewertung der Preise für diese Risiken.

Neben diesen drei Risiken, die sich direkt aus dem Bankengeschäft ergaben und die dann in das Finanzsystem übertragen wurden, gibt es noch ein weiteres Risiko im internationalen Finanzgeschäft, das Wechselkursrisiko. Die Autoren Brender und Pisani haben eine ganze Reihe von nützlichen Grafiken entwickelt, die zeigen, wie das Risiko im internationalen Finanzsystem transformiert wird, in Ketten, die zum Beispiel ihren Anfang bei einem deutschen Sparer nehmen und nach mehreren Transformationen bei einem amerikanischen Immobilienbesitzer enden.

Diese Konstruktion bedeutete, dass das Risiko des amerikanischen Kredites bei einer Reihe von Zwischenhändlern, meistens Banken, landete sowie beim Endkunden, dem deutschen Sparer, der aber durch die Bundesregierung eine Absicherung erhielt. Das volle Risiko des gesamten Systems landete also bei den Banken und beim Steuerzahler, der den Banken das Risiko garantierte.

China und die anderen Entwicklungsländer hatten kein Risiko. Sie hatten enorme Dollarvermögen aufgebaut, die sie risikolos in US-Staatsanleihen investierten. Das Risiko für China liegt in einer Aufwertung des Renminbis – was das Dollarvermögen reduzieren würde – sowie in einer US-Inflation.

Wir haben jetzt eine Erklärung, die uns nicht nur einen Mechanismus der Krise zur Verfügung stellt, sondern auch erklärt, warum die Krise jetzt erfolgt ist und nicht zehn Jahre früher. Zehn Jahre früher waren die globalen Ungleichgewichte viel geringer, und zehn Jahre früher war der Verbriefungsmarkt noch nicht so stark entwickelt. Es war die Kombination aus einer Explosion globaler Finanzströme, eine Konsequenz des Anstiegs globaler Ungleichgewichte, die Verbriefungsrevolution auf den Finanzmärkten, sowie ein systemweites Risikomissmanagement, das diese Krise verursachte. Wenn diese Analyse korrekt ist, dann wäre die Antwort auf diese Krise klar. Man müsste die Ungleichgewichte reduzieren und den Finanzsektor einstampfen, jedenfalls Mittel finden, zu verhindern, dass Banken auf Kosten des Steuerzahlers Risiken abwälzen.

Zum Abschluss dieses Kapitels kommt noch eine weitere, diesmal eher abschweifende Textbox, die die Frage stellt, inwieweit Finanzinnovationen das Problem verursacht haben. Natürlich haben sich mehrere Faktoren in dieser Krise aufgeschaukelt, und einige der Innovationen, Instrumente wie etwa Credit Default Swaps oder Collateralized Debt Obligations, waren sicherlich von zweifelhafter Natur. Aber der tiefe Grund dieser Krise war nicht die Innovation, sondern die globalen Ungleichgewichte und deren Interaktion mit modernen Finanzmärkten.

Wie wichtig ist die Finanzinnovation für unsere Wirtschaft?

Der Debatte über die Finanzregulierung liegt eine wesentliche Frage zugrunde, die von Paul Volcker, dem früheren amerikanischen Notenbankpräsidenten, gestellt wurde. Die Frage lautet: Wie wichtig ist ein moderner Finanzsektor für die reale Wirtschaft? Die Antwort auf diese Frage ist ausschlaggebend dafür, wie man den Finanzsektor in Zukunft regulieren sollte, ob mit leichter oder schwerer Hand.

Paul Volcker hat diese Frage nicht nur gestellt, sondern auch beantwortet. Die Finanzinnovationen des letzten Vierteljahrhunderts, so behauptete er, hätten keinen sozialen und ökonomischen Gewinn gebracht mit einer Ausnahme: dem Geldautomaten. Wenn Volcker recht hat, dann brauchen Regierungen sich keine Sorgen zu machen, wenn Investmentbanken aus Protest gegen eine Bonussteuer damit drohen, den Finanzplatz zu verlassen und in die Schweiz zu ziehen. Wenn der Gewinn für die Realwirtschaft gleich null ist, dann kann man sie ruhig ziehen lassen. Sie hätten dann ihr Erpressungspotenzial verloren. Wenn Volcker recht hat, dann braucht man die komplexen Kreditderivate überhaupt nicht erst zu regulieren. Man kann sie gleich verbieten. Wenn er recht hat, dann haben wir so ziemlich alles falsch gemacht, was man in der Reform von

Regulierung und Aufsicht so falsch machen kann. Wir hätten den Finanzsektor global auf ein Minimum einstampfen müssen.

Hat Volcker also recht?

Um diese Frage beantworten zu können, sollte man den volkswirtschaftlichen Nutzen des Finanzsektors zunächst definieren. Dieser besteht aus drei Teilen: in der Bereitstellung von Liquidität, von Informationen und von Risikotransformationen. Das Erste bedeutet, dass man nicht dann investiert, wenn man Geld hat, sondern wenn man es braucht. Das gilt für Individuen, für Unternehmen und für Staaten. Preise von Wertpapieren enthalten wichtige Informationen für Investoren, und die Risikoverteilung bedeutet zum Beispiel, dass Banken ein Kreditrisiko auf den Kapitalmarkt abwälzen können. Ohne die Risikotransformation hätte man viel weniger Hypotheken. Es ist zum Beispiel kein Wunder, dass der Anteil der Hauseigentümer in Deutschland geringer ist als in fast allen Ländern der Europäischen Union. Unser Hypothekenmarkt ist anders gestrickt.

Man kann die ökonomische Funktion des Finanzsektors auch so definieren: Finanzintermediation über Zeit und Distanz. Es gibt Zeiten, in denen Länder, Firmen und Individuen Nettosparer sind, und dann wieder Zeiten, in denen sie Kapitalimporteure sind. Der Finanzsektor sorgt dafür, dass das Geld da ist, wo es am besten eingesetzt wird, und dass die Investoren die bestmögliche Rendite erzielen – zumindest in der Theorie.

Es besteht also keine Frage, ob der Finanzsektor an sich wichtige ökonomische Funktionen erfüllt. Eine moderne Volkswirtschaft wäre ohne einen leistungsfähigen Finanzsektor nicht denkbar. Das war aber auch nicht die Frage, die Volcker gestellt hat. Seine Frage war, ob die Innovationen des letzten Vierteljahrhunderts einen Beitrag geliefert haben.

Hier ist die Zeitdefinition wichtig. Die wichtigsten Innovationen der letzten 50 Jahre kamen in den 60er- und 70er-Jahren, insbesondere die Entwicklung von Derivaten, die mit neuen mathematischen Modellen Anfang der 70er-Jahre ihren Anfang nahm. Bis dahin gab es keine verlässliche mathematische Methode, den Preis einer Option zu berechnen. Mit Optionen, wie mit anderen Finanzinstrumenten auch, kann man sich verzocken. Man kann sie aber auch sinnvoll einsetzen. Richtig eingesetzt erlauben sie einen hohen Grad an Risikotransformation, indem sie einem Investor erlauben, sich gegen Kursschwankungen abzusichern. Die weitere positive Innovation war die der Verbriefung, die in den 60er-Jahren ihren Anfang nahm. Hiermit konnten Banken risikoreiche Kredite in Wertpapiere umformen und am Markt verkaufen. Das Risiko einer einzelnen Bank wurde somit auf den Kapitalmarkt verteilt. Die frühen Finanzinnovationen bis in die 70er-Jahre hinein waren also schon ökonomisch wichtig.

Fraglich ist allerdings die Bedeutung der neueren Innovationen. So wie man aus Krediten Wertpapiere produziert, kann man aus diesen Wertpapieren weitere Wertpapiere erzeugen, und aus denen wieder neue. Die Strukturen werden dabei immer komplizierter. Ein hoher Anteil der Finanzinnovation des letzten Jahrzehntes bestand in der Entwicklung immer komplexerer Wertpapiere. Dabei wurden immer mehr Risiken durch das System geschleudert, doch kaum einer verstand diese Risiken noch. Mit anderen Worten: Diese Papiere hatten einen negativen ökonomischen Effekt. Dem Gesamtmarkt gingen Informationen verloren. Man kann also schon argumentieren, dass die modernen Kreditmarktinstrumente, zumindest wie man sie bislang eingesetzt hat, der Realwirtschaft wenigstens zum Teil geschadet haben. Wohingegen die einfache Verbriefung noch die Risikotransformation verbesserte, dienten die neuen Instrumente eher dem Profitstreben des Finanzsektors.

Wenn man die systematischen Risiken mit einbezieht, dann ist die Bilanz der modernen Finanzinnovation fraglich. Die Idee eines Kreditausfallderivates oder Credit Default Swaps bestand darin, dass man sich gegen die Insolvenz eines Emittenten absichert. Dabei landete fast das gesamte systematische Risiko bei einer einzelnen Institution, nämlich der amerikanischen Versicherungsgesellschaft AIG. Was mit einer Risikotransformation begann, endete mit einer Risikokonzentration. Mit diesem Instrument wurde makroökonomisch genau das Gegenteil erreicht von dem, was man beabsichtigte.

Wenn man die systematischen Effekte mit einbezieht, dann haben die Innovationen des letzten Vierteljahrhunderts in der Tat wenig gebracht. Wenn man heute, mitten in der Krise, den Schlussstrich unter die Bilanz ziehen wollte, dann hat Volcker möglicherweise recht. Die Kosten der Krise sind derart hoch, dass sie den bislang generierten Nutzen der Finanzinnovationen übertreffen.

Doch damit ist die Debatte noch nicht beendet. Die Gegenargumente der Banker lauten wie folgt:

Erstens, moderne Finanzmärkte bringen weniger Reibungsverluste in der Kreditversorgung. In den vorsintflutlichen Zeiten des klassischen Bankings hielten die Banken das gesamte Risiko eines Kredites in ihren eigenen Büchern. Das machte Banking zu einem prozyklischen Geschäft und produzierte Reibungsverluste auf dem Kreditmarkt. Die modernen Finanzinstrumente haben diese Reibungsverluste reduziert. Der alte klassische Kredit war weitaus grobschlächtiger als die maßgeschneiderten Kredite moderner Zeiten. Weniger Reibung heißt mehr gute Kredite, also mehr Investitionen und eine höhere Wirtschaftsleistung.

Zweitens, ohne die modernen Kreditmärkte hätte die Globalisierung einen langsameren Verlauf genommen. Die exportorientierten Strategien von China, Indien und Brasilien wären ohne das amerikanische Außenhandelsdefizit nicht möglich gewesen. Letzteres wiederum basierte auf einem kreditfinanzierten privaten Konsum. Auch Deutschlands enorme Leistungsbilanzüberschüsse wären ohne einen modernen Kreditmarkt in letzter Konsequenz nicht möglich gewesen. Ohne moderne Finanzinstrumente hätten viele Schwellenländer die Schwelle nicht übertreten können, und in China würden immer noch, unbeachtet vom Rest der Welt, Reissäcke umfallen.

Drittens, moderne Finanzmärkte fördern mehr realwirtschaftliche Innovation. Durch das moderne Finanzwesen werden Sektoren und Unternehmen gefördert, die man in einem klassischen Bankensystem nicht fördert. Auch wenn man unterstellt, dass ein moderner Finanzsektor zu Blasen neigt, ist die Gesamtsumme der Aufwärts- und Abwärtsbewegungen an den Märkten nicht gleich null, sondern positiv. Es wurden in den Zeiten der Euphorie Unternehmen gegründet, die auch heute noch im Zeitalter der Ernüchterung existieren.

Viertens ist es möglich, dass wir die modernen Finanzinstrumente zur Lösung zukünftiger sozialer Probleme eventuell noch benötigen. Der amerikanische Finanzökonom Robert Shiller hat vielfach darauf verwiesen, dass man mit den modernen Finanzinstrumenten Produkte mit einem großen sozialen Nutzen entwickeln kann, zum Beispiel in der Lösung des Rentenproblems. Je nach Verwendung ist ein Auto entweder ein Todesinstrument oder ein Rettungswagen oder einfach nur nützlich. Ähnlich verhält es sich mit modernen Finanzkreationen. Sie sind Instrumente, nicht mehr und nicht weniger.

Alle vier Argumente haben am Ende etwas mit Reibungsenergie zu tun. Wenn das alte Bankensystem perfekt funktioniert hätte, bräuchte man derartige Instrumente nicht. Der Nutzen des modernen Finanzmarktes ist gewissermaßen auch eine Metrik für die Imperfektion unserer Banken.

Im Grunde genommen handelt es sich hier um eine Makro-gegen-Mikro-Debatte. Mit Ausnahme von Punkt zwei sind das vorwiegend mikroökonomische Argumente, die die makroökonomischen Probleme und Kosten nicht berücksichtigen. Das Gleiche gilt für die Credit Default Swaps. Natürlich haben die Banken einen Vorteil davon, wenn sie sich mittels dieser Papiere gegen bestimmte Risiken absichern. Das ist aber genau das Problem.

Es bringt sicherlich große Vorteile für einzelne Institutionen. Wenn die Konsequenz aber eine makroökonomische Instabilität ist, dann muss man das öffentliche Interesse über das private Interesse stellen. Wir haben schließlich auch den Chemiefabriken schon vor langer Zeit verboten, ungefilterte Abwässer in die Flüsse zu leiten, und dies, obwohl es für die Industrie von Nutzen war, Giftmüll in den Rhein zu schütten.

Auch die Verbriefung, eine Innovation, die ich nicht rundherum ablehne, ist nicht makroökonomisch neutral. Denn sie verschiebt Kreditrisiken von der Bank auf die Kapitalmärkte, und dies, obwohl die Banken

die Einzelrisiken besser beurteilen können als irgendwelche Investoren auf der anderen Seite des Planeten.
Wir müssen also auch hier gegenrechnen. Die Verbriefung bringt eine Menge Vorteile, aber auch Risiken.

Was die Innovation der letzten 25 Jahre angeht, hat
Volcker allerdings vollständig recht. Sind einfache
Formen der Verbriefung und Derivate – wie Aktienop-
tionen oder Pfandbriefe – aus makroökonomischer
Sicht harmlos, sind die modernen Varianten äußerst
gefährlich, vor allem die Varianten, die die beiden Konzepte der Verbriefung und der Derivate miteinander
kombinieren, wie etwa bestimmte Typen von Collateral Debt Obligations. Das sind komplex Verbriefungs-
produkte, die an den Kapitalmärkten vor der Krise
verkauft wurden.

Der entscheidende Punkt ist, dass man in diesen
Debatten mikro- und makroökonomischen Nutzen zusammen beurteilen muss. Damit tun sich vor allem die
Banker schwer, die heute ähnlich empört reagieren wie
die Chefs der Chemieindustrie in den 70er-Jahren.

Aus diesem Grund ist es heute wie damals legitim zu
regulieren. Das Argument ist nicht Marktversagen, sondern die externen Effekte. Finanzprodukte mit negativen Auswirkungen für die Volkswirtschaft gehören
entweder verboten – wie chemischer Giftmüll –, oder
man findet einen Weg, dem Finanzsektor die Kosten der
externen Auswirkungen aufzubrummen, etwa eine Fi-
nanzmarktsteuer. Wenn die Banken die gesamten ökonomischen Kosten dieser Produkte tragen müssten,
verlieren sie wahrscheinlich ihr Interesse daran.

Volcker hat recht. Der soziale Nutzen moderner Finanzinstrumente ist zweifelhaft. Die größte Finanzinnovation des letzten Vierteljahrhunderts war in der
Tat der Geldautomat.

5. Wie geht es weiter?

Für einen Blick nach vorn ist die Analyse der Finanzkrise von einiger Bedeutung, denn um zu beurteilen, ob Finanzinstabilität weiter fortschreitet, müssen wir zunächst prüfen, inwieweit die Ursachen auch weiterhin präsent sind. Also, was passiert jetzt mit den globalen Ungleichgewichten und was passiert mit den Finanzmärkten?

Wer die Textbox über die Zahlungsbilanz gelesen hat, der weiß, dass die Summe aus Kapitalbilanz und Devisenbilanz den gleichen Betrag hat wie die Leistungsbilanz – nur mit umgekehrtem Vorzeichen. Wir nennen diese Summe die Außenbilanz (das entspricht dem englischen Gebrauch von „foreign balance"). Für Länder wie Deutschland und die USA sind die Devisenbilanzen sehr gering, sodass man, Pi mal Daumen, sagen kann, Außenbilanz und Kapitalbilanz sind identisch (beziehungsweise Leistungsbilanz und Kapitalbilanz mit umgekehrtem Vorzeichen). Da wir aber in dem folgenden Vergleich auch China mit berücksichtigen, wo die Devisenbilanz sehr hoch ist, ist es sinnvoll, hier die Summe aus Kapital- und Devisenbilanzen, also die Außenbilanz zu betrachten. Noch mal zur Erinnerung: Warum haben Leistungsbilanz und Außenbilanz umgekehrte Vorzeichen? Der Grund liegt darin, dass die Leistungsbilanz Warenströme misst, und die Außenbilanz Finanzströme, die in umgekehrter Richtung fließen.

Die folgende nicht ganz einfache Grafik 3 erzählt die Geschichte, wie sich die Ungleichgewichte während der Krise verhalten haben. Es lohnt sich, sich mit dieser Grafik ein wenig zu beschäftigen.

Die obere Reihe enthält drei Länder mit stark ausgeprägten Leistungsbilanzdefiziten – USA, Großbritannien und Spanien. Die untere Reihe enthält Länder mit großen Leistungsbilanzüberschüssen – China, Deutschland und Japan. Für jedes Jahr sehen Sie drei Balken, in Weiß, Dun-

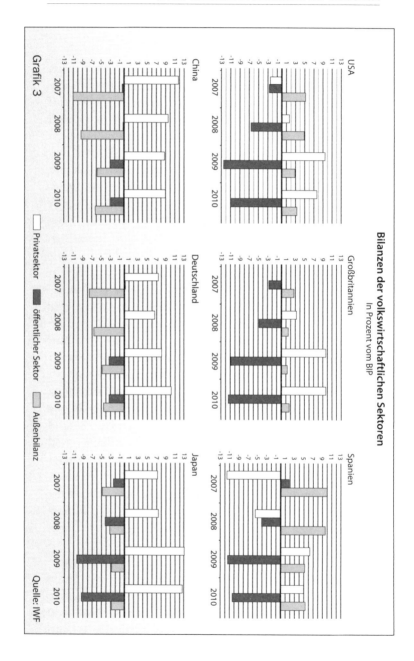

Bilanzen der volkswirtschaftlichen Sektoren

In Prozent vom BIP

Grafik 3

Privatsektor   öffentlicher Sektor   Außenbilanz

Quelle: IWF

kelgrau und Hellgrau. Der erste Balken zeigt die Bilanz
des privaten Sektors, der zweite die Bilanz des öffentlichen Sektors. Wie es in der Textbox beschrieben wurde,
ist die Summe dieser beiden Bilanzen – des öffentlichen
und privaten Sektors – gleich der Leistungsbilanz. Und
diese ist so groß wie die Außenbilanz mit umgekehrtem
Vorzeichen. Sehen Sie sich zum Beispiel die linke obere
Grafik für die USA an, das Jahr 2007. Dort haben privater und öffentlicher Sektor jeweils ein Defizit, und die
Außenbilanz ist stark positiv (was bedeutet, dass Dollars
hinausfließen). Wenn Sie die jeweils ersten beiden Balken
zusammenaddieren, dann käme ein Balken heraus, der
genauso lang ist wie der dritte Balken, lediglich mit umgekehrtem Vorzeichen.

Jetzt schauen Sie sich an, was in den USA während
der Krise passiert ist. Der Privatsektor, weißer Balken,
hatte im Jahre 2007 ein Defizit. Das heißt, der Privatsektor hat mehr aus dem Ausland gekauft als an das Ausland verkauft. Das bedeutet dasselbe wie die folgende
Aussage. Der Privatsektor hat mehr investiert als gespart.
Die Finanzierung für die Investition kam aus dem Ausland. Aber schon im Jahre 2008 hatte der amerikanische
Privatsektor eine positive Bilanz, die im Jahre 2009 weiter anstieg.

Das ist schließlich kein Wunder, denn als der Kredit-
wahn aufhörte und die Immobilienblase platzte, mussten
viele Amerikaner auf Konsum verzichten und mehr sparen beziehungsweise Schulden zurückzahlen. Im Jahre
2009 normalisierte sich die Position des amerikanischen
Privatsektors wieder.

Wäre der Staat in dieser Situation nicht eingesprungen,
dann wäre das amerikanische Leistungsbilanzdefizit abge-
stürzt, denn wir erinnern uns, das Leistungsbilanzdefizit
ist die Summe der Defizite des privaten und öffentlichen
Sektors. In allen „Defizitländern" haben wir Ähnliches
erlebt. Die Bilanz des privaten Sektors ist in den Jahren

2007 bis 2009 positiver geworden, die des öffentlichen Sektors negativer. Der erste Effekt überwog, sodass die Leistungsbilanzdefizite insgesamt zurückgingen.

Und da die Leistungsbilanzdefizite aller Länder sich auf null addieren, würde man daher auch erwarten, dass die Überschüsse von Ländern wie China, Deutschland und Japan zurückgegangen sind. Genau das ist passiert. Die Außenbilanz aller drei Länder ist etwas weniger negativ geworden – das heißt, die Leistungsbilanzüberschüsse haben sich etwas verringert.

Kann man aus dieser Entwicklung einen Trend ableiten, etwa hin zu einem größeren globalen Gleichgewicht? Wir werden diese Frage im Detail am Ende des ersten Teils beantworten. So viel sei vorweg gesagt: Es gibt bislang keine Anzeichen dafür, dass sich die Ursachen für die Ungleichgewichte, die Wechselkurspolitik Chinas und anderer Schwellenländer, geändert haben.

Wir sind bislang zu zwei wichtigen Erkenntnissen gekommen. Erstens wurde die Krise durch massive globale Kapitalströme verursacht, die ihrerseits durch starke globale Ungleichgewichte erzeugt wurden. Diese Kapitalströme stießen auf ein dereguliertes Finanzsystem, das gerade dabei war, das traditionelle Banking durch verbriefte Kapitalmärkte zu ersetzen.

Zum Zweiten haben wir den Verdacht, dass sich die globalen Ungleichgewichte nur kurzfristig reduziert haben. Der langfristige Trend ginge dann also weiter in Richtung sich verstärkender Ungleichgewichte, mit anderen Worten hin zu mehr Instabilität an den Finanzmärkten.

Hiermit sind wir am Ende unserer speziellen Theorie, die sich lediglich auf die Finanzkrise selbst konzentrierte und aus dieser Krise heraus argumentierte. Im Folgenden kommen wir zu einer allgemeinen Theorie, die völlig andere Argumente benutzt, aber zur selben Schlussfolgerung kommt, nämlich dass die Instabilität an den Finanzmärkten eher zunehmen wird.

6. Eine Theorie der Instabilität

Wir haben uns bislang auf die Krise selbst beschränkt, versucht zu erklären, warum die Kollision globaler Ungleichgewichte und der Verbriefungsrevolution im Finanzwesen die Hauptursache der Krise war. Es ist aber lediglich eine spezielle Theorie der Krise, keine allgemeine Theorie der Instabilität, denn die Instabilität setzte schließlich schon in den 70er-Jahren ein und ist mit großer Wahrscheinlichkeit auch noch nicht vorbei. Um das Auftreten der Instabilität insgesamt zu erklären, muss man tiefer ausholen als in den letzten beiden Kapiteln.

Es gab einen vor der Krise wenig beachteten Ökonomen, der eine Theorie entwickelt hat, die Finanzkrisen wie unsere nicht als Schock von außen betrachtet, so wie die meisten Ökonomen das tun, sondern als eine Eigenschaft unseres Wirtschaftssystems an sich. Es ist die Theorie der finanziellen Instabilität des im Jahre 1996 verstorbenen amerikanischen Ökonomen Hyman Minsky. Minsky ist in Deutschland weitgehend unbekannt. Auch in den USA spielte er zu seinen Lebzeiten stets eine Außenseiterrolle. Der ökonomische Mainstream wollte von ihm und seinen exzentrischen Thesen zumeist nichts wissen. Während der Krise hatte man Minsky wiederentdeckt, denn er war der einzige Ökonom, der eine kohärente Theorie darüber lieferte, wie so etwas wie die Subprime-Krise überhaupt passieren konnte. Minskys Erklärungsansatz ist theoretischer als etwa der Ansatz von Brender und Pisani, aber die beiden Ansätze sind eher komplementär als widersprüchlich. Als die Krise ausbrach, waren Minskys zwei große Bücher im Buchhandel nicht mehr zu finden. Sie wurden während der Krise von einem Großverlag nachgedruckt, als man für Originalkopien im Internet über 1 000 Dollar geboten hatte. Über zehn Jahre nach seinem Tod war Minsky zum ersten Mal überhaupt so etwas wie populär.

Es lohnt sich in der Tat, sich mit Minsky tiefer ausei-
nanderzusetzen. Nur sind seine beiden Hauptwerke für
einen Nichtexperten kaum lesbar, und selbst ausgebildete
Ökonomen tun sich schwer mit einer Sprache, die mehr
an die Ökonomen des 19. und frühen 20. Jahrhunderts
erinnert als an die mathematisch technische Sprache der
modernen Ökonomie.

Ich werde mein Bestes tun, die Ideen von Minsky in
einer Art wiederzugeben, dass sie von einem Laien verstanden werden können. Hier im Fließtext begnüge ich
mich mit einer allgemeinen Darstellung, die auf technische Details verzichtet. In einer Textbox am Ende dieses
Kapitels gebe ich eine detailliertere Zusammenfassung
seiner Theorie der finanziellen Instabilität, für die sich
der eine oder andere Leser interessieren mag.

Es gibt eine Reihe von Denkschulen, die auf den großen britischen Ökonomen John Maynard Keynes zurückgehen, die man unter anderem als Keynesianismus,
Neo-Keynesianismus und Neu-Keynesianismus bezeichnet, was sich harmloser anhört, als es ist, denn diese Schu-
len haben nur wenig miteinander gemeinsam. Keynes
selbst produzierte in seinem Hauptwerk *Allgemeine
Theorie von Beschäftigung, des Zinses und des Geldes*[8]
ein philosophisches Traktat, aus dem später Ökonomen
konkrete Modelle herstellten. Keynes Buch war selbst
für viele Ökonomen nur schwer verständlich. In seinem
Sprachstil war Keynes eher in einem Zeitalter verhaftet,
als Ökonomie noch ein Teil der Philosophie war und
nicht die quantitative Disziplin moderner Zeiten. Keynes
allgemeine Theorie begründete die moderne Ökonomie.
Das haben auch viele seiner Gegner akzeptiert. Aber
sprachlich steht dieses Buch eher in der Tradition von
Adam Smith und David Ricardo. Wie der große Ökonom Paul Samuelson es einmal formulierte: Keynes allgemeine Theorie ist sowohl konfus als auch genial, ist aber
für den Lernbetrieb völlig ungeeignet.

Es gibt eine große Anzahl von Ideen in Keynes allgemeiner Theorie, die in modernen mathematischen Modellen nicht berücksichtigt wurden. Dazu gehören Keynes Theorie über Finanzmärkte, denen der Brite eine hohe Bedeutung für die Volkswirtschaft zumaß. In den späteren Modellen, die sich keynesianisch nannten, waren die Finanzmärkte nicht mehr vorhanden. Selbst das Geld ist in diesen Modellen nicht vorhanden.

Für den Laien sind solche Aussagen befremdlich, denn was ist Volkswirtschaft ohne Geld? Schließlich geht es um Wohlstand. Für die Makroökonomen, die das Wirtschaftsgeschehen auf seine wesentlichen Komponenten reduzieren wollten, hatten Geld und Finanzmärkte eher die Funktion von Schmieröl in einem Motor. Man braucht sie, aber um zu verstehen, warum ein Porsche-Motor mehr leistet als einer von Opel, ist das Motoröl von eher untergeordneter Bedeutung. Ähnlich beschränkten sich diese Ökonomen auf die Faktoren, die sie für wesentlich hielten, wie Zinsen oder Gehälter oder den Grad der technologischen Entwicklung.

Minsky hingegen interessierte sich für Finanzmärkte und wie Keynes glaubte er, dass sie für das System des modernen Kapitalismus mehr sind als nur Schmieröl, sondern eben genau das, was im Kapitalismus zur Instabilität führt.[9] Laut Minsky entwickeln Finanzmärkte ihr Eigenleben. Sie sind nicht mehr ein neutraler Versorger von Kapital, sondern die Erwartungen der Finanzmärkte sind die entscheidenden Motoren hinter den konjunkturellen Schwankungen.

In der Modellwelt der klassischen Ökonomie strebt eine Volkswirtschaft nach einem Zustand des Gleichgewichts, einem Idealzustand, in dem Angebot gleich Nachfrage ist, und zwar in allen Märkten. Sie mag diesen perfekten Zustand nie erreichen, aber das Entscheidende ist, dass die Volkswirtschaft eine natürliche Tendenz hat, sich auf diesen Gleichgewichtszustand hinzubewegen. In einigen modernen Modellen gibt es das Konzept mehrerer Gleichgewichte. Es kann zum Beispiel sein, dass die Wirtschaft durch einen Schock von ihrem alten Wachstumspfad abkommt und sich auf ein neues Gleichgewicht hinbewegt. Aber diese Theorien haben alle gemeinsam, dass es so etwas wie ein oder mehrere Gleichgewichte gibt.

In Minskys Ideenwelt läuft das ganz anders ab. Dort ist der Zustand des Gleichgewichts die Ausnahme, der Kapitalismus hat eine natürliche Tendenz, sich vom Gleichgewicht wegzubewegen. Der Motor dieser Bewegung sind die Finanzmärkte beziehungsweise die Spekulation. Wenn der Zustand eines Gleichgewichts erreicht ist, fassen die volkswirtschaftlichen Akteure Mut, der sie zu immer risikoreicheren Investitionen verleitet.

Minsky beschreibt drei Entwicklungsstufen. In der ersten Stufe verfolgen Investoren eine konservative Strategie. Sie sind in der Lage, die Zinsen zu bezahlen, und darüber hinaus verfügen sie noch über genügend Spielraum, die Schulden zu tilgen. In der zweiten Phase können sie zwar noch die Zinsen bezahlen, aber nicht mehr die Schulden tilgen. Sie müssen die Schulden am Ende der Laufzeit neu finanzieren. In der dritten Phase können sie selbst nicht mehr die Zinsen aus eigener Kraft bezahlen. Sie wetten darauf, dass die Anlagewerte sich dermaßen stark erhöhen, dass sie durch den dadurch entstandenen Profit die Zinsen finanzieren.

Die erste der drei Strategien ist noch relativ robust, sollte es zu einem Preisverfall bei den Anlagewerten kommen. Die Investoren haben noch einen gewissen Puffer. Die dritte Strategie kippt schon in dem Moment, in dem sich die Preise auch nur stabilisieren.

Wenn Sie sich noch einmal die amerikanische Subprime-Krise vor Augen halten, dann ist das genau so gelaufen, wie Minsky das beschrieben hat. Die Häuserpreise stiegen, und die Hypotheken wurden immer riskanter.

Hatte man zu Anfang noch normale Hypotheken, Stufe eins von Minskys Dreistufenmodell, kam es bald zu „innovativen" Hypotheken, wie zum Beispiel solchen, wo die Hypothekenkäufer lediglich Zinsen zahlen, aber nicht tilgen. Das heißt, die Schuld bleibt voll bestehen. Das entspricht Minskys zweiter Stufe. Zuletzt gab es Hypotheken, deren Zinszahlungen zunächst reduziert waren. Das heißt, die Schulden vergrößerten sich über die Jahre. Diese Hypotheken setzten eine permanente Erhöhung der Immobilienpreise voraus, damit die Schulden über eine spätere Refinanzierung bezahlt werden konnten. Das war Minskys dritte Stufe. In dem Moment, wo die Preise nicht mehr weiter anstiegen, platzte die Blase. Eine einfache Stabilisierung der Preise reichte schon aus, um die Krise zu provozieren.

Bei Minsky ist die Finanzkrise nicht die Konsequenz eines unvorhersehbaren Schocks, sondern sie ist Teil eines Systems, das von sich aus zur Instabilität neigt. Der Grad dieser Neigung ist proportional zur Größe des Finanzsystems und seiner Fähigkeit zur Innovation. Laut Minsky ist die Finanzkrise, die wir in den letzten Jahren erlebten, kein Extremereignis, sondern eine logische Konsequenz unseres Finanzsystems.

Minskys Theorien wurden während der Krise wiederentdeckt. Auf der Wall Street sprach man vom Minsky-Moment, der Zeitpunkt, als die dritte Stufe der Spekulation platzte. Obwohl Minsky noch vor dem New-Economy-Boom gestorben ist, hat er den Mechanismus dieser Krise mit einer unglaublichen Präzision vorausgesagt. Die Subprime-Krise hat sich aufgeblasen, genau, wie Minsky es beschrieben hat, und sie ist genau so geplatzt.

Minskys beeindruckendste und beunruhigendste Prognose war aber eine andere. Schon im Jahre 1986 zog er den Schluss, dass der Trend zu den Verbriefungen das Finanzsystem destabilisieren würde.[10] Er hat somit nicht nur die konkrete Subprime-Krise vorausgesagt, sondern auch noch die darauffolgende Bankenkrise – und dies in den 80er-Jahren!

Die Verbriefung ist eine Methode, mit der Banken das Risiko von Krediten, die sie vergeben, auf den Kapitalmarkt abwälzen können. Im Zeitalter vor der Verbriefung hielten Banken ihre Kredite als Anlagevermögen in ihrer Bilanz. Kredite waren eine Forderung gegen Dritte. Nach den Baseler Eigenkapitalregeln mussten Banken ihre Kreditrisiken mit nötigem Eigenkapital unterfüttern. Das heißt, je mehr Kredite eine Bank vergeben wollte, desto mehr Eigenkapital benötigte sie. Wie schon im ersten Abschnitt dieses Kapitels erwähnt, trägt die Bank drei Risiken – ein Kreditrisiko (der Kunde zahlt den Kredit nicht zurück), ein Zinsrisiko (die Marktzinsen steigen, der Kredit hat aber einen garantierten Festzins) sowie ein Liquiditätsrisiko (die Kunden ziehen Geld ihrer Gehalts- und Sparkonten ab).

Mit der Verbriefung kann die Bank mit einem Schlag alle drei Risiken loswerden, indem sie eine sogenannte Zweckgesellschaft gründet, die rechtlich unabhängig von der Bank ist, welche die Kredite kauft. Diese Kredite dienen dann als Sicherheit für die Herausgabe von festverzinslichen Wertpapieren durch die Zweckgesellschaft. Wenn es sich um Hypotheken handelt, die verbrieft werden, dann nennt man diese Wertpapiere Mortgage-Backed Securities. Es werden aber auch andere Kredite verbrieft, zum Beispiel Unternehmenskredite, Kreditkartenschulden oder Autokredite.

Verbriefung ist also die Methode, mit der man aus Krediten am Markt notierte Wertpapiere erzeugt. Man kann diese Methode ad infinitum führen. Zum Beispiel kann man Mortgage-Backed Securities aufkaufen, in eine Zweckgesellschaft auslagern und die MBS als Sicherheit für neue Wertpapiere nehmen. Diese Wertpapiere heißen Collateral Debt Obligations oder CDO. Diese aufgemotzten Verbriefungsstrukturen sind relativ neuen Datums. Man kann mit dieser Methode aus CDO noch komplizertere Strukturen schaffen. Genau das passierte während der Kreditblase. Die Innovation in den Kreditmärkten erreichte ein fieberhaftes Tempo.

Als Minsky im Jahre 1987 über die Verbriefung schrieb, gab es weder Kreditkrise noch Kreditboom noch CDOs. Mortgage-Backed Securities gab es allerdings schon, allerdings war der Markt damals viel kleiner als heute. Aber Minsky erkannte trotzdem das Drohpotenzial, das von diesen Verbriefungsstrukturen ausging. Denn durch die Verbriefung ändert sich die Rolle der Banken. Waren sie früher die Wächter über Kredit und Kreditwürdigkeit, spielten sie im Zeitalter der Verbriefung immer mehr die Rolle eines Händlers oder Verkäufers. Die Banken geben zwar die Kredite aus, verkaufen sie dann aber umgehend. Anstatt lokaler Banken liegt die Finanzkraft hinter den Krediten jetzt im Kapitalmarkt, der zudem noch international ist. Verbriefung bedeutet also auch eine Verschiebung von nationalen zu internationalen Strukturen.

Die Verbriefung hat laut Minsky eine ganze Reihe unangenehmer Konsequenzen aus Sicht der Volkswirtschaft. Banken mussten immer einen Teil ihres Vermögens bei der Zentralbank als Reserven hinterlegen, was ihre Profite drückte. Durch ihre Kostenstruktur, so Minsky, brauchten Amerikas zumeist kleine Banken eine Zinsmarge von 450 Basispunkten, um Geld zu verdienen. Das heißt, wenn sie das Geld ihrer Sparkunden mit einem Satz von zwei Prozent verzinsten, mussten sie einen Kreditzins von 6,5 Prozent veranschlagen, um gerade mal einen Profit zu machen. Wenn man jetzt die Banken ausschaltet beziehungsweise sie zu reinen Kreditverkaufsstellen und Kreditverpackungsstellen degradiert, werden die Konditionen für den Kredit nicht mehr von den Banken bestimmt, sondern vom internationalen Kapitalmarkt, der aufgrund seiner Größe und jeglicher Abwesenheit von Vorschriften über Mindestreserven und Eigenkapitalregeln viel günstigere Konditionen bieten kann.

Die Entmachtung der Banken war auch ein Problem für die Geldpolitik und beeinträchtigte ihre Fähigkeit, die Geldmenge zu kontrollieren. Für eine effektive Kontrolle ist die Präsenz eines Bankensystems mit Reservepflicht von essenzieller Bedeutung. Durch die Verbriefung wird die natürliche Tendenz einer Volkswirtschaft von Stabilität zur Instabilität erheblich beschleunigt.

Minsky hatte die Mechanismen der Instabilität, die von einem internationalen verbrieften Kapitalmarkt ausgehen, Jahrzehnte vorher verstanden, bevor es zu einer Krise kam. Wohingegen Keynes die Arbeitslosigkeit als die destabilisierende Kraft des Kapitalismus angesehen hat, fokussierte Minsky auf die Instabilität, die vom Finanzsektor ausgeht.

Was kann man gegen diese Instabilität tun? Der Fokus dieses Buches ist nicht, Wirtschaftspolitikern Ratschläge zu geben. Trotzdem gibt es auch für Investoren einen guten Grund, sich Minskys Ratschläge anzuhören.

Minsky empfiehlt folgende wirtschaftspolitische Maßnahmen gegen die Instabilität:

1. Eine Refokussierung der Wirtschaftspolitik weg von Investitionen hin zum Konsum. Minsky hielt es für den klassischen Fehler keynesianischer Wirtschaftspolitik, Investitionen zu fördern, denn die Interaktion zwischen Investitionen und dem Finanzsektor ist eine der großen Quellen der Instabilität.

2. Abschaffung der Körperschaftssteuer beziehungsweise aller Unternehmenssteuern, die von Aktionären getragen werden. Als Maßnahme zur Stabilität fordert Minsky einen geringeren Grad an Fremdkapital, und das Steuersystem sollte daher das Eigenkapital bevorzugt behandeln.

3. Radikale Reformen im Finanzsektor. Minsky unterstützte das Konzept des „Narrow Banking", wonach man klassische Banken durch Finanzinstitutionen ersetzt, die die Einlagen von Sparern und Gehaltskontoinhabern nicht in das Kreditgeschäft reinvestieren, sondern in sichere Staatsanleihen. Das Kreditgeschäft würde dann von anderen Institutionen durchgeführt. Minsky unterstützte ebenfalls Programme zur Unterstützung kleiner lokaler Banken.
4. Eine völlige Neuausrichtung des öffentlichen Sektors. Dazu gehört die Abschaffung von Arbeitslosengeld und anderen Transferleistungen, die dem Ziel dienen, Menschen dafür zu bezahlen, dass sie nicht arbeiten. Anstatt dessen solle der Staat Vollbeschäftigungsprogramme durchführen. Darüber hinaus empfahl er ein universelles Kindergeld in der Höhe von 1,33 Prozent vom Bruttoinlandsprodukt. Vollbeschäftigungsprogramm und Kindergeld sollen die bisherigen Sozialsysteme ablösen.

Die Chance, dass auch nur einer dieser Vorschläge jemals umgesetzt wird, ist gleich null. Was auch immer man über seine Maßnahmen denkt, zusammen genommen stellen sie einen kohärenten Katalog dar mit dem Ziel, Instabilität, die durch den Finanzsektor ausgeht, zu kontrollieren. Unsere Gesellschaften sind allerdings nicht bereit, den Preis für die Kontrolle der Instabilität zu bezahlen. Die Linken stoßen sich an Minskys Forderung, die Sozialsysteme abzuschaffen, und die Rechten unterstützen nicht Forderungen, den Finanzsektor einzustampfen. Minsky hat keine politische Mehrheit.

Und trotzdem sind Minskys Analysen und Vorschläge gerade für Investoren von großer Bedeutung. Denn sie erklären nicht nur, woher die Instabilität kommt, sondern auch, dass sie uns lange erhalten bleiben wird, und zwar so lange, bis man die Instabilität gezielt bekämpft.

Ein Programm zur Bekämpfung der Instabilität – ob nun Minskys Katalog oder ein alternatives Programm – wird es auf absehbare Zeit nicht geben, wenn überhaupt. Wir sollten uns daher auf eine Fortsetzung der Finanzinstabilität einstellen.

Minskys Instabilitätstheorie

In dieser Textbox versuche ich, Minskys Instabilitätstheorie in etwas größerem Detail zu erklären als im Fließtext. Die hier präsentierten Inhalte sind für diejenigen von Interesse, die sich für den theoretischen Hintergrund interessieren. Ich beziehe mich hier auf Minskys eigene Zusammenfassung seiner Theorie[11] sowie einiger anderer Texte. Für eine detaillierte Exposition sollte man eines seiner beiden großen Monografien zurate ziehen. Sie können diese Textbox im Übrigen ohne Probleme überspringen. Für den weiteren Verlauf dieses Buches ist sie nicht von Bedeutung.

Zunächst sollte man verstehen, dass Minskys Beobachtungsrahmen das 20. Jahrhundert war, minus der letzten Jahre. Minskys Instabilität bestand aus Inflation, wie etwa in den 70er-Jahren, und Schulden-Deflation, wie wir sie etwa in den 30er-Jahren erlebten, später in Japan und jetzt erneut. Der Mechanismus der Schulden-Deflation wurde Anfang der 30er-Jahre vom amerikanischen Ökonomen Irving Fisher im Detail beschrieben. In einer Phase der Deflation erhöht sich der reale Wert der Schulden. Mit realem Wert bezeichnet man den nominalen Wert, also den Wert in Euro oder Dollar, minus der erwarteten Inflation. Wenn die Inflation aber negativ ist, steigt in einer Deflation der reale Wert der Schulden, selbst wenn der Dollar- oder Eurowert gleich bleibt. Dies wiederum setzt eine Abwärtsspirale in Gang: Der reale Wert der Schulden erhöht sich, woraufhin Konsumenten ihren Konsum reduzieren. Die Preise fallen weiter, und der reale Wert der Schulden erhöht sich nochmals. Die klassischen ökonomischen Mechanismen, die das Gleichgewicht wiederherstellen, greifen in einer solchen Entwicklung nicht.

Minskys Theorie basiert auf Keynes' allgemeiner Theorie und entwickelt sie weiter. Der Ausgangspunkt ist Keynes' Definition von Geld in einer modernen Wirtschaft mit einem großen Finanzsektor. Keynes schrieb (meine sehr freie Übersetzung vom ursprünglichen englischen Text):

> „Es gibt eine Menge realer Sachvermögen in der Welt, die unseren Wohlstand ausmachen – Immobilien, Rohstoffe, verarbeitete Güter und so weiter. Die rechtlichen Eigentümer dieser Güter haben jedoch häufig diese Güter mit geliehenem Geld gekauft. Die Kreditgeber haben einen Anspruch auf ihr Geld, aber nicht direkt auf diese Güter. Ein großer Teil dieses Prozesses findet im Bankensystem statt, welches sich wie ein Keil zwischen die Kreditgeber – die Sparer – und die Kreditnehmer stellt, denen die Bank Geld leiht, um den Kauf realer Sachvermögen zu finanzieren. Das Herablassen eines Schleiers von Geld zwischen dem realen Sachvermögen und dem Sparer ist eine besondere Charakteristik der modernen Welt."

Keynes beschreibt hier mit einer fast naiven Befremdung nichts anderes als unser gutes altes Bankensystem – nicht irgendeine moderne Innovation in den Finanzmärkten. Die gute alte Bank diente als Zwischenagent von Sparern und Kreditnehmern. Geld fließt dabei zu-

nächst von den Sparern an die Bank, dann von der
Bank an die Unternehmen, und später von den Unternehmen wieder zur Bank und zu den Sparern. Der erste dieser beiden Geldflüsse basiert auf Erwartungen
zukünftiger Profite, mit denen die Unternehmen ihren
Kredit zurückzuzahlen hoffen. Der Rückfluss basiert
auf dem aus späterer Sicht in der Vergangenheit liegenden Kreditvertrag.

Das heißt, zwischen der Gegenwart und der Zukunft
besteht eine finanzielle Beziehung. Der Fluss des Geldes von der Bank zum Unternehmen ist sehr stark von
den Profiterwartungen abhängig, wie sie von dem Unternehmen selbst und von der Bank beurteilt werden.
Diese Profiterwartungen bestimmen sowohl die Bereitstellung des Kredites an sich und den Preis des Kredites, also den Zinssatz. Wenn die Bank ein Vorhaben
riskant einschätzt, wird sie einen höheren Zins aushan-
deln. Später wird sich herausstellen, ob die ursprünglichen Prognosen aufseiten des Unternehmens und der
Bank gerechtfertigt waren oder nicht.

Der entscheidende Faktor in diesem komplexen System sind die zukünftigen Gewinnerwartungen. Hier integriert Minsky die Theorie der Ökonomen Michael
Kaleki und Jay S. Levy, wonach der gesamtwirtschaft-
liche Profit von der gesamtwirtschaftlichen Nachfrage
bestimmt wird. Minsky berechnet den gesamtwirtschaftlichen Gewinn als die Summe der Investitionen
und des Haushaltsdefizits. Somit basierten erwartete
Gewinne auf zukünftigen Investitionen. Es hängt also
alles von den Investitionen ab, ob Schulden zurückgezahlt werden können oder nicht. Daraus folgert Minsky: „Investitionen geschehen jetzt, weil Geschäftsleute
und ihre Bankiers davon überzeugt sind, dass Investitionen in der Zukunft stattfinden."

Minskys Theorie beschäftigt sich mit der Frage, wie die Verbindlichkeiten und die Art und Weise, wie man sie einlöst, das Verhalten des gesamten Systems beeinflussen. Der Finanzsektor wird selbst zu einem wichtigen Akteur, der selbst seine eigenen Profite maximiert. Wie andere Unternehmen auch versucht der Finanzsektor seine Profite durch Innovationen zu erhöhen, indem er neue Finanzprodukte auf den Markt wirft. In der klassischen Ökonomie war der Finanzsektor nicht präsent. Das Geld zirkuliert mit einer fast konstanten Umlaufgeschwindigkeit durch die Wirtschaft. Mit einem ständig innovativen Finanzsektor hingegen fließt immer mehr Geld durch das System. Ein wichtiger Nebeneffekt ist, dass die Notenbank die Kontrolle über die Geldmenge verliert.

Die dynamische Entwicklung dieses Systems wird durch Minskys berühmte und im Fließtext schon beschriebene Charakterisierung der Finanzeuphorie beschrieben. Den ersten, konservativen Typus nannte er „hedge finance": Hier werden auf Kredite nicht nur die Zinsen gezahlt. Die Kredite werden darüber hinaus auch noch getilgt. Der zweite Typus heißt „speculative finance". Hier werden nur die Zinsen bezahlt und der Kreditbetrag muss am Ende der Laufzeit neu finanziert werden. Den dritten Typus nannte er „Ponzi finance", benannt nach dem berühmten amerikanischen Gauner Charles Ponzi, der in den 20er-Jahren des letzten Jahrhunderts ein berüchtigtes Schneeballsystem für Anleger entwickelte. In Minskys Modell ist „Ponzi finance" ein System, in dem ein Kreditnehmer nur dann seine Zinsen bezahlen kann, wenn die Vermögenspreise seiner Investitionen um ein bestimmtes Maß steigen. Selbst eine Stagnation würde das System zum Einsturz bringen.

Eine Wirtschaft, in der die erste Stufe von Minskys drei Finanztypen dominiert, ist relativ stabil. Sie tendiert also auf einen Punkt, den man in der klassischen Ökonomie als ein Gleichgewicht bezeichnen würde. Wenn aber die zweite und dritte Stufe dominieren, dann bewegt sich die Wirtschaft weg vom Gleichgewicht in Richtung einer systembedingten Instabilität. Minskys erstes Theorem der Hypothese der finanziellen Instabilität besagt, dass es zwei Finanzregime für eine Wirtschaft gibt, eines, unter dem sie stabil ist, und eines, unter dem sie instabil ist. Das zweite Theorem besagt, dass nach einer Periode von Wachstum und Stabilität eine Wirtschaft mit autonomem Finanzsektor zur Instabilität neigt. Mit der Zeit entwickelt sich die Wirtschaft dynamisch von einem „hedge finance" zu einem „Ponzi finance". Sollte es in einer solchen Entwicklung zu Inflation kommen und sollten damit die Zinsen steigen, dann bricht das Schneeballsystem schnell zusammen, denn höhere Zinsen führen oft zu einem Verfall von Vermögenspreisen, insbesondere nach einer Blase.

Minsky hat also ein Modell einer Wirtschaft geschaffen, in dem der Finanzsektor eine herausragende Rolle spielt, und in der Instabilität nicht als Schock von außen kommt, sondern vom System selbst.

7. Warum haben so wenige Ökonomen diese Krise erkannt?

Die englische Königin stellte einmal die Frage, warum Ökonomen diese Krise nicht voraussagen konnten. Es ist eine der wichtigen Fragen, die man sich stellen muss, und sie ist auch und insbesondere für Makroinvestoren interessant, weil hier gerade die Grenzen makroökonomischer Analyse deutlich werden.

Die kurze Antwort liegt in den heute gängigen ökonomischen Modellen. In diesen Modellen gibt es keine Finanzmärkte. Keynes interessierte sich für Finanzmärkte, der berühmte Ökonom und Nobelpreisträger James Tobin interessierte sich ebenfalls dafür und, wie wir im letzten Kapitel gesehen haben, natürlich auch Minsky, aber der Mainstream in der Makroökonomie benutzt ökonomische Modelle ohne Finanzmärkte.

Dieses Buch ist kein Traktat über die Volkswirtschaftslehre und ihr Versagen in der Krise. Doch auch für Investoren ist es von Bedeutung zu wissen, dass diejenigen, die die Krise nicht vorhergesagt haben, mit ihren falschen Modellen auch weiterhin die Wirtschaftspolitik der großen Industriestaaten bestimmen. Vor allem ist es wichtig zu wissen, was diese Modelle über Blasen sagen. Minsky hat man mittlerweile auf dem Radarschirm, aber die Ökonomen halten weiterhin an den Modellen fest, die sie kennen und zum Teil selbst entwickelt haben. Wenn Sie 20 Jahre Ihres Berufslebens damit verbringen, das unter Ökonomen mittlerweile bevorzugt DSGE-Modell weiterzuentwickeln (mehr dazu in der nächsten Textbox) wie eine große Anzahl junger Professoren auf beiden Seiten des Atlantiks, dann werden Sie sich doch nicht durch einen Rückschlag wie eine läppische Finanzkrise von Ihrem Lebenswerk verabschieden. Hinter diesen Modellen stehen auch politische Glaubenssätze darüber, wie die Welt auszusehen hat.

Natürlich war auch bei den Ökonomen zunächst das Entsetzen groß, als die nicht prognostizierte Krise ausbrach. Man stellte sich alle möglichen selbstkritischen Fragen, was man hätte anders machen sollen. Und man las Minsky. Doch später fand man eine Reihe unplausibler Entschuldigungen, um weiterzumachen wie bisher. Man beglückwünschte sich später sogar, als man durch den Aufruf für Konjunkturprogramme eine Wiederholung der Großen Depression verhinderte. Die Ökonomen taten plötzlich so, als hätten sie die Welt gerettet.[12]

Das eigentliche Problem der Standardmodelle der Ökonomie ist gar nicht einmal, dass sie die Krise nicht voraussagen konnten – das wäre ein Fehler, den man noch entschuldigen könnte. Denn man kann von einer Wissenschaft, der Annahmen über menschliches Verhalten zugrunde liegen, nicht dieselbe Prognosepräzision erwarten wie von der Physik. Das wirkliche Problem bestand darin, dass die Krise in diesen Modellen überhaupt nicht vorkommen konnte. Die Krise war in diesen Modellen ein Ereignis mit einer Wahrscheinlichkeit von null. Das war der viel schlimmere Schock.

Wir reden hier nicht einmal von einem bestimmten Modell, sondern von den gängigen und miteinander konkurrierenden Modellen, die heute in der Wirtschaftswissenschaft angewendet werden. Proponenten der sogenannten Real-Business-Cycle-Modelle erklärten den extrem starken Anstieg der Arbeitslosigkeit – das ist kein Scherz – als die simultane Entscheidung von Millionen von Menschen, nicht mehr arbeiten zu wollen und sich etwas mehr Freizeit zu gönnen. Die Erklärung, auf die sich die meisten Standardökonomen am Ende beriefen, war der externe Schock. Der externe Schock ist eine sehr bequeme Erklärung, vor allem weil sie die Modelle unberührt lässt. Danach hätten die Modelle ohne den externen Schock nämlich funktioniert, und externe Schocks kann man schließlich nicht vorhersagen. Und wenn Ökonomen sagen, die Regulierung oder die Bankenaufsicht sei schuld an der Krise, dann sagen sie, dass sie ein externes Ereignis identifiziert haben, das sie verantwortlich machen können, ohne dass sie dabei ihre Modelle opfern müssen. Je enger Ökonomen an ihren Modellen hingen, desto größer war ihre Tendenz, diese Krise herunterzuspielen oder irgendwelche äußere Ereignisse dafür verantwortlich zu machen. Und das galt für Ökonomen konkurrierender Weltanschauungen.

Was war mit Minsky? Warum hat sich Minsky nicht durchgesetzt? Schließlich hatte er mit großer Präzision gezeigt, wie eine Finanzkrise wie unsere durch das System selbst erzeugt werden konnte ohne Einwirkung von außen. Aber trotz dieser spektakulären Errungenschaft ist Minsky weiterhin ein Außenseiter. Das liegt einerseits daran, dass Minskys Anhänger bislang noch kein vollständiges mathematisches Modell entwickelt haben, das in der Praxis einsetzbar wäre. Zum anderen liegt das an den Rivalitäten der existierenden Denkschulen. Minsky passte da nicht hinein. Er war zwar ein Linker, aber die Establishment-Linken wollten mit Minsky nichts zu tun haben. Schließlich hat er fast alles abgelehnt, wofür traditionelle Linke standen – zum Beispiel die Arbeitslosenversicherung und Anreize für Investitionen. Natürlich war er auch bei den Konservativen verpönt, da er nicht an die Effizienz eines modernen Finanzmarktes glaubte.

Die Trennungslinie innerhalb des Ökonomie-Establishments in den USA ist zwischen den sogenannten „Freshwater"- und „Saltwater"-Universitäten, denen an den großen Seen und Flüssen im Inneren des Landes, allen voran Chicago, nach wie vor das Zentrum konservativer Ideologie, und den an Ost- und Westküste gelegenen Universitäten wie Harvard, MIT, Yale, Princeton und Berkeley. Letztere haben großen Einfluss in den Zentralbanken und Regierungen. Bekannte Akademiker im amerikanischen Politbetrieb sind Ben Bernanke, der Chef der

Federal Reserve, wie auch Larry Summers, ein früherer Finanzminister und späterer Wirtschaftsberater unter Präsident Barack Obama. Olivier Blanchard, Chefökonom des Weltwährungsfonds, ist ebenfalls Teil dieses Establishments.

Meine Prognose ist, dass die Krise einen relativ milden Einfluss auf die Denk- und Arbeitsmuster des Ökonomie-Establishments haben wird. Das heißt, die Ökonomen werden auch zukünftige Blasen und Finanzkrisen nicht voraussehen, ja nicht einmal erahnen, und die Queen wird ihre mittlerweile berühmte Frage vielleicht in Kürze noch einmal stellen müssen.

In der Zwischenzeit wird das Establishment auch weiterhin an der bequemen Theorie festhalten, dass Krisen durch äußere Ereignisse erzeugt werden. Und somit ist die politische Antwort auf diese und weitere Krisen vorgezeichnet. Man wird versuchen, an diesen vermeintlichen externen Schocks herumzufummeln. Man wird also Regulierungen ändern und Bonuszahlungen begrenzen und alle Dinge, die beliebt sind, aber kaum etwas ändern werden. Denn so viel wissen wir aus der Vergangenheit: Die Finanzmärkte finden immer einen Weg, Regulierungen zu umgehen. Und somit wird die Instabilität an den Finanzmärkten in der Zukunft eher zu- als abnehmen.

Die folgende Textbox diskutiert die Problematik der gängigen ökonomischen Modelle in Bezug auf Finanzblasen. Sie ist nicht notwendig für die weitere Lektüre, gibt aber einen nützlichen Überblick darüber, wie weit wir trotz Minsky noch entfernt sind, das Problem der Instabilität effektiv zu bekämpfen.

Die Ökonomen und ihre Modelle

Wir wollen in dieser Textbox zeigen, wie weit die Wirtschafts- und Finanzwissenschaften entfernt sind von einer Modellierung der Finanzmärkte – was an sich ein Maß für die noch zu erwartende Instabilität ist. Denn wenn wir die Instabilität nicht einmal modellieren können, dann können wir sie erst recht nicht bekämpfen. Diese Textbox ist nicht notwendig für das weitere Verständnis des Buches. Doch für ökonomisch interessierte Leser ist der Inhalt trotzdem interessant, zumal er einen weiteren Grund für die Fortdauer der Instabilität liefert.

Zunächst gebe ich einen kurzen Überblick über die verschiedenen Ausrichtungen innerhalb der modernen Ökonomie. Wir wollen hier in den 70er-Jahren ansetzen. Ein wichtiger, wenn auch immer noch umstrittener Schritt in der Entwicklung der modernen Ökonomie war die sogenannte *Mikrofundierung*, in der in einem makroökonomischen Modell das Verhalten der einzelnen Akteure, zum Beispiel Konsumenten und Produzenten, durch mikroökonomische Theorien erklärt wird. Diese Entwicklung nahm ihren Anfang durch eine Denkschule, die man die „Neu-Klassiker" nennt, eine konservative Denkschule, die sich eine vom Individuum ausgehende Modellierung einer Volkswirtschaft zum Ziel setzte. Eine Warnung an die Leser: Obwohl „neu" die exakte Übersetzung des altgriechischen Wortes „neo" bedeutet, sind Neu-Klassiker nicht dasselbe wie Neo-Klassiker, und Neu-Keynesianer nicht dasselbe wie Neo-Keynesianer.

Die Neu-Keynesianer formierten sich als Gegenbewegung zu den Neu-Klassikern. Sie akzeptierten das Prinzip der Mikrofundierung, aber auf der Basis der

keynesianischen Modelle der Nachkriegszeit. Hierbei
handelt es sich um Modelle, in denen die Rigidität von
Preisen und Löhnen detailliert erklärt wurde, ebenso
wie die Tatsache, dass viele Firmen über begrenzte Preis-
monopole verfügen. Diese Modelle sind also in vielen
Bezügen erheblich realistischer als die Modelle früherer Zeiten.

Die Konflikte zwischen linken und rechten Ökonomen waren immer noch so stark ausgeprägt wie eh und
je, aber in der Technik kam man sich näher. Die Mikrofundierung hat sich auf beiden Seiten durchgesetzt.

Ebenso haben sich zwei weitere Konzepte durchgesetzt, die für die Modellierung von äußerster Wich-
tigkeit waren. Eine weitere grundlegende Idee waren
die „rationalen Erwartungen", ein Konzept, wonach
volkswirtschaftlichen Akteuren ein hohes Maß an Rationalität unterstellt wird. Die Unterstellung der Rationalität hatte auch eine Reihe von Vorteilen für die
mathematische Modellbildung. So konnte man unter-
stellen, dass Menschen, grosso modo, wenn nicht unbedingt korrekte Erwartungen an die Zukunft stellen,
so zumindest keine systematisch falschen. Das heißt,
wir machen zwar Fehler, aber nicht immer dieselben
Fehler. Was sich relativ harmlos anhört, hat wichtige
Konsequenzen für die Modellbildung, denn in ökonomischen Modellen spielen Erwartungen eine wichtige
Rolle. Wenn die Menschen zum Beispiel rational in ihren Inflationserwartungen sind, dann kann man in einem Makromodell die erwartete Inflationsrate mit der
zukünftigen Inflation gleichsetzen.

Ein weiteres wichtiges Konzept war das des „repräsentativen Agenten", was bedeutet, dass man in diesen
Modellen einen typischen Konsumenten oder Produzenten als Vertreter seiner Klasse benutzen kann. Man

braucht also nicht etwa zwei Typen von Konsumenten. In dieser Modellwelt gibt es keine Geizhälse oder Shopping-Freaks. Auch das hört sich harmlos an, hat aber wichtige Konsequenzen, gerade in Bezug auf die Debatte über die ökonomische Modellierung in Zeiten von Finanzkrisen.

Innerhalb der Gruppe der konservativen Neu-Klassiker setzten sich in den 80er-Jahren die sogenannten Real-Business-Cycle-Modelle durch, wonach konjunkturelle Schwankungen in technologischen und anderen Faktoren begründet sind und wonach Regierungen sich am besten nicht in das Wirtschaftsgeschehen einmischen. Danach sollte die Zentralbank Preisstabilität verfolgen, die Politik sollte die Steuern gering halten und langfristiges Wachstum fördern, etwa in der Forschung und Entwicklung. Konjunkturprogramme werden strikt abgelehnt.

Die Neu-Keynesianer glaubten zwar auch an die „Neutralität des Geldes" – dass man mit Geldpolitik langfristig kein Wachstum erzielen kann. Im Gegensatz zu den Neu-Klassikern/Real-Business-Cycle-Ökonomen glaubten sie allerdings, dass man Geld- und Haushaltspolitik aktiv dafür einsetzen sollte, die Schwankungen der Wirtschaft zu minimieren.

So viel zum Hintergrund. Die modernen DSGE-Modelle stellen eine Art Synthese aus den Ansätzen der Neu-Klassiker und Neu-Keynesianer dar. Sie sind somit auch nicht die Modelle einer speziellen Denkschule, sondern eher eine gemeinsame Plattform. Die folgende Charakterisierung der Modelle basiert auf einer Darstellung von Camilo Tovar von der Bank für Internationalen Zahlungsausgleich in Basel.[13]

DSGE-Modelle sind mikrofundiert, basieren auf dem Konzept der rationalen Erwartungen sowie Preis-

und Lohnrigiditäten. In diesen Modellen sind Haushalte die Konsumenten. Sie entscheiden, wie viel sie investieren, und sie sind die monopolitischen Anbieter von Arbeitsleistungen, womit sie effektiv den Lohn bestimmen. In diesen Modellen kaufen die Unternehmen diese Leistungen, sie versorgen sich mit Kapital und sind die monopolistischen Anbieter einer Palette von Gütern, womit sie die Preise setzen. Diese Prozesse laufen aber nicht reibungslos ab. Löhne sind rigide, vor allem nach unten. Preise sind ebenfalls rigide, denn die Firmen ändern ihre Angebotspreise nur selten. Ähnliche Reibungen treten ebenfalls bei den Investitionen auf. Die Haushalte reagieren nicht immer auf Preissignale in der Bestimmung dessen, was sie konsumieren. Es gibt Markenbindungen und Gewohnheitskäufe. Die Fiskalpolitik ist konservativ modelliert. Und die Geldpolitik basiert auf einer Zinsregel, wonach der Zins dadurch bestimmt wird, inwieweit die Zentralbank vom Inflationsziel entfernt ist und inwieweit die Wirtschaft ausgelastet ist. Die Zinsregel wird auch Taylor Rule genannt, nach dem amerikanischen Ökonomen John Taylor, der sie entwickelt hat.

Der Ausdruck DSGE steht für „Dynamic Stochastic General Equilibrium". Das Konzept des General Equilibrium geht auf den französischen Ökonomen Leon Walras aus dem 19. Jahrhundert zurück. Danach existieren in einer Wirtschaft Preise (von Waren und Löhnen), die das ganze System in einem Gleichgewicht halten. Diese Modelle sind dynamisch, was bedeutet, dass sie die Entwicklung der Wirtschaft über die Zeit modellieren und nicht zu einem Zeitpunkt. Und sie sind stochastisch, indem sie einen Grad von Unsicherheit zukünftiger Entwicklungen zulassen, einschließlich verschiedener Schocks. Diese Modelle nehmen für sich in Anspruch, dass sie den Wirtschaftszyklus abbilden sowie einige der komplexen Strukturen einer modernen Wirtschaft.

Und trotz dieser Komplexität bestehen diese Modelle, ähnlich wie die einfach gestrickten Modelle vergangener Zeiten, nur aus einer kleinen Anzahl stochastischer und nicht linearer Gleichungen. Sie zu lösen, verlangte einen großen Aufwand, ein mathematisches Instrumentarium, das Ökonomen erst in den letzten 20 Jahren entwickelt haben.

Und trotz dieser Komplexität, die den Anspruch erhebt, unsere reale Welt abzubilden, haben diese Modelle eine Reihe großer Lücken. In diesen Modellen gibt es keine Finanzmärkte. Ein oft ignorierter technischer Aspekt der DSGE-Modelle besteht in der Annahme, dass alle Menschen am Ende immer ihre Schulden bezahlen. Es gibt in diesen Modellen nicht das Konzept des Zahlungsverzugs oder des Zahlungsausfalls oder der Insolvenz. Es ist ein Modell einer realen Volkswirtschaft, ohne Geld, ohne Finanzmärkte, in der jeder seine Schulden bezahlt, in der Menschen sich rational verhalten, was mit einschließt, dass sie der Massenhysterie einer Blase nicht verfallen werden. Dass man mit so einem Modell nicht unsere gegenwärtige Situation beschreiben kann, und schon gar nicht eine Kredit- und Schuldenkrise, ist offensichtlich. Die Modelle sind für diesen Zweck einfach nicht gebaut. Damit ist auch die Frage der Queen beantwortet, allerdings nicht in einer zufriedenstellenden Weise. Makroökonomen haben diese Krise nicht vorausgesagt, weil sie sich für andere Dinge in der Wirtschaft interessierten, nämlich die Dinge, die in dem Modell abgebildet waren, also Löhne, Preise, den Notenbankzins, aber eben nicht den Finanzmarkt.

Mit anderen Worten: Die Plattform, auf der sich heutzutage fast die gesamte Makroökonomie tummelt, ist nicht nur unfähig, Finanzkrisen vorherzusagen. Sie kennt nicht einmal das Konzept einer Finanzkrise. Mit der Krise haben sich Ökonomen und Finanzwissenschaftler die Frage gestellt, inwieweit man diese Modelle anpassen kann.

Dies ist kein triviales Unterfangen. Damit das gegenwärtige, finanzlose DSGE-Modell überhaupt funktioniert, mussten Ökonomen tief in die Mottenkiste der angewandten Mathematik greifen. Eine der vielen technischen Annahmen, die in der Lösung des zugrunde liegenden Gleichungssystems getroffen wurde, war die sogenannte „Transversality Condition". Das ist eine Formel im Modell, die implizit die Verpflichtung aller Akteure beinhaltet, ihre Schulden zu bezahlen. Mit anderen Worten: Die Abwesenheit von Finanzmärkten und den dort auftretenden Reibungsverlusten, zum Beispiel durch Insolvenz, war keineswegs ein Flüchtigkeitsfehler der Modellbauer. Sie wurde benötigt, um diese Modelle überhaupt lösen zu können.

Aus diesem Grund kann man nicht so einfach an ein paar Variablen in den Modellen fummeln, um das Problem fehlender Finanzmärkte in den Griff zu bekommen.

Der britische Finanzökonom Charles Goodhart[14] machte den tieferen philosophischen Punkt, dass die Abwesenheit einer Insolvenzregel in den Modellen logischerweise die Annahme vollständiger Finanzmärkte voraussetzt. Ein vollständiger Markt ist in der Ökonomie definiert als ein Markt, in dem man von Anfang an bis in die Ewigkeit alle Risiken vollständig absichern kann. Das heißt, Investoren können sich vollständig gegen Insolvenz und andere unglückliche Begebenheit absichern. Dies entspricht nur leider nicht der Realität.

In der Realität, so Goodhart, wenden Menschen legale und manchmal illegale Tricks an, vor allem verhandeln sie. Ohne eine Annahme von Insolvenz braucht man in diesen Modellen auch kein Geld und keine Banken. Da man sich gegen alle Risiken versichert hat, braucht man kein Geld auf die hohe Kante legen, um für Notsituationen gewappnet zu sein. Und so haben die DSGE-Modelle weder Geld noch Banken noch irgendeine Referenz zu den Finanzmärkten.

Einige Ökonomen versuchten dieses Manko zu stopfen, indem sie einige Aspekte der Finanzmärkte integrierten. Ein Beispiel dafür ist der Versuch, Risikoprämien in das Modell zu integrieren. Die Idee ist, dass Risikoprämien eine Art Indikator der Wahrscheinlichkeit der Solvenz sind. Aber hier entdeckte Goodhart einen logischen Irrtum. Man kann die Insolvenz von Akteuren nicht von außen her bestimmen, denn sie entsteht innerhalb des Systems selbst. Man braucht also ein Konzept der Insolvenz und der Zahlungsunfähigkeit im Modell selbst. Das hätte aber beträchtliche modelltechnische Konsequenzen. Das Modell wird dadurch erheblich komplexer. Vor allem muss man einige wichtige Annahmen ändern, zum Beispiel die des repräsentativen Agenten, denn in einem solchen System braucht man mindestens zwei solcher Agenten, einen, der zahlt, und einen, der nicht zahlt.

Die Arbeiten an solchen reformierten Modellen stecken momentan immer noch in der Frühphase. Goodhart und Koautoren sowie eine Reihe anderer Ökonomen haben sich an die Arbeit gemacht, nur sollte man hier keine hastigen Ergebnisse erwarten. Erste Resultate dieser Arbeit zeigen, dass die Berück-

sichtigung von Insolvenz großen Einfluss darauf aus-
übt, wie sich die Wirtschaft insgesamt verhält. Vor allem hat Wirtschaftspolitik insgesamt einen viel
größeren Effekt, wenn man die Annahme der Vollständigkeit von Finanzmärkten fallen lässt. Natürlich lässt
sich ein solches Modell nicht mehr auf drei Gleichungen reduzieren.

Im optimistischen Fall wird es noch Jahre dauern,
bis Volkswirte ein derartiges Modell erarbeitet haben.
Und es wird noch länger dauern, bis diese Ergebnisse
weitgehend akzeptiert sind und in die Wirtschaftspolitik durchsickern. In der Zwischenzeit werden Regierungen und Zentralbanken mit Modellen arbeiten, die
sie kennen und die Finanzmärkte, Geld, Banken und
Insolvenz nicht berücksichtigen. Für Investoren bedeutet das, dass die von Minsky postulierte Instabilität
weiter bestehen bleiben wird, und dass man ihr vonseiten der Wirtschaftspolitik keine konsequente Strategie entgegensetzen wird.

Und das ist nur der optimistische Fall. Ich sehe die
Situation eher wie der Ökonom Willem Buiter[15], der in
seinem Blog in der *Financial Times* Folgendes über die
New-Classical- und New-Keynesian-Theorien zu sagen hatte (meine Übersetzung).

*Die typische postgraduierte makroökonomische
und geldtheoretische Ausbildung an angloame-
rikanischen Universitäten während der letzten
30 Jahre bedeutete einen Rückschlag für ernsthafte Auseinandersetzungen über Verhalten einer
Volkswirtschaft und eines Verständnisses wirt-
schaftspolitischer Prozesse. Diese Ausbildung war
eine private und gesellschaftliche Zeit- und Res-
sourcenverschwendung. Die meisten makrotheo-*

retischen Innovationen seit den 70er-Jahren (die Revolution der rationalen Erwartungen der Neu-Klassiker unter Robert E. Lucas Jr., Edward Prescott, Thomas Sargent, Robert Barro und anderer, sowie die neu-keynesianischen Theorien von Robert Woodford) bezogen sich in der letzten Konsequenz alle auf sich selbst und waren bestenfalls nach innen gerichtet. Forschung war motiviert durch interne Logik ... und Verliebtheit mit ästhetischen Fragen anstatt durch einen alles überragenden Wunsch zu verstehen, wie eine Volkswirtschaft tatsächlich funktioniert, und schon gar nicht, wie eine Volkswirtschaft in Zeiten finanzieller Instabilität funktioniert. Aus diesem Grund war der Berufsstand der Ökonomen auf die Krise nicht vorbereitet.

Buiter hat mit diesem Kommentar die Kritik an der modernen Ökonomie auf den Punkt gebracht. Während Goodhart glaubt, dass man die DSGE-Modelle noch reparieren kann, hält Buiter die Entwicklung der Wissenschaft der letzten 30 Jahre für eine monumentale Zeitverschwendung. Dies ist auch der Grund, warum Ökonomen vergangener Zeiten, wie zum Beispiel Knut Wicksell, Irving Fisher, John Maynard Keynes, James Tobin, Axel Leijonhufvud und natürlich auch Hyman Minsky, mehr zu sagen haben als die technisch versierten Ökonomen der letzten 30 Jahre.

Egal, ob wir Buiters extremen Pessimismus über den Zustand der Volkswirtschaftslehre teilen oder nicht: Von den Volkswirten der gegenwärtigen Generation ist eine Lösung des Problems der Finanzinstabilität nicht zu erwarten. Für Investoren ist dies eine Nachricht von äußerst wichtiger Konsequenz.

Um die Wirtschaftspolitik der nächsten zehn Jahre zu verstehen, sollte man wissen, wie das Ökonomie-Establishment mit Krisen und Blasen umgeht. Aus dem neukeynesianischen Ansatz ergibt sich, dass die optimale Politik einer Zentralbank darin besteht, ein moderat positives Inflationsziel zu verfolgen, in der Praxis zumeist um die zwei Prozent. Diese Politik sei langfristig optimal für Wachstum und Beschäftigung. Da die Modelle der Neu-Keynesianer keine Blasen kennen, gibt es somit auch keine spezielle Blasen-Politik. Frederic Mishkin[16], einer der prominentesten Neu-Keynesianer und früheres Mitglied im Direktorium der Federal Reserve, stellt die Regel auf, dass Zentralbanken Blasen ignorieren sollten und erst dann eingreifen sollten, wenn Blasen platzen. Sollte es dann zu negativen wirtschaftlichen Auswirkungen kommen, dann sollte die Zentralbank radikal die Zinsen senken, um die schlimmsten Auswirkungen zu vermeiden. Man nannte es auch die „Mopping Up"-Strategie, wonach die Fed den Dreck aufkehren sollte, nachdem die Blase geplatzt ist. Nach der Krise änderte Mishkin seine Position nur moderat. Die Zentralbank sollte normale Blasen in der Tat ignorieren, mit der Ausnahme von Immobilienblasen, schrieb er in der *Financial Times*. [17]

Auch Ben Bernanke hat die Rolle der Federal Reserve während der Immobilienkrise verteidigt. Während seiner Rede[18] zur American Economic Association in Atlanta im Januar 2010 sagte Bernanke, die niedrigen Zinssätze in den Jahren 2003 und 2004 treffe keine Schuld an der Immobilienblase. Schuld sei eine zu laxe Regulierung. Bernanke verteidigte natürlich die Institution, die er leitet. Und er verteidigt die ökonomischen Modelle des Neu-Keynesianismus, zu dem er viele wichtige Beiträge geleistet hat.

Die Neu-Keynesianer haben allesamt aus der Krise keine Lektionen gelernt, die irgendwelche Einflüsse auf

ihre Modelle und schon gar nicht auf ihre Politik aus-
üben werden. Wir werden also weiter erleben, dass Zentralbanken weiterhin nur die veröffentlichen Inflationsraten zum Ziel nehmen, dass sie Blasen ignorieren oder
höchstenfalls über regulative Maßnahmen in den Griff
zu bekommen versuchen. Und wenn Blasen platzen, dann
wird man Mishkins Mopping-Up-Strategie, also das
Aufkehren des Mülls, wieder verfolgen. Man wird die
Zinsen dann erneut auf null senken und den Finanzsektor erneut durch Stützungskäufe am Leben erhalten. Das
Spiel wird sich von Neuem wiederholen. Der Krug geht
so lange zum Brunnen, bis er bricht. Eine der über-
raschendsten Erkenntnisse aus der Krise ist es, dass der
Krug, was die Volkswirtschaft angeht, immer noch nicht
gebrochen ist – trotz Minsky.

Zum Schluss dieses Kapitels möchte ich Ihnen in einer
Textbox eine interessante Gruppe von ökonomischen
Modellen vorstellen, die den Finanzsektor voll integriert
haben. Die Proponenten dieser Modelle arbeiten zum
Teil an der Universität von Cambridge in Großbritannien
und am Levy Institute des Bard College im US-Bundes-
staat New York, genau dem College, an dem Minsky zuletzt tätig war. Diese Modelle waren erstaunlich erfolgreich innerhalb der Krise.

Ein Modell mit Finanzsektor

Im April 2007, also noch vor Ausbruch der Vorbeben
unserer Finanzkrise, war ich zu einer Konferenz beim
Bard College in New York eingeladen, genau dem College, in dem Minsky bis kurz vor seinem Tod im Jahre
1996 als emeritierter Professor unterrichtete. Das Thema war damals der Verlauf der US-Konjunktur, und
man stellte sich die Frage, ob die Blase platzen würde

oder ob die US-Wirtschaft auch weiterhin expandieren würde. Ich erinnere mich noch gut an einen Beitrag zweier, sagen wir, sehr selbstsicher auftretender Ökonomen von der Investmentbank Bear Stearns, die voraussagten, die US-Wirtschaft würde ungebremst weiter wachsen.

Die Gastgeber hingegen präsentierten eine ganz andere Analyse. Basierend auf einem völlig anderen Modell als in der Establishment-Ökonomie üblich, sagten Dimitri Papadimitriou, Wynne Godley and Gennaro Zezza[19] den Absturz der US-Wirtschaft sehr präzise voraus. In der technischen Literatur nennt man diese Modelle Stock-Flow Consistent Models. Diese Modelle passen nicht in das Schema der modernen Ökonomie. Sie sind nicht neu-keynesianisch oder neu-klassisch. Sie sind nicht mikrofundiert. Sie sind eher ein Auswuchs der keynesianischen Ideen aus den 50er- und 60er-Jahren. Sie sind zwar nicht das modelltheoretische Pendant zu Minsky, es gibt aber viele Parallelen zu Minskys Ideenwelt. Es gibt noch keine Minsky-Prognose-Modelle an sich, die Stock-Flow-Adjustment-Modelle gehen aber schon sehr stark in diese Richtung.

Die großen konkurrierenden ökonomischen Modelle haben technisch alle etwas gemeinsam. Sie sind relativ klein. Mit nur wenigen Gleichungen versucht man, die essenziellen Eigenschaften unserer Volkswirtschaft zu fassen. Die wenigen Gleichungen reflektieren die wesentlichen „Märkte" in der Makroökonomie, den realen Gütermarkt, den Geldmarkt und den Arbeitsmarkt zum Beispiel. Mathematisch sind diese Modelle so konstruiert, dass sie lösbar sind. Das heißt, die Variablen im Gleichungssystem lassen sich mit bekannten mathematischen Verfahren entweder direkt ermitteln oder man kann diese Gleichungen in ein entsprechendes System umformen.

Die Schwierigkeit mit der Eingliederung des Finanzmarkts liegt darin, dass die Komplexität der Modelle um einen extremen Grad zunimmt. Das Stock-Flow-Consistent-Modell von Godley und Lavoie[20] enthält zum Beispiel 88 Gleichungen, plus einige alternative Gleichungen, für die es keine exakten mathematischen Lösungsmethoden gibt. Um das Verhalten solcher Gleichungen zu ermitteln, bedarf es der Techniken der Simulation und qualitativer Aussagen. Der Grund für diese exponentielle Erhöhung der Komplexität liegt in der Struktur der Finanzmärkte. Diese Modelle enthalten eine vereinfachte, aber konsistente Struktur von Finanzflüssen und Vermögen. Konsistent heißt, das System ist vollständig in dem Sinne, dass Abflüsse in einem Teil des Systems Zuflüsse in dem anderen Teil bedeuten, und die Veränderungen der Vermögenswerte diese Zu- und Abflüsse berücksichtigen. Das lässt sich nicht mehr mit zwei oder drei Gleichungen beschreiben.

Diese Modelle sind auf einer gewissen Ebene noch sehr rudimentär. Sie können aus technischen Gründen viele volkswirtschaftliche Erkenntnisse und Modelltechniken nicht berücksichtigen. Sie waren während der Krise sehr gut, weil sie genau die Dinge modellieren, die in der Krise eine Rolle spielten, Dinge wie Kreditflüsse, Vermögenswerte und Schulden.

Vielleicht wird es den Ökonomen nie gelingen, ein gutes Modell für alle Situationen zu produzieren. Vielleicht sind bestimmte Typen von Modellen in bestimmten Situationen besser als andere, aber nicht generell. Jedenfalls kann man die Schlussfolgerung ziehen, dass Modellierer ohne eine explizite Berücksichtigung der

Finanzmärkte während der Krise chancenlos waren, und dass wir einen Weg finden müssen, den Finanzmarkt in unsere Modelle zu integrieren. Stock-Flow-Consistent-Modelle sind das Beste, was wir momentan haben. Wahrscheinlich wird der Trend allerdings in die Richtung laufen, die Goodhart beschrieben hat. Man wird versuchen, die bestehenden DSGE-Modelle um einen Finanzmarkt zu erweitern. Bis diese Arbeit vollendet ist, wird es noch viele Blasen geben.

8. Wie geht es weiter?

Wir haben bislang zwei Ansätze beschrieben, woher die Instabilität an den Finanzmärkten herrührt – eine spezielle Theorie, die versucht, die Krise selbst zu erklären, und eine allgemeine Theorie der Instabilität, nach Minsky, wonach Instabilität ein natürliches Charakteristikum moderner Volkswirtschaften ist. Wir haben ebenfalls erklärt, warum die Volkswirtschaftslehre so große Schwierigkeiten mit diesem Thema hat, und warum man auf absehbare Zeit keine effektive Anti-Blasen-Politik erwarten kann. Damit haben wir die Grundlagen für den Rest des Buches geschaffen. Bevor wir uns an die Investmentstrategien machen, sollten wir uns mit den möglichen Krisenszenarien dieses Jahrzehntes beschäftigen. Dies ist keine Prognose. Es existieren bislang keine Modelle, die uns sagen, in welchen Teilen des Finanzmarktes Probleme auftreten werden. Aber die Abwesenheit eines in sich geschlossenen Modells hindert uns nicht daran, Aussagen über zukünftige potenzielle Herde der Instabilität zu treffen.

Was auf keinen Fall eintreten wird, ist eine exakte Wiederholung der alten Krise. Sie erinnern sich vielleicht, dass man während der Krise nervös auf die Hedgefonds schielte, denn dem System saß noch der Schock von der Pleite des Hedgefonds Long-Term Capital Management (LTCM) aus dem Jahre 1998 im Nacken. Aber die Finanzkrise nahm einen anderen Verlauf. Es war eine Krise der Banken. Auch in Zukunft werden wir nicht die Vergangenheit perfekt abbilden. Das ist auch nicht, was Minsky vorhersagte. Wir werden mit Sicherheit nicht noch einmal eine Subprime-Blase erleben. Zum einem ist der amerikanische Immobilienmarkt am Boden. Zum anderen werden die Kredite jetzt schärfer kontrolliert. Und der Markt für verbriefte Produkte war zumindest Anfang 2010 noch längst nicht so weit, dass hier wieder eine neue Blase zu entstehen droht. Aber Instabilität kann in verschiedenen Teilen des Systems auftreten. In diesem Kapitel fokussieren wir auf die Frage makroökonomischer Instabilität. Hier geht es noch nicht um die Instabilität einzelner Märkte und die daraus abgeleiteten Investitionsstrategien, sondern um die Szenarien, die den noch zu beschreibenden Strategien zugrunde liegen und die aus unseren grundlegenden Erkenntnissen der vergangenen Kapitel folgen.

i. Szenario 1: Inflation

Vor nicht allzu langer Zeit moderierte ich auf einer Veranstaltung eine Diskussion über sogenannte Exit-Strategien. Die Frage, die wir diskutierten, war: Was müssen Regierungen und Notenbanken nach der Krise tun? Der Konsens aller Beteiligten war, dass die Regierungen die Konjunkturprogramme zurückfahren müssen – aber nicht sofort – und die Notenbanken wieder zu einer normalen Politik zurückgehen müssen, aber ebenfalls nicht sofort.

Auf dem Podium saßen ehemalige Finanzminister mittelgroßer Länder. Es herrschte unter ihnen ein Konsens. Auf keinen Fall dürfe man Inflation tolerieren. Der eine sagte, das ginge überhaupt nicht, denn schließlich würden die Finanzmärkte das nicht zulassen. Der andere glaubte zwar, dass es möglich wäre, dass es aber katastrophale Folgen hätte, und dass die USA einen solchen Weg daher nicht gehen würden. Ein dritter war besorgt und forderte von den USA, ab jetzt alle Staatsanleihen mit einer expliziten Inflationsgarantie zu versehen.

Am Ende der Diskussion stand ein bekannter amerikanischer Wirtschaftshistoriker im Publikum auf und sagte, die Diskutanten wären extrem naiv. Er habe nicht den geringsten Zweifel, dass die USA den Weg der Inflation gehen würden, genau wie sie das in jeder Schuldenkrise der Vergangenheit gemacht haben. Es werde nicht zu einer Hyperinflation kommen, aber zu einem deutlichen Anstieg der Inflationsraten. Die USA wollen das nicht nur, sondern durch die Vormachtstellung des US-Dollars können sie es auch. Kleine Länder können es nicht.

Ich darf hier keine Namen kennen, denn die Regeln der Veranstaltung garantierten den Teilnehmern Anonymität. Das Wirtschafts-Establishment der USA hält sich noch bedeckt. Ben Bernanke, Chef der US-Notenbank Federal Reserve, sagte, er hielte es nicht für wünschenswert, aber kaum einer seiner Kollegen glaubt, dass das wirklich seine Überzeugung ist. Nur wenige Kollegen der ökonomischen Zunft haben sich öffentlich geäußert. Drei aber taten es. Sie gehören zu den einflussreichsten Makroökonomen überhaupt. Der eine war Chefwirtschaftsberater von Präsident George W. Bush, der zweite war ein ehemaliger Chefökonom des Internationalen Währungsfonds, der dritte hatte dieselbe Position inne, als dieses Buch verfasst wurde. Es handelt sich um Greg Mankiw, Kenneth Rogoff[21] und Olivier Blanchard[22]. Rogoff schrieb in einem Artikel, dass man das Inflationsziel auf sechs Prozent für zwei Jahre erhöhen sollte. Mankiw hatte sich ebenfalls für ein höheres Ziel ausgesprochen, ohne aber dabei eine konkrete Zahl zu nennen. Der größte Paukenschlag war Blanchards Arbeitspapier vom Februar 2010, in dem er eine Erhöhung der weltweiten Inflationsziele von derzeit zwei Prozent auf vier Prozent forderte. Blanchard machte diesen Vorschlag in seiner Position als aktiver Chefökonom des Währungsfonds, und es hatte den Anschein, als würde der IWF diese Position unterstützen.

Blanchards Argument verlief wie folgt: Während der Krise senkten die Notenbanken ihre Zinsen, trafen aber relativ schnell auf die Schallmauer der Null – Zinsen lassen sich nicht unter den Nullpunkt senken. Rein ökonomisch hätten sie aber negativ sein sollen, denn die Realzinsen – also Zinsen minus Inflationserwartungen –

waren noch relativ hoch. Das Problem würde man lösen, indem man ein leicht höheres Inflationsziel nimmt, was den Zentralbanken etwas mehr Spielräume während einer großen Krise gibt. Man wäre somit etwas weiter von der Schallmauer entfernt. Dagegen sprechen eine ganze Reihe von Argumenten, wie sie von Bundesbankpräsident Axel Weber[23] aufgelistet wurden. Vor allem die Glaubwürdigkeit der Notenbanken spielt eine Rolle. Die Glaubwürdigkeit hängt von zwei Faktoren ab. Der erste ist die Fähigkeit der Notenbanken, die gesteckten Ziele zu erreichen. Der zweite besteht darin, dass die Notenbanken ihre Ziele nicht dauernd hin und her schieben. Wenn man das Ziel von zwei Prozent auf vier Prozent verdoppelt, kann man nicht ausschließen, dass man sie bei der nächsten Krise erneut verdoppelt, auf acht Prozent. Dann ergäben sich aber starke Verzerrungen im Wirtschaftsgefüge.

Der wahre Grund für diese Debatte liegt meiner Ansicht nach nicht in dem Bemühen, das Arsenal der Notenbanken in Krisenzeit zu verstärken, sondern im realen Schuldenabbau – genauso wie es der anonyme Wirtschaftshistoriker während meiner Podiumsdiskussion offen ausgesprochen hat. Der Schuldenstand der westlichen Industrieländer nähert sich der Marke von 100 Prozent vom jährlichen Bruttoinlandsprodukt, eine Marke, die von vielen Ökonomen als zu hoch angesehen wird. Mit zehn Prozent Inflation hätte man den realen Wert dieser Schulden nach weniger als zehn Jahren halbiert. Denn Schulden sind eine nominale Größe. Wir schulden 1 000 Dollar, zum Beispiel, und wenn wir sie nicht tilgen, dann schulden wir in zehn Jahren immer noch 1 000 Dollar, nur diese 1 000 Dollar sind in dieser Zeit entsprechend entwertet. Real schulden wir weniger. Bei Deflation verhält es sich genau umgekehrt. Der reale Wert der Schulden steigt. Der wichtigste Grund, warum Notenbanken überhaupt Preisstabilitätsziele verfolgen, liegt darin, dass man

somit die Verzerrungen vermeidet, die durch Inflation
und Deflation erzeugt werden. Beides impliziert große
Vermögenstransfers zwischen Schuldnern und Gläubigern, die erheblich zur Verunsicherung beitragen.

Langfristig sind diese Effekte sogar noch extremer. In
der folgenden Grafik zeige ich Ihnen, was aus einem Vermögen von 1 000 Euro, beziehungsweise aus Schulden
von 1 000 Euro über einen Zeitraum von 25 Jahren real
passiert (siehe Grafik 4).

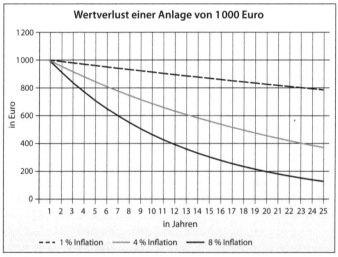

Grafik 4

Aus 1 000 Euro werden nach 25 Jahren 390 Euro real bei
einer Inflationsrate von vier Prozent und 158 Euro real
bei einer Inflationsrate von acht Prozent. Selbst bei einer
Inflation von nur einem Prozent verringert sich der Wert
von 1 000 Euro auf 788 Euro, und dies, obwohl man ein
Prozent so gut wie nicht merkt. Selbst moderate Inflationsraten haben langfristig einen starken Effekt, etwas,
was Sie als Investor berücksichtigen müssen, vor allem
wenn Sie in langfristige Wertpapiere investieren.

Einige Ökonomen sehen in der Inflation also ein bewusstes Steuerungsinstrument, das gleich mehrere Zwecke erfüllt. Es reduziert den Anpassungsdruck nach der Krise und möglicherweise auch die Arbeitslosigkeit, und es reduziert gleichzeitig den realen Wert der Schulden und natürlich auch der Ersparnisse.

In diesem Buch geht es mir nicht um gute oder schlechte Wirtschaftspolitik, sondern um die Frage, auf welche makroökonomischen Großwetterlagen sich Investoren vorbereiten müssen. Eine gewollte Inflation gehört offensichtlich zu den wichtigsten Faktoren, die das langfristige Vermögen eines Sparers oder Anlegers beeinflussen. Wir müssen uns daher mit der Wahrscheinlichkeit eines solchen Szenarios auseinandersetzen.

Von meinen Gesprächen mit US-Ökonomen habe ich keine Zweifel, dass man die Inflation erhöhen will, wenn es möglich ist. Die Frage ist für mich nicht so sehr, ob die Amerikaner das wollen, sondern ob sie es können. Ich glaube, die Antwort ist in der Tat, ja, sie können es. Die Japaner konnten es nicht. Sie wollten mehr Inflation, aber sie hingen in einer leichten Deflationsfalle fest, aus der sie bis heute nicht herausgekommen sind. Da die Federal Reserve mit viel größerer Entschlossenheit reagierte, hatte man ein ähnliches Problem vermieden. Der Inflationsdruck war zwar Anfang 2010 noch extrem gering. Aber das lag natürlich an der noch schwachen wirtschaftlichen Situation. Wenn sich die Konjunktur erholt und die Kapazitäten wieder normal ausgelastet sind, dann ist der Deflationsdruck vorbei.

Ich will hier nicht in einem Buch Voraussagen treffen, die der Leser im Herbst 2010 schon falsifizieren kann. Aber es sah Anfang 2010 wirklich so aus, als würden die Notenbanken die Zinsen noch fast das ganze Jahr über bei fast null belassen, und dann nur langsam hochnehmen. Die extrem lockere Geldpolitik bleibt uns so oder so noch eine gewisse Zeit erhalten. Sollte in dieser Zeit der Inflationsdruck zunehmen, dann werden die Notenbanken mit großer Wahrscheinlichkeit nicht rechtzeitig gegensteuern. Das galt auch und insbesondere für die Europäische Zentralbank, deren Hände durch die Schwäche des europäischen Finanzsektors gebunden sind.

Sollten es Inflationsdruck geben, so wird man versuchen, diese Inflation zuzulassen. Die Frage ist nur: Wie wird der Finanzsektor darauf reagieren? Was passiert mit den Bondmärkten, die zumindest bis Anfang 2010 noch die Deflation fürchteten und die darauf mit extrem hohen Bewertungen von festverzinslichen Wertpapieren reagierten. Würde es wie 1994 zu einem Crash an den Bondmärkten kommen? Würden dann nicht die Langfristzinsen hochschnellen und das Wachstum abwürgen? Würde eine Inflationsstrategie also nicht doch letztlich nach hinten losgehen?

Wenn alles von allen korrekt antizipiert würde, dann wäre das in der Tat so. Da aber nur eine Minderheit eine Inflation erwartet, und schon gar nicht die ausländischen Gläubiger, könnten amerikanische Wirtschaftspolitiker in der Tat die Neigung verspüren, hier ein nettes Experiment zu wagen. Denn nicht antizipierte Inflation könnte in der Tat den Amerikanern einige Erleichterung verschaffen – natürlich auf Kosten vor allem ausländischer Kreditgeber. Es ist für mich nur sehr schwer vorstellbar, dass die Amerikaner eine solche Gelegenheit ungenutzt lassen, sich auf Kosten des Restes der Welt zu sanieren. In Deutschland ist man es längst gewohnt, nach einer Krise den Gürtel enger zu schnallen. Die Amerikaner lachen nur über solche Provinzialität.

Ich werde auf konkrete Strategien in den späteren Kapiteln eingehen. Investoren sollten sich aber auf einen plötzlichen Anstieg „gewollter" Inflation vorbereiten. Wie gesagt, es kann sein, dass es den Amerikanern nicht gelingt oder dass ihnen die Bondmärkte einen Strich durch die Rechnung machen. Ich glaube aber, dass die Federal

Reserve in der Tat in der Lage sein wird, einen höheren
Inflationssatz mit Erfolg anzupeilen. Man wird es zumindest inoffiziell tun. Man wird also nicht die hohe Inflation ausrufen, sondern man wird sie für ein paar Jahre
tolerieren und dann etwas später versuchen, sie wieder
herunterzufahren.

In Europa wird das sicher schwieriger. Die EZB ope-
riert unter einem strikteren Preisstabilitätsmandat als die
Federal Reserve, die neben der Preisstabilität auf einem
hohen Grad der Beschäftigung verpflichtet, und die daher durchaus in der Lage ist, Kompromisse einzugehen.
Ob die EZB aber in der Lage ist, eine Inflationsrate von
zwei Prozent zu halten, während die Amerikaner Inflation von sechs Prozent erzeugen, muss zweifelhaft sein.
Inflation ist nicht nur ein rein monetäres Phänomen einer
heimischen Wirtschaft, sondern in Zeiten der Globalisierung auch ein internationales Phänomen. Es kann also
durchaus sein, dass die Amerikaner nicht nur Inflation
generieren, sondern Inflation auch exportieren über eine
Reihe von Kanälen. Es könnte sein, dass eine amerikanische Inflationsstrategie zu einem Einbruch des Dollars
führt, der uns ebenfalls zwingt, eine höhere Inflation zu
tolerieren, weil wir ansonsten mit einem überbewerteten
Wechselkurs einen Zusammenbruch unserer Exportindustrie riskieren. In der Vergangenheit traten Inflations-
und Disinflationsschübe zumeist global auf. Es ist daher
schwer vorstellbar, dass man in Europa die Inflation bewusst gering halten kann, wenn die USA Inflation erzeugen. Von allen Makrorisiken für Investoren ist die gewollte Inflation das größte, denn es gibt mit großer
Wahrscheinlichkeit keinen Zufluchtsort – außer vielleicht
Japan.

Die Zentralbanken und die Inflation

Würden die Zentralbanken nicht gegensteuern? Selbst die amerikanische Notenbank Federal Reserve betont immer wieder, dass sie keine Inflation zulassen wird, und die Europäische Zentralbank ist per Vertrag an die Regel gebunden, Preisstabilität im Euroraum zu halten. Wie kann das kompatibel mit einem Szenario gewollter Inflation sein? Wie würden die Zentralbanken das rechtfertigen?

Sie müssen sich nicht vorstellen, dass die gewollte Inflation das Ergebnis eines ruhigen rationalen Diskussionsprozesses ist, sondern aus einer Notsituation geboren ist. Die Bundesregierung hat auch schließlich immer wieder betont, es könne keine Nothilfe für Griechenland geben, aber jeder auch nur halbwegs intelligente Marktteilnehmer wusste, dass der Euroraum dann dermaßen ins Visier von Spekulanten geriete, dass die Nothilfe von allen Optionen tatsächlich sich als die billigste herausstellte.

So müssen Sie sich einen möglichen gewollten Anstieg der Inflationsraten vorstellen. Die EZB würde vielleicht zu einem bestimmten Zeitpunkt die Zinsen erhöhen wollen, würde dann aber das Risiko nicht eingehen. Denn sie würde nicht nur in Griechenland, sondern auch in Ländern wie Spanien und Portugal erhebliche Finanzinstabilität erzeugen. Letzteres kann nicht im Interesse einer Zentralbank sein, die instinktiv Risiken ausweicht und die per Gesetzesauftrag auch für die Stabilität des Finanzsystems zuständig ist.

In Spanien ist es üblich, dass man seine Hypothek an den Kurzfristzinssatz bindet, genauer den Drei-Monats-Euribor, ein Zinssatz, der in den Geldmärkten eine wichtige Rolle spielt. Im April 2010 lag der dreimonatige Euribor-Satz bei 0,64 Prozent. Die Spanier waren zwar massiv überschuldet und der Wert ihrer Immobilien sank immer weiter. Aber die Spanier brauchten auf ihre Schulden so gut wie keine Zinsen zu zahlen. Jetzt stellen Sie sich einmal vor, die EZB sieht Inflationsgefahren am Horizont und normalisiert die Notenbankzinsen, sagen wir in sukzessiven Schritten von einem Prozent auf drei Prozent. Der Drei-Monats-Euribor, der wegen der Liquiditätspolitik der EZB lange unter dem Leitzins lag, würde sich zunächst dem Leitzins anpassen, und bald vorauseilen, denn es handelt sich um einen Drei-Monats-Zinssatz, der die Erwartungen der nahen Zukunft widerspiegelt. Der Drei-Monats-Zinssatz würde dann relativ schnell auf über drei Prozent steigen. Der Euribor würde sich verfünffachen, und das wäre ein immenser Schock für spanische Immobilienbesitzer. Bislang kriselte es nur im spanischen Immobilien- und Finanzsektor. So würde es zu einem Knall kommen. Die Notenbank steht also vor einer direkten Wahl zwischen mittelfristiger Preisinstabilität und kurzfristiger Finanzinstabilität. Vor eine solche Wahl gestellt, kann sie eigentlich nicht anders handeln, als die kurzfristige Finanzinstabilität zu präferieren.

Ein ähnliches Risiko ergibt sich durch den Derivatemarkt. Bislang fiel das ganze Augenmerk auf die sogenannten Kreditausfallderivate, mit denen man sich gegen den Zahlungsausfall eines zugrunde liegenden Bonds versichern kann. Im Gegensatz zu einer Versicherung ist es in diesem Markt nicht nötig, dass man das zugrunde liegende Wertpapier auch tatsächlich besitzt. Das wäre ungefähr so, als würden Sie eine Lebensversicherung auf das Leben Ihres Chefs kaufen oder eine Brandschutzversicherung auf das Haus Ihres Nachbarn.

Für die Zentralbanken ist das größte Problem aber nicht dieser relativ neue Markt, sondern der viel langweiligere und ältere Markt der Zinsderivate, der eine Größenordnung von über 300 000 Milliarden Dollar hat.[24] In meinen Büchern *Vorbeben* und *Kernschmelze im Finanzsystem* habe ich im Detail beschrieben, wie ein Zinsswap funktioniert. Hier tauschen jeweils zwei Investoren variable und feste Zinssätze gegeneinander aus. Eine Menge von Großinvestoren haben während der Krise relativ teure Festgeldzinssätze in relativ billige variable Sätze geswappt. Sie haben sich mit diesen Transaktionen über Wasser halten können, denn die variablen Zinsen sind kaum größer als null. Und wer kaum Zinsen bezahlt, kann ein Überschuldungsproblem relativ schmerzlos und relativ lange überdecken. Das jähe Ende kommt dann, wenn die Zinsen wieder ansteigen. Wenn die Zentralbanken also die Zinsen erhöhen, dann wird es bei vielen Investoren zu ernsten Problemen kommen. Die nächste Phase der globalen Finanzmarktkrise wird beginnen, aus der Kreditkrise würde zunächst eine Krise der Staatsfinanzen und dann eine generelle Schuldenkrise.

Vor diese Wahl gestellt, werden Notenbanken sich gut überlegen, ob sie die Zinsen auch tatsächlich erhöhen wollen. Die Europäische Zentralbank hat im Juli 2008, kurz vor der Pleite von Lehman, die Zinsen erhöht und viel Kritik dafür geerntet. Die EZB war sich schon über die Konjunkturrisiken im Klaren, glaubte damals aber, dass die Finanzmarktrisiken unter Kontrolle wären. Die EZB würde jetzt sicherlich etwas vorsichtiger handeln. Ich selbst glaube, dass von den großen Zentralbanken die EZB am ehesten geneigt wäre, die Zinsen zu erhöhen, wenn der Inflationsdruck steigt. Trotz ihres Mandats der Preisstabilität hat aber

auch die EZB einigen Handlungsspielraum. Die Geldpolitik kann ihre Ziele eh nur mittelfristig erreichen,
also innerhalb eines Zeitraums von einem bis zwei
Jahren, und Abweichungen lassen sich kurzfristig tolerieren. Natürlich kommt es zu Problemen, wenn die
Sache aus dem Ruder läuft, wenn sich erst einmal höhere Preiserwartungen festsetzen. Dann muss die Zentralbank tatsächlich handeln. Sie kann im Notfall auch
ihr Inflationsziel ein wenig erhöhen, solange sie plausibel erklären kann, dass sie sich auch weiterhin der
Preisstabilität verpflichtet. Viel Spielraum ist da allerdings nicht drin.

Anders sieht die Sache in den USA und Großbritannien aus. In den USA unterliegt die Federal Reserve
dem Ziel der Preisstabilität sowie der Vollbeschäftigung.
Hier kann sie bei Zielkonflikten lavieren. In Großbritannien entscheidet die Regierung über das Inflationsziel. Hier kann man sich Luft schaffen, indem man das
Ziel von zwei auf vier Prozent erhöht. Ich würde erwarten, dass es in beiden Ländern zu einer erhöhten
Inflationstoleranz kommen wird. Eine Inflation von
vier Prozentpunkten ist weit von einer Hyperinflation
entfernt. Wie ich vorher schon gezeigt habe, machen
langfristig selbst wenige Prozentpünktchen beim Schuldenabbau einen Unterschied.

Mit Inflation lässt sich ein Überschuldungsproblem
langfristig also lösen. Die Dummen sind dabei wie immer die Sparer und Anleger. Im dritten Kapitel des Buches stelle ich eine Reihe von Portfolios zusammen, die
dem Ziel dienen, sich vor der Inflation zu schützen.

ii. Szenario 2: Endogene Preisinstabilität

Mit endogener Preisinstabilität meine ich Preisinstabilität, die nicht bewusst durch die Geldpolitik erzeugt wird, sondern vom System, solche, gegen die die Geldpolitik machtlos ist. Im vorigen Abschnitt ging es nur um Inflation, denn eine Zentralbank wird nicht freiwillig eine Deflation erzeugen. Wenn dann das System selbst Preisinstabilität erzeugt, dann ist Deflation natürlich ebenso möglich. Es geht in diesem Unterabschnitt daher auch um inflationäre wie deflationäre Entwicklungen.

In der Vergangenheit gab es Phasen extremer Instabilität, zum Beispiel die Hyperinflation in der Weimarer Republik, die Deflation Anfang der 30er-Jahre sowie die Inflationsschübe in den 70er-Jahren und die immer noch anhaltende Tendenz zu einer leichten Deflation in Japan.

Hier in Europa und auch in den USA gibt es seit den 80er-Jahren ein hohes Maß an Preisstabilität. Aber wissen wir wirklich, warum? Die Europäische Zentralbank hat nicht jedes Jahr ihr Preisstabilitätsziel einer Inflationsrate von knapp unter zwei Prozent erfüllt, aber seit Beginn des Euro war die durchschnittliche Inflationsrate 1,96 Prozent[25] bis einschließlich des Jahres 2009. Das ist eine ziemlich gute Punktlandung der EZB. Bis tief in die Finanzkrise hinein haben sich Notenbanker beglückwünscht, dass sie das Problem der Preisinstabilität völlig in den Griff bekommen haben. War diese Selbstzufriedenheit wirklich gerechtfertigt?

Die direkte Inflationssteuerung gehörte zu den wirtschaftspolitischen Konzepten, die sich in der Praxis als einfacher herausstellten als in der Theorie – zumindest bis in die Krise hinein. Die Inflation hatte sich in allen Industrieländern und den meisten Schwellenländern stabilisiert. Zimbabwe galt als eine Ausnahme mit einer Inflationsrate im Jahre 2008 von 2 200 000 Prozent.[26] Aber im Rest der industrialisierten Welt, mit Ausnahme

Japans, war die Inflation ungefähr da, wo die Notenbanken sie haben wollten. Der Kampf gegen Preisinstabilität schien gewonnen.

Der amerikanische Ökonom Axel Leijonhufvud[27], einer der Kritiker der direkten Inflationssteuerung, schreibt Folgendes über unsere scheinbare Preisstabilität:

> *Wie Milton Friedman schon feststellte, Inflation ist immer und überall ein monetäres Phänomen. In den gegenwärtigen Umständen muss man hinzufügen, dass auch die Abwesenheit von Inflation ein monetäres Phänomen ist. Es ist zumeist die Bereitschaft einer Anzahl von Zentralbanken, enorme Dollarreserven zu horten, um die Exportindustrie zu unterstützen, was die Abwesenheit von Inflation erklärt ... Diese Wechselkurspolitik verhindert den Anstieg amerikanischer Inflation, und Importwettbewerb deckelt die amerikanischen Güterpreise.*

Laut Leijonhufvud hat die Geldpolitik ihre Fähigkeit, Inflation und Preisniveau zu bestimmen, in unserer Welt verloren. Wir leben in einem Umfeld, in dem eine stabile Inflationsrate nichts darüber aussagt, ob die Geldpolitik richtig oder falsch ist. Danach schützt uns die direkte Inflationskontrolle nicht gegen die Preisinstabilität. Im Gegenteil, sie gaukelt uns eine falsche Sicherheit vor, während unsere Geldpolitik aktiv zur Finanzinstabilität beiträgt. Der Grund dafür lässt sich nur leider nicht auf ein oder zwei Sätze zurückführen. Der tiefe Grund hinter seiner Aussage liegt in einem für unsere Verhältnisse relevanten ökonomischen Modell, das vor über 100 Jahren vom schwedischen Ökonomen Knut Wicksell entwickelt wurde. In der Textbox wird dieses Modell im Detail beschrieben. Dieser Text ist etwas komplexer als die anderen. Wer sich für die Theorie nicht interessiert, kann sie überspringen, ohne den Faden zu verlieren. Ich bin nur leider nicht in der Lage, Ihnen mit anderen Mitteln zu demonstrieren, warum wir in Zukunft erhöhten Preisrisiken ausgesetzt sein werden, und zwar anders als im vorherigen Abschnitt von ungewollten Preisschüben.

Wicksells Welt

In dieser Textbox gebe ich eine rigorose Argumentation dafür, dass wir in Zukunft noch böse Überraschungen mit Inflation und Deflation erleben werden.

Wie ich im letzten Abschnitt gezeigt habe, lassen sich mit den Theorien der modernen Ökonomie die Ereignisse des letzten Jahres nicht erklären. Wir interessieren uns daher immer mehr für Ökonomen vergangener Zeiten, wie Minsky. Ein weiterer Ökonom mit großer Bedeutung für unsere spezielle Situation ist der Schwede Knut Wicksell[28] (1851 bis 1926), der mit seinem auf Deutsch verfassten Buch *Geldzins und Güterpreise* im Jahre 1898 eine Theorie verfasste, die für die heutige Situation einen guten Dankansatz liefert.

a. Fraktionales Reservesystem, Basisgeld,
   Geldschöpfung, Innengeld, Außengeld:
   eine kurze Einführung in die Geldwirtschaft

Um Wicksell zu verstehen, müssen wir in die Mottenkiste der Geldtheorie greifen und ein paar wichtige Konzepte uns vor Augen führen. Wenn Sie den Unterschied zwischen Innengeld und Außengeld kennen, dann können Sie diesen Unterabschnitt überspringen und gleich zum nächsten übergehen.

Was ist eigentlich Geld? Für die meisten Menschen ist die Antwort völlig klar, aber wenn man über das

Konzept des Geldes etwas länger nachdenkt, ist die Sache nicht mehr so einfach. Relativ einfach ist noch die Definition der ökonomischen Funktionen des Geldes: Zahlungsmittel, Wertbewahrer und Recheneinheit. Aber woher kommt das Geld? Und ist alles Geld dasselbe?

Heutzutage liegt das Geldmonopol bei den Zentralbanken. Aber in der Wirtschaft fließt weitaus mehr Geld, als das von den Zentralbanken direkt geschaffene Geld.

Der Grund dafür liegt in der Struktur unseres Bankensystems, das sogenannte fraktionale Reservesystem. Hierbei müssen Geschäftsbanken einen bestimmten Prozentsatz ihrer Einlagen bei der Zentralbank hinterlegen. Diese sogenannten Mindestreserven sind eine Art Hebel der Geldschöpfung.

Und was ist Geldschöpfung: Hier gibt die Internet-Enzyklopädie Wikipedia[29] eine gut verständliche Definition:

Mit dem Vorgang der Geldschöpfung wird Geld erzeugt und dem Wirtschaftskreislauf zugeführt. Dies geschieht nicht durch „Geld drucken", sondern durch Kreditaufnahme von Unternehmen, öffentlicher Hand und Privatpersonen bei Geschäftsbanken oder von Geschäftsbanken bei Zentralbanken beziehungsweise durch gegenseitige Kreditvergabe der Geschäftsbanken untereinander (Interbankenkredite) zum Beispiel am Geldmarkt. Weiterhin können Geschäftsbanken Geld erzeugen, indem sie Aktiva (zum Beispiel Wertpapiere, Immobilien) ankaufen und den Verkäufern ein Sichtguthaben einräumen. Durch Tilgung von Krediten beziehungsweise Verkauf von

Aktiva der Banken wird das geschöpfte Geld wieder vernichtet.

In einem fraktionalen Reservesystem sind die Banken über den Mindestreservesatz an die Zentralbank gekoppelt. Die Zentralbank hat das Geldmonopol. Sie gibt die Banknoten und Münzen heraus. In einer vereinfachten Definition sind Bankennoten, Münzen plus Bankreserven die Geldbasis – also das Geld, über das die Zentralbank verfügt. Man spricht auch von Basisgeld.

Eine weitere wichtige Klassifizierung ist zwischen zwei Formen von Geld, Außengeld und Innengeld. Dies ist eine bilanztechnische Betrachtungsweise. Wenn eine Bank einen Kredit von 1 000 Euro an Lieschen Müller gibt, damit sie ein Sofa kaufen kann, dann verbucht die Bank 1 000 Euro auf den Aktiva ihrer Bilanz, und Lieschen Müller verbucht 1 000 Euro auf ihren Passiva. Sie schuldet also Geld. Wenn man Passiva mit einem negativen Vorzeichen versieht, und die Veränderung aller Aktiva und Passiva durch den Kredit von Bank und Lieschen Müller addiert, kommt man auf null. Innengeld ist das Geld, das aus einer volkswirtschaftlichen Bilanzperspektive die Gesamtsumme der Aktiva und Passiva unverändert lässt. Das Geld, das durch Bankkredite entsteht, ist somit Innengeld. Lieschen Müllers Kredit für das Sofa ist also Innengeld.

Außengeld ist Geld, dem aus der Bilanzperspektive keine Verbindlichkeit gegenübersteht. Dazu gehört natürlich zum Beispiel Bargeld.

b. Wicksells Geldtheorie

Die folgende Darstellung basiert auf zwei Essays des schwedischen Ökonomen Axel Leijonhufvud[30], einem der großen Experten über Keynes und Wicksell. In Wicksells Geldtheorie unterscheidet man zwei Zustände eines Systems. In dem einen, das zu seinen Lebzeiten vorherrschte, war der Finanzsektor relativ klein. Ein Großteil des in der Volkswirtschaft zirkulierenden Geldes war echtes Geld und kein Kreditgeld. Mit dem Vokabular des letzten Unterkapitels würde man sagen, es dominierte das Außengeld.

Zu Wicksells Zeiten herrschte noch der Goldstandard, wobei die Banknoten und Münzen zu einem festen Kurs in Gold umtauschbar waren. In einer solchen Welt war die Geldmenge durch drei Variablen bestimmt: die Goldbesitze des privaten Sektors, die Reserven der Banken bei der Zentralbank und natürlich die Menge des Goldes.

Im Folgenden benutze ich zwei Formeln aus der klassischen Geldtheorie. Diese Formeln sind relativ einfach. Die Idee ist, dass man damit die Argumentation etwas vereinfacht. Sie können aber diese Formeln auch problemlos überspringen.

Formell kann man das so zeigen. Die Geldmenge M ist in einem System mit Goldwährung wie folgt bestimmt:

$$\text{Gleichung 1: } M = \frac{1 + g}{res + g} \cdot G, \text{ wobei}$$

M = die Menge des Geldes in der Wirtschaft,
g = Anteil von Goldes im Vermögen der Privatwirtschaft,
res = Bankreserven ausgedrückt als Prozent der Einlagen,
G = der Goldbesitz des Staates.

Mit dieser Formel kann man Wicksells zwei Zustände der Welt gut beschreiben. Im ersten Zustand, der zu Zeiten Wicksells vorherrschte, waren die Bankreserven relativ hoch. Nehmen wir mal den Extremfall an, dass die Bankreserven 100 Prozent der Einlagen betragen, dass die Banken alles Geld, was sie bekommen, zur Zentralbank tragen. Dann wäre res = 100 % = 1 und der Multiplikator:

$$\frac{1+g}{res+g} = \frac{1+g}{1+g} = 1.$$

Dann wäre M = G. Im System würde nicht mehr Geld zirkulieren, als direkt durch Gold gedeckt würde. Das gesamte Geld in diesem System wäre Außengeld.

Von unserem Finanzsystem ist man hier meilenweit entfernt, aber das Interessante an Wicksells Theorie ist, dass man mit der Formel

$$M = \frac{1+g}{res+g} \cdot G$$

auch unsere Welt darstellen kann. Bei uns tendieren die Bankreserven in Richtung null, denn zum einem sind die Mindestreserven nur noch sehr unbedeutend und zum Zweiten ist das Schattenbankensystem, das keine Mindestreserven bei den Zentralbanken unterhält, sehr groß. Nehmen wir also wieder den Extremfall an, dass sowohl die Reserven als auch der prozentuale Anteil des Goldes am Privatvermögen gegen null tendieren. Dann tendiert der Nenner des Multiplikators res + g $\to$ 0 und der Multiplikator

$$\frac{1+g}{res+g} \to \infty$$

In einem solchen System ist die Geldmenge zwar nicht unendlich, so zumindest nicht mehr bestimmbar. Wir haben dies hier anhand einer Goldwährung gezeigt. Ob die Problematik auch bei einer Währung wie der unseren vorherrscht, die nicht mehr an Gold gebunden ist, ist eine interessante Frage. Leijonhufvud glaubt in der Tat, dass das so ist. In seinem System, in dem die Schattenfinanzwirtschaft die Banken dominiert, ist das Niveau der Geldmenge nur noch schwer durch Zentralbanken zu kontrollieren.

Wicksell nennt den zweiten Zustand die reine Kreditwirtschaft, ein System, in dem Lieschen Müller dominiert. Dort ist das meiste im Umlauf befindliche Geld Kreditgeld.

Was sagt das alles über die Inflation aus? Wicksell akzeptierte die berühmte Quantitätsgleichung von David Ricardo, wonach

Gleichung 2: M · V = P · Y.

Hier sind
M = die Geldmenge,
V = die Umlaufgeschwindigkeit des Geldes,
P = das Preisniveau,
Y = das jährliche Bruttoinlandsprodukt.

Wenn die Geldmenge M stabil ist, wie im ersten der beiden Zustände, und wenn die Umlaufgeschwindigkeit nach oben begrenzt ist, dann ist das Preisniveau durch die Geldmenge bestimmt. Ist die Umlaufgeschwindigkeit nach oben begrenzt? Wicksell behauptet, die Umlaufgeschwindigkeit hätte eine natürliche obere Schranke, und zwar, „wie schnell ein Laufbote rennen kann". Heute würde man da wohl etwas anders argumentieren.

Bedeutet das also, dass im ersten Zustand das Preisniveau determiniert ist und im zweiten Zustand nicht?
Im Zustand einer reinen Kreditwirtschaft, in der das
Innengeld 100 Prozent des Gesamtgeldes ausmacht,
kann die Zentralbank das Preisniveau natürlich nicht
bestimmen.

Aber sie ist trotzdem auch in dieser Situation nicht
komplett machtlos, denn sie kann noch die Veränderung des Preisniveaus bestimmen, also die Inflation,
und zwar mithilfe des Zinses.

Hierzu entwickelte Wicksell das Konzept des natürlichen Zinssatzes. Wenn die Marktzinsen unter dem natürlichen Zinssatz liegen, dann steigen die Preise stetig
bis ins Unendliche. Wenn sie darüber liegen, fallen die
Preise. Die Zentralbank kennt den natürlichen Zinssatz nicht, und der Zinssatz mag sich auch über die
Zeit ändern, aber sie kann versuchen, mit einer fein
gesteuerten Zinspolitik die Preise stabil zu halten. Eine
primitive Zinsregel könnte lauten: Wenn die Inflation
über meinem Ziel liegt, erhöhe ich die Zinsen so lange,
bis sie das Ziel erreicht. Mit großer Wahrscheinlichkeit
würde bei einer solchen Zinspolitik das Preisniveau
über das Ziel hinausschießen. Aber zumindest wäre die
Inflation gedeckelt.

Ein halbes Jahrhundert später machte der Ökonom
Don Patinkin[31] die zusätzliche Entdeckung, dass im Falle einer reinen Kreditwirtschaft die Zentralbank mehr
braucht als nur den reinen Zinssatz. Sie muss über den
kurzfristigen Zinssatz vollständige Kontrolle haben
sowie über den Preis eines Rohstoffes, für den die Bevölkerung keinen Ersatz hat. In der Praxis reicht es
natürlich nicht, wenn die Zentralbank das Monopol
über den Preis von Knoblauchzwiebeln besitzt. Der
Rohstoff müsste schon bedeutend sein. Aber wenn die

Zentralbank den kurzfristigen Zins und zum Beispiel den Ölpreis kontrollieren könnte, dann wäre das Problem laut Patinkin gelöst. Nur liegt der Ölpreis außerhalb der Kontrolle der Zentralbanken.

Das Interessante bei Wicksell war, dass er hier eine Theorie für ein Finanzsystem entwickelte, das es zu seinen Zeiten überhaupt nicht gab, das sich viele Leute damals nicht einmal vorstellen konnten. Er hat also ein Problem gelöst, das keiner hatte – das wir aber heute haben.

Selbst noch während der Zeit des Bretton-Woods-Systems war die Welt noch näher dem ersten der beiden Zustände. Das Geld war indirekt an Gold gebunden, und durch die strikte Trennung von Geschäfts- und Investmentbanken war der Finanzsektor volkswirtschaftlich relativ unbedeutend. In einem solchen System funktionierte auch die von Milton Friedman postulierte Geldmengensteuerung. Was Friedmans Monetarismus am Ende das Genick brach, waren nicht die feindlichen Keynesianer, sondern die Tatsache, dass wir uns in Richtung des zweiten Zustands von Wicksells System bewegt haben. In einem Zeitalter, in dem das Innengeld dominiert, verliert die Zentralbank die Kontrolle über die Geldmenge, und die Geldmenge ist vor allem nicht mehr ein Indikator zukünftiger Inflationsraten.

Auch vor der Krise lebten wir nicht in Wicksells Extremwelt, aber wir bewegen uns seit den 70er-Jahren auf diese Welt stetig zu. Und im letzten Jahrzehnt hat sich die Tendenz erheblich beschleunigt. Wir haben noch Banken, die Reserven bei der Zentralbank halten, aber die Schattenbankwelt dominierte das System. Und das tut sie heute noch viel mehr.

Darüber hinaus hängt die Umlaufgeschwindigkeit im Zeitalter digitaler und globaler Finanzsysteme auch nicht mehr von der maximalen Laufgeschwindigkeit eines Geldboten ab. Durch die Kombination eines Fiat-geldsystems – ein System ohne Bindung an Gold oder anderes – und eines modernen, auf Verbriefung auf-bauenden Finanzsektors haben sich die Spielregeln fundamental geändert. Wenn man das Verhalten unse-rer Volkswirtschaft verstehen möchte, dann hat Wick-sell uns ein brauchbares Modell gegeben, um zu ver-stehen, was hier abläuft. Der Ökonometriker George Box prägte einmal den Satz: „Alle Modelle sind falsch, aber einige sind nützlich." Modelle sind per Definition vereinfachte Darstellungen der Realität. Modelle ohne Finanzsektor können uns keine Finanzkrise erklären. Minskys Modell erklärt uns die Finanzkrise. Und Wick-sells Modell erklärt uns die Gefahren für die Preisstabi-lität. Es erklärt uns, dass wir die Preisniveaus nicht unter Kontrolle haben, sondern dass das Preisniveau im Wirtschaftssystem selbst ermittelt wird. Und damit wäre Preisstabilität nicht mehr garantiert.

Leijonhufvud hat ebenfalls geschrieben, dass von den drei Möglichkeiten Inflation, Deflation und Preisstabilität die ersten beiden in der Zukunft eine höhere Eintrittswahr-scheinlichkeit haben als die letzte. Wenn man ein Bild bemühen möchte, könnte man die Geldpolitik als eine Gratwanderung bezeichnen mit einem tiefen Abgrund auf beiden Seiten eines schmalen Weges.

iii. Szenario 3: Deflation

Als Makroinvestoren müssen wir auch Szenarien berück-sichtigen, die nicht in unser Modell passen. Meine eigene Vermutung ist zwar, dass wir in Zukunft eher durch In-flation als durch Deflation gefährdet sind, man kann aber ein Deflationsszenario ebenfalls nicht ausschließen, schon allein wegen der Betrachtungen im letzten Abschnitt.

Es sind einige deflationäre Tendenzen im System. Besonders im Euroraum erleben wir den Versuch einiger Länder, durch Lohnkürzungen ihre relative Wettbewerbsfähigkeit zu verbessern. Lettlands Bruttoinlandsprodukt ist im Jahre 2009 um 20 Prozent gesunken. Von Anfang bis Ende der Krise wird der Fall ungefähr 30 Prozent betragen, ähnlich wie in den USA während der Großen Depression. Auch Spanien, Griechenland, Portugal und Irland werden ihre Löhne senken müssen, um wettbewerbsfähig zu bleiben.

Es ist nicht ganz leicht, für moderne Volkswirtschaften mit Tarifautonomie und starkem Kündigungsschutz eine echte Deflation zu erzeugen. Dazu müssten die Löhne nominal fallen, was in der Tat nicht passiert, oder nur dadurch, dass gewissen Zulagen gekürzt werden. Aber auch eine solche Entwicklung hört irgendwann auf.

In den USA hingegen sind die Institutionen des Arbeitsmarktes schwächer. Dort sinken Löhne bei schwacher Konjunktur, reell wie nominal. Im Frühjahr 2010 waren einige Indikatoren in der Tat sehr pessimistisch. Der Überhang der Immobilien war noch längst nicht abgebaut. Die zunächst starke wirtschaftliche Erholung vom Sommer und Frühherbst 2009 verflachte sich. Im Gegensatz zum Autor kennt der Leser die weitere Entwicklung, ob die Konjunktur im Frühjahr 2010 wieder ansprang oder nicht.

Was man auf jeden Fall sagen kann: Wir haben nur ein partielles Verständnis für Inflation und Deflation. Ein gutes Beispiel ist Japan. Die japanische Immobilien- und Aktienblase in den 80er-Jahren endete mit einer Deflation, die bis heute andauert. Adam Posen, Senior Fellow am Peterson Institute of International Economics in Washington und mittlerweile Mitglied im Zentralbankrat der Bank of England, betont[32], dass Japan den Volkswir-

ten immer noch viele Rätsel bereitet. Wenn man wie einst
die Monetaristen die Inflation/Deflation als rein monetäre Phänomene betrachtet, dann hätte es schließlich eine
Verbesserung der Situation geben müssen, denn die Bank
of Japan verfolgt schon seit Jahren eine extrem lockere
Geldpolitik. Schauen Sie sich folgende Grafik 5 an:

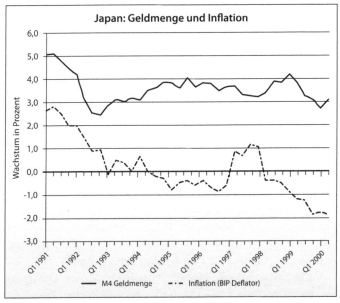

Grafik 5

Japans Geldmenge zog in den 90er-Jahren kräftig an, das
Preisniveau stagnierte oder fiel sogar. Posen schlussfol-
gert völlig richtig, dass wir das Problem einer Deflation
bislang falsch verstanden haben. Zum einen hätte es in
Japan nicht zu einer Deflation kommen dürfen. Zum anderen war die Deflation aber auch nicht so katastrophal,
wie Volkswirte das befürchteten.

Jedenfalls konnte man mit einem mechanischen Monetarismus hier nichts erklären. Krugman schrieb einmal,

dass man in der Volkswirtschaft mit dem Vokabular der
Hydraulik (Geld hineinpumpen und so weiter) vorsichtig
sein sollte. Es ist nicht so, dass, wenn man Geld oben
hineinpumpt, unten die Inflation herauskommt.

Die japanische Krise produzierte eine Deflation, allerdings, wie schon erwähnt, eine Deflation mit relativ milden realen Auswirkungen. Vielleicht spielen strukturelle
Faktoren eine Rolle wie die Überalterung der Bevölkerung, vielleicht hat es etwas mit dem Finanzsystem zu
tun, aber auch in anderen Ländern gab es ähnliche Phänomene mit anderen Konsequenzen.

Wenn wir Japan nicht wirklich verstehen, droht uns
möglicherweise Ähnliches? Ist Deflation eventuell die Konsequenz einer geplatzten Blase? Oder die Konsequenz einer stark alternden Bevölkerung? Viele Kommentatoren
sorgen sich auch diesmal um eine Deflation angesichts
des starken Verfalls amerikanischer Häuserpreise. Im Gegensatz zur japanischen Zentralbank reagierte die Federal Reserve auf diese Krise viel entschlossener. Die Zinsen
wurden relativ schnell auf null gesenkt, die Zentralbank
kaufte am Markt festverzinsliche Wertpapiere und erwei-
tere ihre eigene Bilanzsumme von ungefähr 700 Milliarden Dollar auf über 2 000 Milliarden Dollar.

Wie hoch ist die Wahrscheinlichkeit einer Deflation
relativ zu einer Inflation? Ich glaube, die Wahrscheinlichkeit ist eher gering, aber wir sollten als Investoren die
Ohren und Augen offen halten. Hier geht es nicht darum,
dass man seine Urteile oder Vorurteile bestätigt und dass
man mit seinen Prinzipien in die Verlustzone reitet, sondern darum, die Lage in der Wirtschaft gut zu analysieren. Im Herbst 2010 ist die Lage womöglich anders,
sodass es für mich nicht ratsam wäre, hier zu viele Prognosen zu tätigen.

Machen Sie es sich nicht zu einfach, indem Sie sich in
Ihrer Prognose einfach auf inflationsindizierte Wertpapiere verlassen. Die Differenz in den Renditen zwischen

diesen Papieren und nicht indizierten Papieren mit gleicher Laufzeit ist die implizierte Inflationsrate, die von den Märkten gerade erwartet wird. Das Problem ist nur, dass die Märkte in inflationsindizierten Wertpapieren nicht annähernd so liquide sind wie die Märkte normaler Wertpapiere, sodass hier Verfälschungen auftreten. Bedenken Sie auch, dass der Marktdurchschnitt nicht korrektere Inflationserwartungen haben muss als Sie selbst, schon gar nicht in Zeiten extremer Instabilität. Man muss also schon die Theorie der rationalen Erwartungen gläubig anwenden, um sich ewige Preisstabilität vorzugaukeln.

Die schlichte Antwort ist, wir wissen nicht genau, ob Deflation oder Inflation droht. Eine Inflation mit starkem Wachstum ist möglich, aber man kann sich auch Szenarien einer Stagflation vorstellen, also Inflation mit geringem Wachstum, genauso wie eine leichte Deflation wie in Japan. Unter Ökonomen gibt es hier keinen Konsens. Auch der zu Anfang 2010 stark inflationierte Goldpreis sagt uns nichts über eine zukünftige Inflation aus, sondern eher umgekehrt. Es war ein Anstieg in Inflationserwartungen, der den Goldpreis in die Höhe trieb.

Ich selbst halte die Erklärung von Leijonhufvud am plausibelsten. Die Inflation in unserem System ist weniger von den Zentralbanken bestimmt als durch die Wechselkurspolitik von China und anderen neu industrialisierten Staaten. Dort müssen wir also die Antwort suchen. Auch dort ist die Situation nicht eindeutig. Ich würde erwarten, dass wir mit großer Wahrscheinlichkeit auf eine Inflation in China zusteuern, die mithilfe eines festen Wechselkurses auf den Rest der Welt übertragen wird. Unsere Geldpolitik kann versuchen, sich dagegenzustemmen, wird aber nur den Trend marginal beeinflussen können.

Aber auch die Situation in China birgt potenzielle deflationäre Gefahren für die Weltwirtschaft, und zwar für den Fall, dass die Blase in China platzt und eine ähnliche Wirkung wie in Japan Anfang der 90er-Jahre entfaltet. Wenn dann in China eine Deflation entsteht, kann sich diese auf den Rest der Welt ausbreiten.

Die Lage in China ist dermaßen fragil, dass China ein eigenes Unterkapitel verdient.

iv. Szenario 4: Eine chinesische Superbubble

China ist schwierig, wenn man das Land nicht gut kennt, und vor allem, wenn man kein Chinesisch spricht. Ich selbst höre immer wieder von Experten, dass wir alle China nicht wirklich verstehen, und dass wir deswegen vorsichtig mit Prognosen von Instabilität sein sollten.

Das alles erinnert mich an die wirtschaftspolitischen Debatten während der Wiedervereinigung. Damals lebte ich in London, und dort war man sich unter Ökonomen einig, dass Deutschland mit seinem Wechselkursangebot von eins zu eins und vor allem der Politik des Lohnangleichs vor die Wand fahren würde. Die Wiedervereinigung würde Deutschland teuer zu stehen kommen, und es würde Jahrzehnte dauern, bis der Osten den gleichen Lebensstandard erreichen kann wie der Westen.

Interessanterweise sah die Mehrheit der Ökonomen in Deutschland die Sache komplett anders. Es gab den einen oder anderen, der ebenfalls davor warnte, aber die Mehrheit war optimistisch. Vielleicht waren diese Ökonomen durch die damals vorherrschende Euphorie geblendet. In jedem Fall kann man die Aussage treffen, dass ein tiefes Verständnis der deutschen Sprache und der deutschen Geschichte nicht half, eine gute Prognose zu treffen. Ein tiefes Verständnis kann sogar hinderlich sein, wenn man sich in der Komplexität der Fakten verläuft. Ökonomisch war die Prognose relativ leicht zu treffen. Der Osten hatte ein viel geringeres Produktivitätsniveau als der Westen, und jeder Versuch, die Löhne unabhängig von der Produktivitätsentwicklung anzupassen, würde in Massenarbeitslosigkeit enden. Und so kam es auch.

Ich halte mich für einen ausgewiesenen Nichtexperten, was China angeht. Ich habe das Land bislang dreimal besucht und habe jedes Mal über Land, Leute, Politik und Wirtschaft viel gelernt. Ich bin aber nicht befähigt, über China ein Buch zu schreiben, nicht einmal ein Kapitel eines Buches. Und trotzdem kann ich als Außenseiter sagen, dass China ökonomisch vor eine Mauer rennen wird. Diese Einsicht ergibt sich aus meiner Erfahrung mit Blasen und Wirtschaftspolitik.

China verfolgt eine ähnliche Wirtschaftsstrategie wie die Bundesrepublik in der Nachkriegszeit. Damals war die D-Mark im Bretton-Woods-System mit einem festen Wechselkurs an den Dollar gebunden. Dieser Wechselkurs betrug vier Mark zum Dollar. Erst mit dem Regierungswechsel zur sozialliberalen Koalition im Jahre 1969 wurde der Wechselkurs aufgewertet.

Es besteht aber ein grundlegender Unterschied zwischen China heute und Deutschland im Jahre 1969. Deutschland wagte damals die Demokratie. China wagt es nicht. Im Jahre 1969 musste Deutschland den Wechselkurs anpassen, um eine Inflationsblase zu vermeiden und die Wirtschaft zu stabilisieren. Bis dahin bestand die Strategie Deutschlands darin, bei einem festen *nominalen Wechselkurs* durch moderate Lohnsteigerungen den *realen Wechselkurs* gegenüber dem Ausland abzuwerten. Da der nominale Wechselkurs fest war, war eine reale Abwertung nur dadurch möglich, dass Löhne und Preise in Deutschland langsamer stiegen als anderswo. Dadurch erhöhte sich die Wettbewerbskraft gegenüber dem Ausland, und das Land erhöhte seinen Wohlstand durch hohe Exportüberschüsse.

Ein weiterer Unterschied besteht zwischen Deutschland damals und China heute. In den 60er-Jahren hatte Deutschland Vollbeschäftigung, und der Arbeitsmarkt konnte die Nachfrage nicht mehr befriedigen. Deutschland löste das Problem des Arbeitskräftemangels mithilfe von Gastarbeitern. China hat im Gegensatz zu Deutschland ein großes Arsenal von Landarbeitern, die für die zukünftige Industrialisierung zur Verfügung stehen. Aber auch Chinas überschüssiges Arbeitsangebot, groß, wie es auch sein mag, ist nicht unendlich, ebenso wie die Absorptionsfähigkeit von Chinas industrialisierten Metropolen wie Schanghai und Beijing. Die Städte brechen jetzt schon aus allen Nähten, die Luftverschmutzung ist extrem hoch, und vor allem auch die Preisinflation bei Immobilien.

Was ist passiert? Der Wechselkurs des Renminbis ist zwar nicht so fest an den Dollar gebunden wie seinerzeit die Mark, er wird aber von der chinesischen Zentralbank stark kontrolliert. Bis zum Jahre 2005 war der Renminbi fest an den Dollar gebunden mit einem Wechselkurs von 8,11 Yuan[33] zum Dollar. Dann wurde der Wechselkurs teilweise freigegeben, aber stark kontrolliert. Zu Anfang 2010 betrug der Wechselkurs zum Dollar 7,4 Yuan. Es gab immerhin eine Aufwertung von ungefähr zehn Prozent. Aber das ist nicht die Größenordnung, die notwendig ist, um die chinesische Wirtschaft zu stabilisieren.

Wie Chinas Wirtschaftspolitik im Detail funktioniert

Im Fließtext habe ich die Wirtschaftspolitik Chinas sehr allgemein beschrieben. Hier möchte ich sie dem interessierten Leser in etwas technischerem Detail beschreiben.

Wenn ein Land einen nominalen Wechselkurs künstlich niedrig hält, dann kauft man Fremdwährung für einheimische Währung. China kauft also Dollars ein, die dann Teil der Währungsreserven werden. China hat mittlerweile Reserven im Wert von über 2 000 Milliarden Dollar, die meisten Reserven in US-Dollars selbst.

Für den Kauf der Dollars kreiert die chinesische Notenbank heimisches Geld, das die gesamte Geldmenge des Landes erhöht. Die Geldmenge M2 wuchs zuletzt mit einer Jahresrate von 30 Prozent, was selbst für China extrem viel ist. Über die Zeit würde man erwarten, dass starkes Geldmengenwachstum die Inflation anheizt.

Damit eine Wechselkurspolitik nicht gleich in Inflation umschlägt, wird der Effekt der Geldmengenausweitung sterilisiert. Das geschieht durch mehrere Methoden. Normalerweise verkaufen Notenbanken festverzinsliche Wertpapiere im einheimischen Markt. Der Verkauf dieser Wertpapiere absorbiert einen Teil des überschüssigen Geldes. Eine weitere Möglichkeit, die in China sehr stark genutzt wurde, war eine Erhöhung der Mindestreserven der Banken bei der Zentralbank. Die Idee hinter diesen Maßnahmen besteht darin, überschüssiges Geld aus dem System zu fegen.

Jetzt hat die chinesische Notenbank ein Problem, wenn die US-Zinsen sehr niedrig sind. Auf der Aktivseite des Zentralbankvermögens liegen die Währungsreserven, die größtenteils in US-Staatsanleihen angelegt wurden, die momentan sehr niedrige Rendite abwerfen. Auf der Passivseite stehen die chinesischen Anleihen, mit denen die Zentralbank den Effekt der Deviseninterventionen sterilisiert. Dieser Zinssatz richtet sich nach den Marktzinsen, die sich wiederum am chinesischen Diskontsatz orientieren. Dieser lag im Januar 2010 immer noch unter 1,4 Prozent, was angesichts der Überhitzung der chinesischen Wirtschaft viel zu gering ist. Wenn die Zentralbank den Zinssatz erhöht, sodass die Marktzinsen, die die Zentralbank auf ihre

Anleihen zahlen muss, höher sind als die Zinsen der
US-Wertpapiere, dann verliert sie zunächst Geld im
Sterilisierungsgeschäft. Wenn diese Diskrepanz ein bestimmtes Niveau überschritten hat, sind solche Geschäfte nicht mehr finanzierbar. In dem Moment bricht
die chinesische Wirtschaftsstrategie wie ein Kartenhaus
zusammen. Der Wechselkurs ließe sich dann nicht mehr
so künstlich niedrig halten. Diese Wechselkursstrate-
gie ist aber ein wesentliches Kernelement des chinesischen Wachstumswunders. Wenn Chinas nominaler
Wechselkurs sich anpassen würde, dann wären zwar
die globalen Ungleichgewichte kaum noch ein Thema,
aber Chinas exportorientiertes Wachstumsmodell wäre ebenfalls dahin. Die Chinesen sehen die Beibehaltung
des unterbewerteten Wechselkurses als derart zentral
für ihre eigene Entwicklung, dass sie nicht bereit sind,
mit Ausländern über dieses Thema ernsthaft zu disku-
tieren. Sowohl Präsident Barack Obama als auch verschiedene europäische Besucher wurden von Beijing
schroff abgewiesen, wenn sie dieses Thema in den
Mund nahmen.

Die Erfahrung zeigt, dass Modelle wie die von China über einen Zeitraum funktionieren und plötzlich
nicht mehr. China akzeptiert im Prinzip, dass man langfristig den Wechselkurs freigeben will, aber kurzfristig
will man nichts ändern.

Während dieser Phase ist China Risiken ausgesetzt,
die zum Teil außerhalb seiner Kontrolle liegen. Das
größte Risiko wäre eine sehr lange Weiterführung der
Nullzinspolitik in den USA, die das chinesische Zinsniveau ebenfalls nach unten drückt, was die Wirtschaft
weiter anheizen wird. Man kann mit Mindestreserve-
politik und zum Teil auch direkt mit einer Kontrolle
der Kreditvergabe versuchen, hier gegenzusteuern.

Um den Druck abzumildern, wäre es nötig, wenn die Chinesen den Renminbi gegenüber dem Dollar real aufwerten. Ein realer Wechselkurs zwischen zwei Währungen schließt die Inflationsraten mit ein. Um den realen Wechselkurs aufzuwerten, gibt es zwei Möglichkeiten. Man kann entweder den nominalen Wechselkurs aufwerten, was China eben nur begrenzt macht, oder man erlaubt eine relativ höhere Inflation als, in diesem Fall, in den USA. Ein leichter Anstieg der chinesischen Inflation wäre also nützlich und unausweichlich. Eine moderate Inflationsrate würde ausreichen, wenn die USA eine leichte Deflation betreiben würden. Da aber die USA in den nächsten Jahren eher zu Inflation neigen werden, vor allem auch, um sich zu entschulden, ist dieses Szenario nicht sehr wahrscheinlich. Wahrscheinlicher ist eine moderate bis hohe Inflation in den USA, verbunden mit einer noch höheren Inflation in China. In jedem Fall ist die weitere Stabilisierung des Wechselkurses des Renminbis mit Preisstabilität nicht mehr vereinbar. Da die USA keine Deflation in Kauf nehmen, nicht einmal Preisstabilität, sondern wahrscheinlich auf eine Inflation von vier bis sechs Prozent hinsteuern, werden wir in China zweistellige Inflationsraten sehen. Und das wird im Zuge der Zeit einen globalen Inflationsdruck auslösen.

Eine Alternative zu diesem Szenario ist, dass Chinas Inflation nicht oder nur teilweise in der Form von traditioneller Güterpreisinflation kommt, sondern in der Form von Preisblasen an Immobilien-, Wertpapier- und Rohstoffmärkten. Ein Platzen dieser Blase könnte dann einen deflationären Schock bedeuten, wenn die Realwirtschaft dadurch in Mitleidenschaft gerät.

Je nachdem, welches Szenario man betrachtet, droht also eine Inflation oder eine Deflation.

Während der Krise verfolgten die USA eine Nullzinspolitik. Alle Länder, deren Währung an den US-Dollar gekoppelt war, mussten diese Politik mehr oder weniger kopieren, denn sonst würden Anleger bei festem Wechselkurs den Zinsunterschied ausnutzen. Man nennt das Carry Trade. Man leiht sich amerikanische Dollars zu billigem Zinssatz und legt diese Dollars dort an, wo die Zinsen höher liegen. China verfügt zwar über Kapitalkontrollen, kann sich trotzdem aber einen großen Zinsunterschied nicht leisten, denn, Kontrollen hin oder her, das amerikanische Geld findet seinen Weg nach China, wo die Zinsen etwas höher sind als in den USA.

China hatte selbst während des Krisenjahrs 2009 noch ein positives Wachstum von über zehn Prozent erreicht. In diesem Jahr schrumpfte die deutsche Wirtschaft um fünf Prozent. Die chinesische Wirtschaft heizt selbst während der Krise noch durch, und um die Überhitzung zu drosseln, wäre ein höheres Zinsniveau sicherlich sinnvoll. Anfang 2010 erhöhte die chinesische Zentralbank den Zinssatz von 1,328 Prozent auf 1,368 Prozent. Während wir in Europa und in den USA die Zinsen in Schritten von 25 oder gar 50 Basispunkten bewegen, trauten sich die Chinesen nur eine Zinserhöhung von vier Basispunkten zu. Sie fürchteten, völlig zu Recht, einen Strom amerikanischen spekulativen Geldes.

Für die USA, ein Land mit einer Arbeitslosigkeit von zehn Prozent zu Anfang 2010, mag das niedrige Zinsniveau gerechtfertigt sein. Für China ist es das sicher nicht. Aber das ist der Preis, den China zahlen muss, wenn es seinen Wechselkurs gegenüber dem Dollar stabil halten will. Eine Aufwertung würde die Spekulation zwar verhindern, aber China fürchtet, zu Recht oder zu Unrecht, dass das Exportmodell dadurch gefährdet würde.

Was sind die Konsequenzen derartig geringer Zinsen? Eine Konsequenz ist eine sich abzeichnende Immobilienblase. Der Ökonom und Wirtschaftshistoriker Barry Eichengreen[34] schrieb, dass die Kosten von Apartments in Schanghai im Jahre 2009 um 25 Prozent gestiegen sind. In Beijing sind die Immobilienpreise allein in der zweiten Jahreshälfte um 35 Prozent gestiegen. Alle Leute dort reden über den Immobilienmarkt, über die Gewinne, die sie dort zu erzielen hoffen. Es ist wie in den USA vor der Krise. Eichengreen sagt völlig zu Recht, dies seien typische Anzeichen für eine Blase. Die Statistiken sind in der Tat beunruhigend. Die Anzahl neuer Immobilienprojekte verdreifachte sich im Jahre 2009, und Eichengreen berichtet sogar, dass der Spekulationsdruck mittlerweile vom Immobilienmarkt auf andere Märkte übergesprungen ist, einschließlich auf den Markt für Knoblauch und Chilipfeffer. Solange der Renminbi so extrem unterbewertet ist, so lange ist die Geldpolitik zu locker, was die Spekulationen weiter anheizt. Man kann mit administrativen Maßnahmen versuchen, dagegenzuhalten, aber wenn der Preis der Kredite zu niedrig ist, wird man in einer schnell wachsenden Wirtschaft unweigerlich starke Blasen erzeugen.

Langfristig sehe ich die größere Gefahr in der Inflation als in der Blase, denn in China gibt es keine Kreditblase. Hypotheken werden dort konservativ gehandhabt. Was wir in China erleben, sind zwar Preisblasen, aber keine Kreditblasen. Das Platzen einer Preisblase ist unangenehm, aber nicht katastrophal. Es geht zwar Vermögen verloren, aber es droht nicht der Ruin. Der Grund dafür liegt in Chinas steinzeitlichem Finanzsystem. Die Kredite sind zwar billig, aber es gibt quantitative Begrenzungen, die die Gefahren in Zaum halten.

In China wird also über kurz oder lang die Inflation steigen – auch wenn man die Immobilienpreise komplett aus dem Inflationsindex herausrechnet. Durch die Geldpolitik entsteht eine überschüssige Nachfrage. In dem Punkte wären sich Wicksell und die modernen Ökonomen einig. Die Preise einheimischer Dienstleistungen werden zunächst in die Höhe gehen, während man versuchen wird, die Preise für die Exportindustrie zu deckeln. Aber auch diese Preise werden steigen. Chinesische Arbeiter werden höhere Löhne fordern, um die hohen Immobilienpreise zu bezahlen oder die höheren Mietpreise, die sich irgendwann daraus ergeben werden. Die Preise von Dienstleistungen, die von den Exportunternehmen nachgefragt werden, steigen und treiben damit indirekt die Preise der Exportgüter hoch. Egal, ob China aufwertet oder nicht, die Preise chinesischer Güter werden so oder so steigen – wenn nicht durch Aufwertung, dann durch heimische Inflation.

Wenn Leijonhufvud recht hat, wird das eine Inflation im Westen nach sich ziehen. Bislang waren unsere Inflationsraten durch die stabilen und billigen Preise von Importgütern aus Asien verankert, aber eine chinesische Inflation wird diesen Anker aushebeln. Durch den festen Wechselkurs zum Dollar wird die Inflation zunächst in die USA und den gesamten Dollarraum übertragen. Inwieweit sie sich nach Europa überträgt, hängt dann ebenfalls von dem Wechselkurs ab. Wir können die importierte Inflation durch eine Erhöhung des realen Wechselkurses des Euro kompensieren, das geschähe aber auf Kosten unserer Wettbewerbsfähigkeit. Für Deutschland hätte eine solche Strategie erhebliche Konsequenzen. Wahrscheinlich würden wir den Inflationsdruck nur zum Teil kompensieren und somit zumindest einen Teil der chinesischen Inflation importieren.

Wie kann in einem solchen Umfeld Deflation entstehen? Eine Deflation ist möglich, wenn die Blase in China und anderen Schwellenländern plötzlich platzt und das Land dann in eine lange Rezession fällt. In den USA haben sich die Immobilienpreise in den sieben Jahren vor der Krise verdoppelt bis verdreifacht. In China könnten sich die Preise in einem ähnlichen Zeitraum verfünffachen oder gar verzehnfachen. Wenn die chinesische Immobilienblase noch bis in das Jahr 2018 andauern sollte, dann wären solche horrenden Prozentzahlen realistisch. Wenn die Blase von diesem Niveau aus platzen würde, dann droht ein Knall, der größer und lauter ist als der von Japan, vor allem, wenn China die Vorzüge deregulierter Finanzmärkte entdecken sollte. China hat enorme Währungsreserven, hat also Puffer, um mit Krisen umzugehen. Wir sollten aber nicht glauben, dass das ausreichen wird, um die Konsequenzen der dann wahrscheinlich größten Preisblase in der Weltgeschichte unwirksam zu machen. Der Aktienmarkt wird einbrechen, Investoren und Banken werden in den Konkurs getrieben, Kredite trocknen aus, die Nachfrage nach Produkten und Dienstleistungen wird sinken, und die chinesische Exportindustrie wird nicht mehr zehn Prozent jedes Jahr wachsen, sondern plötzlich einbrechen.

Nach diesem Szenario würde von China einige Jahre lang ein inflationärer Druck ausgehen bis zu dem Moment, wo dort die Blase platzen wird. In dem Moment wird sich das Bild schnell verändern. Von China könnte dann ein deflationärer Druck ausgehen. Ich glaube, das ist der Mechanismus, mit dem sich zukünftige Preisinstabilität manifestieren wird. Unser Problem ist daher nicht permanente Inflation, sondern permanente Preisinstabilität, verbunden mit einer Unfähigkeit, dieser Instabilität durch Geldpolitik entgegenzuwirken. Wicksell hat das alles schon vor über 100 Jahren gewusst.

Die große Schwierigkeit in dieser Analyse besteht darin, zu entscheiden, wann dieser Wendepunkt eintrifft. Die Subprime-Krise wurde durch stetige Zinserhöhungen der Federal Reserve ausgelöst. Dieser Mechanismen wird in China zunächst nicht greifen, denn die Zentralbank wird die Zinsen nur sehr mäßig erhöhen, um die spekulativen Kapitalflüsse einzudämmen. Der Druck wird in China wahrscheinlich durch die politischen Konsequenzen der heimischen Inflation kommen. Ich gehe davon aus, dass die Inflationstoleranz in China höher ist als bei uns, oder zumindest, dass das chinesische Regime diese Politik länger aufrechterhalten kann, als eine westliche Regierung oder Zentralbank es könnte. Nach ein paar Jahren wird sich in China selbst und auch innerhalb der Regierung Unmut über diesen Kurs breitmachen, und man wird spätestens dann den Renminbi aufwerten und die Zinsen erhöhen. Dann knallt es unweigerlich, und aus der Inflation wird die Deflation – dort wie hier. Den Zeitpunkt zu bestimmen, ist unmöglich. Man sollte das Deflationsszenario im Hinterkopf behalten und die Lage beobachten. Prognosen über einen Zehn-Jahres-Zeitraum hinaus sind notorisch unzuverlässig.

Zum Schluss wollen wir uns noch mit der dritten wahrscheinlichen Quelle der Instabilität beschäftigen – den weiter anhaltenden globalen Ungleichgewichten.

v. Szenario 5: Die Rückkehr globaler Ungleichgewichte

Die drei Quellen zukünftiger makroökonomischer Instabilität – Preisinstabilität, eine Blase in China und die Rückkehr globaler Ungleichgewichte – sind miteinander verbunden, und China spielt in allen drei eine wichtige Rolle. Die Ungleichgewichte verdienen trotzdem eine getrennte Rubrik, denn hier spielen auch Länder wie Deutschland eine wichtige Rolle.

In den Jahren vor der Krise waren die globalen Ungleichgewichte das Topthema in Debatten der internationalen Ökonomie. Einige Autoren stellten Theorien auf, die diese Ungleichgewichte erklären und rechtfertigen. Die bekannteste war die sogenannte Bretton-Woods-II-Theorie[35], wonach die Länder mit festen oder quasifesten Wechselkursen zum Dollar ein System bildeten, das in seiner ökonomischen Struktur dem ursprünglichen Bretton-Woods-System ähnelte. In diesem System sind globale Ungleichgewichte quasi fest eingebaut. Die Autoren versuchten nicht nur, das System zu beschreiben, sondern sie postulierten auch, dass dieser Zustand sowohl nachhaltig ist als auch wünschenswert. Die an diesem System teilnehmenden Länder hätten somit eine nachhaltige Wachstumsstrategie. Ohne diese Ungleichgewichte würde diese Strategie zerschellen.

Diese Theorie ist kontrovers. Die Mehrheit internationaler Ökonomen sieht in den Ungleichgewichten eher eine Gefahr, und wenn unsere Krise in den Ungleichgewichten ihre tiefe Ursache hätte, wie ich zuvor argumentierte, dann würden die Kosten von Bretton Woods II den Nutzen überragen. Damit wäre Bretton Woods II eine Quelle der Instabilität unserer Wirtschaft. Ist Bretton Woods II also nachhaltig über die Krise hinaus?

Die Autoren sagen Ja. Während der Krise sah es zunächst so aus, als würden sich die Ungleichgewichte abbauen. Der IWF schrieb im Herbst 2009, das amerikanische Leistungsbilanzdefizit würde von 4,9 Prozent vom Bruttoinlandsprodukt im Jahre 2006 auf 2,6 Prozent schrumpfen, wohingegen der chinesische Leistungsbilanzüberschuss im gleichen Zeitraum von 9,8 Prozent auf 7,8 Prozent fallen würde. Der IWF[36] prognostizierte weitere Verbesserungen in den Jahren 2010 und 2011. Einige Kommentatoren sprachen sogar davon, dass China demnächst ein Handelsdefizit einfahren würde.[37]

Ich rechne eher mit dem Gegenteil. Zunächst muss man mit der Prozentrechnung etwas aufpassen. Der Handelsökonom Kevin O'Rourke[38] erklärt die Gefahr anschaulich anhand eines Beispiels. Man nehme an, ein Land hätte Exporte von 100 und Importe von 80 in irgendeiner Währung, also einen Überschuss von 20. Wenn sowohl Exporte als auch Importe um die Hälfte einbrechen – was ja während der Krise beinahe geschehen ist –, dann exportiert das Land nur noch 50 und importiert nur noch 40. Damit allein ist das Leistungsbilanzdefizit von 20 auf

zehn gefallen, also um 50 Prozent. Wenn sich der Welthandel wieder erholt, dann kommen auch wieder die alten Leistungsbilanzdefizite zurück. Wer also anhand der
Zahlen von 2009 glaubt, der Rückgang der Defizite würde einen Trend bedeuten, der lässt sich durch die Magie
der Zahlen ins Bockshorn jagen. Die Defizite sind nur
deswegen prozentual zurückgegangen, weil der Welthandel insgesamt zurückgegangen ist, und der Welthandel ist
diesmal viel stärker eingebrochen als in früheren Rezessionen.

Das bedeutet aber auch, dass eine der wesentlichen
Ursachen, wenn nicht gar die wesentliche Ursache der
Krise, weiter bestehen bleibt. Denn globale Ungleichgewichte führen zu enormen Geldflüssen im internationalen Finanzsystem, die durch die großen Finanzzentren
geschleust werden müssen. Während der letzten Krise
kollidierten diese Finanzströme mit dem Trend zur Verbriefung in den Finanzmärkten. Das wird sich mit Sicherheit nicht wiederholen, zumal der Markt für Verbriefung
selbst Anfang 2010 noch nicht so richtig angesprungen
ist. Mit den verstärkten Auflagen für Banken einschließlich neuer Kapitalregeln und Buchungsregeln wird man
sicherstellen, dass dieselbe Krise sich nicht noch mal wie-
derholt. Aber das ist kein wirklicher Trost. In einer Zeit,
in der sich westliche Staaten stark verschulden, in der das
Bankensystem weiterhin angeschlagen ist, ist die Präsenz
großer wirtschaftlicher Ungleichgewichte potenziell de-
stabilisierend. Es drohen große Schwankungen in den
Märkten für Staatsanleihen und Rohstoffe sowie in den
Aktienmärkten von Schwellenländern, wo ein großer Teil
dieser Geldströme landen wird. Das Problem wird sich
also nicht von selbst lösen. Mit anderen Worten, auch
der Knall im Herbst 2008 brachte keine Lösung des Problems. Es bedarf einer Reihe politischer Aktionen, um
das Problem zu lösen. Dazu gehören eine andere Wechselkurspolitik der Chinesen, die Aufgabe von Dollarbin-

dungen zahlreicher Schwellenländer, Strukturreformen im Eurogebiet, eine Reduktion der amerikanischen Abhängigkeit vom privaten Konsum, eine geringere Nutzung des Dollars als Reservewährung und tief greifende, global koordinierte Finanzreformen. Von dieser Liste wird kaum etwas geschehen, den die Gruppe der 20 größten Industriestaaten, die G 20, konnte sich bislang nur auf kosmetische Eingriffe einigen, wie neue Regeln für Bonuszahlungen. So ärgerlich diese Bonuszahlungen auch sein mögen, mit der Finanzkrise und den globalen Ungleichgewichten haben sie nichts zu tun.

Es ist daher richtig anzunehmen, dass die globalen Ungleichgewichte und die Krisenanfälligkeit unseres Finanzsystems in diesem Jahrzehnt eher zunehmen als abnehmen werden. Und das bedeutet einen extrem hohen Grad an Instabilität.

vi. Szenario 6: Stress im Eurogebiet

Man kann sich mit Krisenszenarien verrückt machen, aber um dieses Szenario kommen wir nicht herum. Im Frühjahr 2009 und dann wieder im Winter und Frühjahr 2010 kam es an den Märkten für Kreditderivate zu erhöhter Spekulation um einen Austritt einiger kleiner Länder aus dem Euroraum. Im Frühjahr 2009 stand Irland im Zentrum der Spekulanten, denn die Finanzkrise dort hatte sowohl den für das kleine Land relativ großen Finanzsektor gebeutelt als auch zu einem Zusammenbruch des Immobilienmarktes geführt. Darüber hinaus verschlimmerte sich die Haushaltslage des Landes drastisch. Einige Spekulanten glaubten, dass Irland im Zuge der Anpassung die Nerven verlieren würde. Das Gegenteil geschah. Die Regierung unter Premierminister Brian Cowen brachte einen Notstandshaushalt durch, der radikale Einsparungen im öffentlichen Sektor vorsah. Danach war Schluss mit jeder Spekulation. Irland war gerettet.

Die Lage in Griechenland war ernster. Nach dem Regierungswechsel im Oktober 2009 kam es zu erneuten
Revisionen des griechischen Haushaltsdefizits, und zwar
von etwas über drei Prozent vom Bruttoinlandsprodukt
auf knapp 14 Prozent. Die EU reagierte verärgert, denn
keiner traute mehr den griechischen Zahlen. Die neue
Regierung brachte einen Haushalt ein, der das Staats-
defizit im Jahre 2010 um vier Prozentpunkte reduzierte,
doch das überzeugte weder die Märkte noch die Ratingagenturen. Fitch Ratings war die erste der großen drei
Agenturen, die das Rating von BBB+ heruntersetzte.
Moody's folgte bald. Als die EU frustriert feststellte, dass
das gesamte Zahlenwerk der Griechen völlig konfus sei,
erreichte die Spekulation einen weiteren Höhepunkt.
Griechische Credit Default Swaps stiegen zunächst auf
über 300 Basispunkte und verdoppelten sich dann. Es gab
in den Finanzmärkten tatsächlich ernsthafte Spekulanten, die an eine Zahlungsunfähigkeit von Griechenland
glaubten. In diesem Fall hätten sich ihre Investitionen ge-
lohnt. Anfang März 2010 beschloss die Regierung in
Athen ein beachtenswertes Sparpaket. Später einigte sich
die EU auf ein Programm von Nothilfe für Griechenland,
das im April von der griechischen Regierung dann auch
formell beantragt wurde. Ich selbst argumentierte in verschiedenen Artikeln, dass Griechenland mittelfristig auf
eine Zahlungsunfähigkeit hinsteuert. Ohne Hilfe war
Griechenland nicht überlebensfähig. Mit Hilfe möglicherweise auch nicht. Die Krise war extrem. Im Mai beschloss die EU extrem hohe Hilfspakete zunächst für
Griechenland, dann für die gesamte EU. Sie, lieber Leser,
wissen zum Zeitpunkt der Lektüre mehr als der Autor. Es
lohnt sich daher nicht für mich, hier weiter zu spekulieren.
    Auch Spanien und Portugal waren in einer Bredouille,
Spanien wegen seiner massiven Immobilienblase und Portugal wegen seiner Abhängigkeit von Spanien. Immer

mehr Kommentatoren stellten sich zu diesem Zeitpunkt die Frage, ob das Eurogebiet angesichts dieser Spannung zusammenhalten kann.

Martin Wolf[39] schrieb in der *Financial Times*, das Problem seien die Ungleichgewichte innerhalb des Euroraums und die fehlenden Mechanismen eines Ausgleichs. Das Eurogebiet ist eine Währungsunion, aber keine Fiskalunion. Es gibt zwischen Ländern mit großem und geringem Wachstum keine Ausgleichszahlungen wie etwa zwischen den Bundesländern. Es gibt kaum landesübergreifende Verschiebungen auf dem Arbeitsmarkt. Wenn in Deutschland Rezession ist und in den Niederlanden ein Boom, dann erleben wir keine Migrationswelle arbeitsloser Deutscher in unser westliches Nachbarland. Wolf argumentiert, dass während des ersten Jahrzehntes des Euroraums die Ungleichgewichte sich hauptsächlich im Privatsektor bemerkbar machten in der Form zum Beispiel von Immobilienblasen in Ländern wie Spanien oder Irland. Nachdem diese Blasen platzten, passierte etwas, was viele Ökonomen ignorierten – eine enorme Belastung des öffentlichen Sektors. Während sich die Finanzmärkte allgemein zu erholen begannen, gingen die Zinsspannen im Eurogebiet hoch. Griechenland war aufgrund seiner katastrophalen Haushaltssituation besonders betroffen, aber viele Investoren machten sich wegen Spanien Sorgen. Ich selbst[40] schrieb in der *Financial Times*, die Bewältigung der Immobilienkrise in Spanien würde noch mindestens eine halbe Generation andauern, während die Politik der spanischen Regierung nur an Symptomen einer Strukturkrise herumfummelt. Während der Boomzeiten waren diese Symptome weitgehend verdeckt.

Somit stellt sich die Frage, ob Griechenland, Spanien und Portugal langfristig im Eurogebiet bleiben werden oder nicht. Susanne Mundschenk und ich haben auf unserer Website www.eurointelligence.com ein detailliertes

Dossier[41] zu diesem Thema erstellt, in dem wir eine Reihe denkbarer Szenarien und deren rechtliche und ökonomische Konsequenzen im Detail betrachten. Unsere Schlussfolgerung war, dass ein Zusammenbruch des Euroraums sehr unwahrscheinlich sein würde, und selbst für den Fall, dass Länder in der Peripherie des Euroraums zahlungsunfähig würden, hätten diese ein größeres Interesse, innerhalb des Euroraums zahlungsunfähig zu werden als außerhalb. Denn ansonsten drohen neben einer staatlichen Solvenzkrise eine Währungskrise und vor allem eine Bankenkrise, denn das gesamte Land wird versuchen, angesichts seiner schnell abwertenden Drachmen und Escudos die Ersparnisse ins Trockene zu retten und in das Bankensystem des verbleibenden Eurosystems zu schieben. Wir sehen eher eine Gefahr des Auseinanderdriftens von Deutschland und Frankreich.

Gleichzeitig sind die Probleme von Ländern wie Griechenland und Spanien ernsthaft. In Ländern mit Währungshoheit kennen wir das Krisenskript vom Internationalen Währungsfonds. Diese Länder müssen zwar ihren Haushalt sanieren, können aber durch eine Abwertung ihre internationale Wettbewerbsfähigkeit verbessern. Griechenland kann das nicht. Griechenlands realer Wechselkurs innerhalb des Euroraums – ein Maß der Wettbewerbsfähigkeit – ist seit 2006 um 17 Prozent gestiegen. Das Land wird einen Transformationsprozess durchmachen müssen, auf den weder die politischen Klassen noch die Bevölkerung vorbereitet ist. Ich selbst hatte mal ausgerechnet, dass Griechenland ein Primärdefizit von acht Prozent in einen Primärüberschuss von fünf Prozent umwandeln muss – also eine Transformation von 13 Prozentpunkten! –, um die Schulden langfristig zu stabilisieren. Das haben in der Vergangenheit nur wenige Länder geschafft, und dann auch nur meistens mithilfe einer Abwertung.

Die Frage nach dem Zusammenhalt des Eurogebiets

ist angesichts dieser Größenordnung legitim. Die Idee einer Währungsunion mit nur minimalen Haushaltsregeln
wie der berühmten Drei-Prozent-Regel im Maastrichter
Vertrag war immer sehr optimistisch. Sie setzte voraus,
dass Regierungen verstehen, dass in einem solchen Kon-
strukt alle Anpassungen über die Realwirtschaft laufen,
das heißt über die Löhne und nicht mehr über den Wechselkurs. In südeuropäischen Ländern ist man es nicht gewohnt, Löhne auch nur einzufrieren. Genau das ist es
aber, was Griechenland braucht, um aus seiner Sackgasse
zu kommen. Und Spanien wird Arbeitsmarktreformen
durchführen müssen, zu denen die Regierung von José
Luis Zapatero bislang nicht bereit war.

Anpassungen über die Realwirtschaft sind schmerzhaft und langwierig. Aber sowohl Spanien als auch Griechenland werden am Ende diese Anpassung vollziehen,
weil die Alternative keinesfalls besser ist. Außerhalb des
Eurogebiets könnten sie zwar abwerten, aber dieser Vorteil wäre schnell wettgemacht durch hohe Zinsen. Darüber ist überhaupt nicht klar, dass ein Land rein rechtlich
das Eurogebiet verlassen darf und gleichzeitig in der EU
bleibt. Vertraglich gibt es dafür zumindest keine Grundlage.

Es gibt Fonds, ansässig zumeist in angelsächsischen
Ländern, die auf einen Zusammenbruch des Eurogebiets
spekulieren. Ich glaube, diese Spekulation wird nicht aufgehen. Das Eurogebiet wird zusammenhalten. Aber es
wird zwei Arten von Spannungen geben, die für Spekulanten interessant sein werden. Das eine sind lang anhaltende Solvenzprobleme in Südeuropa. Ich würde es
für sehr wahrscheinlich halten, dass Zahlungsprobleme
in den betroffenen Ländern irgendwann einmal auftreten werden. Und die zweite Quelle von Stress ist der
Nicht-Euro-Bereich von Osteuropa. Dort ist mit der Krise ebenfalls eine Spekulationsblase geplatzt. Die Realität
außerhalb des Euroraums ist für viele dieser Länder sehr

schwierig. Für den Spekulanten bietet Europa auch in
den Zeiten nach George Soros exzellente Möglichkeiten
für Makroinvestitionen.

Im Februar 2010 trafen sich in einem New Yorker
Hotel eine Reihe bekannter Makro-Hedgefonds, die ihre
Strategien miteinander besprachen. Ob so etwas legal ist,
weiß ich nicht. Ich würde in der Tat annehmen, dass das
rechtlich kein Problem ist, denn selbst diese Firmen sind
nicht groß genug, um den gesamten Markt in die Ecke zu
treiben. Aber bemerkenswert war der Konsens zwischen
ihnen. Sie alle waren der Meinung, dass der Euro ein sehr
hohes Abwertungspotenzial besitze. Der Grund dafür
war nicht die Lage in Griechenland, sondern die fehlenden Anpassungsprozesse im Eurogebiet.

Im nächsten Kapitel werde ich auf konkrete Makrostrategien in diesem Zusammenhang näher eingehen.

vii. Szenario 7: Bleibende Überschuldung westlicher Industriestaaten

Unsere Szenarien schließen sich nicht einander aus, aber
in jedem dominieren andere Faktoren. In diesem Szenario ist der dominante Faktor die Überschuldung. In Szenario 1 war es die Inflation. Man kann das Problem der
Überschuldung durch Inflation lösen, womit wir wieder
bei Szenario 1 wären. Was aber, wenn es nicht geschieht
oder nur teilweise? Für den Euroraum ist es in der Tat
nicht klar, warum die Europäische Zentralbank, eine der
unabhängigsten Zentralbanken der Welt, eine Inflation
dulden würde. Was passiert also, wenn wir die Überschuldung nicht durch die Inflation in den Griff bekommen?

Neben der Inflation gibt es zwei Möglichkeiten, Schulden abzubauen. Die erste ist die Konsolidierung der
Staatsfinanzen. In Deutschland wurde dementsprechend
auch das Grundgesetz geändert, indem ab dem Jahre
2016 die strukturelle Neuverschuldung auf 0,35 Prozent

vom Bruttoinlandsprodukt begrenzt werden soll. Ob das gelingt, ist eine andere Frage. Deutschland hat jedenfalls klar signalisiert, dass es den Schuldenabbau vorwiegend durch die Konsolidierung der Staatsfinanzen erzielen möchte.

Eine alternative Strategie wäre durch Wachstum. So hat Irland seinen Schuldenstand vor der Krise reduziert. Das Land erzielte Wachstumsraten im hohen einstelligen Bereich jedes Jahr. Selbst wenn man die Schulden nominal nicht verringert, fällt der Anteil der Schulden am Bruttoinlandsprodukt allein deswegen, weil das Bruttoinlandsprodukt steigt. Die Schuldenquote ist mathematisch ein Bruch, und Sie können diesen Bruch logischerweise mit nur zwei Maßnahmen reduzieren, indem Sie den Zähler reduzieren (Schuldenabbau) oder indem Sie den Nenner erhöhen (mehr Wachstum) oder natürlich beides.

Inflation wäre eine weitere Möglichkeit den Nenner zu erhöhen, denn schließlich ist der Bruch $\frac{\text{Nettoschulden}}{\text{Bruttoinlandsprodukt}}$ eine nominale Größe. Mit zwei Prozent Realwachstum und null Prozent Inflation wächst das nominale BIP nur um zwei Prozent, 2 + 0, aber mit zwei Prozent Realwachstum und sechs Prozent Inflation, wächst das nominale BIP um ganze acht Prozent, 2 + 6.

Wir konzentrieren uns in diesem Kapitel auf die nicht inflationären Szenarien.

Zunächst zum Wachstum. Keynesianer argumentieren, dass der Anstieg der Schulden kein Problem sei. Durch zukünftiges Wachstum wird das Problem gelöst. So war es genau in der Vergangenheit. Hier ist ein historischer Chart der US-Schuldenquote (siehe Grafik 6).

Während der großen Kriege stieg der Schuldenstand der USA deutlich an. Die Schulden wurden aber nach dem Krieg genauso schnell wieder abgebaut. Der Grund dafür war hauptsächlich ein hohes Wachstum nach den Kriegsjahren. Die Frage, die sich jetzt stellt: Können wir denselben Effekt erneut erwarten?

Grafik 6

Der Unterschied zu Kriegen ist, dass die Schulden diesmal nicht durch einen Schock von außen verursacht wurden, sondern vom System selbst. Im Winter 2010 war
es noch offen, ob die USA wieder zu den alten Wachstumsraten zurückkehren würden. Viele Analysten waren
zu dieser Zeit relativ optimistisch, was die kurzfristigen
Wachstumsperspektiven anging, doch es überwog große
Skepsis bezüglich der langfristigen Perspektiven. Ohne
einen überschäumenden Kreditmarkt und mit einer normalen Sparquote ist es unwahrscheinlich, dass die USA
nachhaltig wieder zu den alten Wachstumsraten zurückkehren. Um die Schulden durch Wachstum abzubauen,
müssten sie sie sogar noch übertreffen. Nein, wahrscheinlich ist das nicht. Ich selbst erwarte, dass sich die Pro-
Kopf-Wachstumsraten der USA und des Euroraums in
den nächsten Jahren angleichen werden. Das heißt, die
Wachstumsoption ist ausgeschlossen.

Wie ich im ersten Szenario erklärt habe, glaube ich,
dass die USA den Weg der Inflation wählen werden, nicht
die Hyperinflation, so doch eine Inflation im mittleren
bis oberen einstelligen Bereich. Über mehrere Jahre würde das den realen Wert der Schulden reduzieren. Eine Ge-

fahr droht aber in diesem Szenario. Die Bondmärkte
könnten einstürzen und damit die Marktzinsen drastisch
erhöhen und indirekt die Federal Reserve auf einen Anti-
Inflations-Kurs zwingen.

Nehmen wir also einmal an, die USA können oder
wollen keine Inflation erzeugen, oder jegliche Inflation
würde binnen kürzester Zeit durch einen strikten Anti-
Inflations-Kurs der Zentralbank konterkariert. Oder wir
befinden uns in einem japanischen Szenario, in dem es
den wirtschaftlichen Akteuren nicht gelang, bei bestem
Willen eine Inflation zu erzeugen. Japan wollte etwas
mehr Inflation, konnte aber nicht. Was dann?

Dann bleibt langfristig nur der harte, deprimierende
Weg über den Schuldenabbau per Haushaltskonsolidierung. Damit übt ein schrumpfender Staatssektor einen
negativen Effekt auf das BIP aus, denn selbst wenn der
Privatsektor die Effekte der Konsolidierung zum Teil wett-
machen sollte, ist kaum zu erwarten, dass es der industrialisierten Welt gelingen wird, ohne Wachstumsverlust
zu konsolidieren. Dieser Wachstumsverlust bedeutet aber
auch bescheidene zukünftige Unternehmensgewinne und
indirekt auch geringere Aktienkurse.

Diese Analyse trifft vorwiegend auf die westlichen Industriestaaten zu, nicht aber auf die Schwellenländer.
Laut einer Schätzung der Citibank[42] wird sich die durchschnittliche Schuldenquote der Schwellenländer, die im
Jahre 2009 bei knapp unter 40 Prozent lag, bis zum Jahre 2014 kaum verändern. Die Schuldenquote der Industrieländer wird sich hingegen von 80 auf 120 Prozent
erhöhen.

Die Frage, die sich also stellt, ist, ob in Zukunft die
amerikanischen Staatsanleihen ihren Status als risikolose
Wertpapiere verlieren, oder ob wir nicht in Zukunft Anleihen von Brasilien oder der Türkei als sicherer betrachten?

Die Schuldenausweitung angesichts der Finanzkrise ist

in der Tat dramatisch. Ich will damit nicht sagen, dass es falsch war. Denn ansonsten wäre die Weltwirtschaft in eine kaum noch einzudämmende Krise geraten. Aber der Schuldenabbau sollte in der Nachkrisenzeit höchste Priorität erhalten. Ich sehe momentan nicht, dass insbesondere die USA ihren Haushalt konsolidieren werden. Deutschland wird es wahrscheinlich eher gelingen als anderen, aber ob Deutschland die im Grundgesetz festgelegten Ziele erreichen kann, ist zumindest im Winter 2010 fraglich.

viii. Auf dem Weg zu einer Makrostrategie

Wir haben in diesem ersten Teil des Buches die Makroökonomie der Instabilität im Detail analysiert, und zwar aus der Sicht eines (makro)intelligenten Investors. Es war notwendig, so viel Zeit auf die Analyse der Situation zu verwenden, denn nur so versteht man die Strategien, die ich im weiteren Verlauf des Buches vorschlage. Wir haben es uns dabei nicht leicht gemacht. Wir haben uns mit einer speziellen Theorie unserer Finanzkrise beschäftigt, aufgrund derer die Kombination globaler Ungleichgewichte und moderner Finanzinstrumente die Krise verursachte. Wir haben uns mit einer allgemeinen Theorie der Instabilität beschäftigt, nach Minsky, wonach Instabilität innerhalb unseres Wirtschaftssystems erzeugt wird. Wir haben uns eingängig mit ökonomischen Modellen auseinandergesetzt, die alle gemeinsam haben, dass sie Instabilität, wie wir sie zuletzt gesehen haben, nicht erklären können.

Und schließlich haben wir uns mit den Quellen zukünftiger makroökonomischer Instabilität beschäftigt. Da war zunächst die Preisinstabilität, was wir mithilfe der Theorien von Knut Wicksell und Axel Leijonhufvud im Detail zu erklären versuchten. In einer Kreditwirtschaft wie der unseren verliert die Notenbank die Kontrolle über die Inflation, die durch andere Faktoren bestimmt wird, in unserem speziellen Fall spielt die Wechselkurspolitik der chinesischen Regierung eine wichtigere Rolle als die Zinspolitik unserer heimischen Zentralbanken. Die stabilen Inflationsraten vergangener Jahre hatten mehr mit der Globalisierung zu tun als mit vermeintlichen Erfolgen in der Geldpolitik.

Eine weitere Quelle der Instabilität ist China, ein Land, in dem momentan die Immobilienpreise noch stärker anziehen als in den USA während des Immobilienbooms. Und wir wissen alle noch zu gut, wo dieser Boom endete.

Die dritte Quelle der Instabilität – eng verknüpft mit der zweiten – ist die Fortsetzung globaler Ungleichgewichte nach der Krise. Wir erklären in diesem Buch genau, warum diese Ungleichgewichte weiter Bestand haben werden. Dies ist nicht allein eine chinesische Geschichte, aber auch hier spielt China eine wichtige Rolle.

Und zu guter Letzt haben wir uns mit dem Eurogebiet beschäftigt. Wir sehen hier keine hohe Wahrscheinlichkeit eines großen existenziellen Knalls, aber eine hohe Eintrittswahrscheinlichkeit kleinerer bis mittlerer Krisen, etwa in Griechenland, Spanien und Portugal. Diese Länder müssen mit Verspätung einen Anpassungsprozess durchmachen, auf den sie bislang nicht vorbereitet sind. Das Leben im Eurogebiet wird für viele von ihnen sehr unangenehm.

Unser Makroszenario ist demnach wie folgt. Die Inflation wird zunächst ansteigen, wenn die Rezession vorbei ist und die Arbeitslosigkeit fällt. Sie wird so lange ansteigen, bis es in China knallt. Die Inflation wird dann nicht plötzlich in Preisstabilität münden, sondern in Deflation. Ich erwarte eine Korrektur in China nicht innerhalb der nächsten zehn Jahre und damit außerhalb des Zeithorizonts eines Investors, sodass das Szenario einer chinesischen Deflation zunächst nicht berücksichtigt werden sollte.

Die globalen Ungleichgewichte werden in diesen Jahren zunehmen und recht bald schon ihre Vorkrisenrekorde brechen. Zusammen mit einem wiederbelebten Verbriefungs- und Kreditderivatenmarkt werden erneut große Summen und große Risiken durch die Weltwirtschaft gejagt. An vielen Rohstoffmärkten wird es boomen, die Aktienmärkte werden ebenfalls zulegen. Aber mit der sich abzeichnenden Krise in China kommt es zu einer neuen Krise der internationalen Wirtschaft und des internationalen Finanzsystems. Und dann stecken wir wieder im Schlamassel, nur diesmal noch tiefer. Die Krise wird kommen, und unsere Fähigkeit, die Krise mit Konjunkturprogrammen und Niedrigzinsen zu bekämpfen, wird deutlich geringer sein. Ich glaube, dass wir spätestens dann uns überlegen werden, den Finanzsektor zurechtzustutzen und das internationale Geld- und Währungssystem neu zu ordnen.

Und somit haben wir ein makroökonomisches Szenario entwickelt, in einigem Detail hier, mit dessen Hilfe wir unsere Investitionsstrategie bestimmen können.

II. Teil:
Die Märkte im Zeitalter
der Instabilität

Wir haben jetzt die Grundlagen für das zweite Kapitel gelegt. Der Fokus des zweiten Kapitels sind die Märkte in Zeiten der Instabilität. Hier gebe ich dem Anleger einen analytischen Rahmen.

Wenn makroökonomische Instabilität zunimmt, ändern sich fast alle Parameter für Anleger. Sie kennen sicher noch die alte Investorenweisheit, wonach man im Aktienmarkt nicht verlieren kann, wenn man nur langfristig genug investiert. Das stimmt zu normalen Zeiten. In Zeiten hoher Preisschwankungen kann diese Regel logischerweise nicht mehr stimmen. Wenn Sie auf dem Höhepunkt des Neuen Marktes ein Bündel deutscher Tech-Aktien gekauft hätten, dann kommen Sie mit großer Wahrscheinlichkeit während Ihrer Lebenszeit nicht mehr in die Gewinnzone. Je höher die Amplituden der Preisschwankungen, desto größer die Wahrscheinlichkeit, dass Sie zu einem katastrophal falschen Zeitpunkt Aktien oder andere Wertpapiere kaufen oder dass sie zu einem katastrophal falschen Zeitpunkt verkaufen müssen, wenn sie zum Beispiel auf ein Ziel hinsparen, etwa den Kauf eines Hauses oder Autos oder die Finanzierung des Studiums Ihrer Kinder.

Kein Buch kann Ihnen eine Prognose liefern, wann ein Börsencrash beginnt. Aber ich kann Ihnen in diesem Kapitel eine Reihe von Methoden vermitteln, deren konsequente Anwendung Sie mit großer Sicherheit vor solchen katastrophalen Crashs beschützt.

Zunächst möchte ich mit einem Missverständnis aufräumen, dem viele Privatanleger unterliegen. Es gibt keine Tipps, zumindest keine, die Ihnen zugänglich sind. Das

gilt insbesondere für die Makrostrategien. Der Funken
hinter einer guten Makrostrategie ist fast immer die Analyse und fast nie irgendeine mehr oder weniger geheime
Information. Es gibt sicher auch im Makrobereich Insiderhandel – Wertpapierhandel auf der Basis nicht öffentlicher Informationen –, aber weitaus weniger als im
Mikrobereich. Notenbanker erzählen zumeist einem Investor nicht, ob sie morgen die Zinsen ändern wollen,
wohingegen Finanzvorstände in aktiennotierten Unternehmen oder deren Mitarbeiter oft weniger diskret sind.
Auch die Finanzministerien sind zumeist relativ gut darin, den Deckel auf ihrem Nachrichtenfluss zu halten. Im
schlimmsten Fall kommt es zu einer Exklusivmeldung in
irgendeiner Zeitung, aber diese Nachricht ist danach relativ synchron im Markt verbreitet.

Makroinvestoren haben zwar selten Insiderinformationen, aber sie verfügen oft über bessere und robustere
Analysen als der private Investor. Selbst die spezialisier-
ten Wirtschaftszeitungen und Wirtschaftsnachrichten-
dienste beantworten die meisten Fragen nicht annähernd
vollständig. Nachrichtengeschichten werden nach Nach-
richtenwert geordnet, nicht aufgrund einer vollständigen
Analyse. Wenn Sie im Januar 2010 wissen wollten, welche
Optionen die griechische Regierung und die europäischen
Institutionen zur Lösung der Finanzkrise in Griechenland
in Betracht zogen, dann war die Anzahl der Möglichkeiten
größer als in den Zeitungen beschrieben. Makroinvestoren stellen oft Fragen, die die Medien nicht beantworten.
Im Falle der griechischen Krise fragten sie sich nicht nur,
ob und wie viel Geld nach Griechenland fließen würde –
das in den Zeitungen dominierende Thema. Sie wollten
vor allem wissen: Wie kann Griechenland einen Einbruch
des Wachstums verhindern? Können die Schulden langfristig stabilisiert werden? Kann das Bankensystem langfristig stabilisiert werden? Was passiert, wenn die griechische Regierung die Konditionen akzeptiert, aber dann

nicht erfüllt? Welche Sanktionen stehen am Ende des Prozesses? Was passiert, wenn die Griechen alles tun, was man ihnen aufträgt, und sie dann noch mehr Geld benötigen? Würden die EU und vor allem Deutschland da mitmachen? Was passiert, wenn das nicht der Fall ist? Wie hoch ist die Wahrscheinlichkeit einer Ausweitung der Krise nach Portugal? Wann und unter welchen Umständen würde es dazu kommen? Ein professioneller Makroinvestor versucht, solche Fragen zu beantworten, und die Antworten stehen zumeist nicht in den Tageszeitungen. Da sollte man schon etwas tiefer buddeln.

Deswegen leisten sich die professionellen Makroinvestoren Teams hoch bezahlter Analysten, die den ganzen Tag nichts anderes tun, als solche Fragen zu stellen und nach Antworten zu suchen. Sie suchen häufig die Gespräche mit Notenbanken und Finanzministerien, die ihnen zwar jetzt keine großen Geheimnisse zustecken, aber doch zumindest einige dieser Fragen beantworten. Oft sind auch Journalisten dabei, aber die technischen Details werden häufig nicht in der Berichterstattung reflektiert.

Als privater Investor sind Ihre Quellen nicht so gut, aber auch Sie können mehr tun, als nur eine Zeitung zu abonnieren. Bevor Sie zum Beispiel eine Wette gegen eine europäische Regierung eingehen – wie man das macht, erkläre ich später –, dann sollten Sie sich sehr gut über die Situation in diesem Land informieren. Nutzen Sie das Internet, reden Sie mit Brokern oder Bankern direkt, schreiben Sie E-Mails an Journalisten und verlangen Sie mehr Details. Mit dem Internetprogramm Google Translate ist es heute kein Problem mehr, fremdsprachige Internetangebote zu lesen. Während der Griechenlandkrise tummelte sich Ihr Autor auf Webseiten wie www.kathi merini.gr, euro2day.gr und capital.gr herum, via Übersetzungsprogramm. Machen Sie sich die Arbeit nicht leicht. Und verlassen Sie sich um Gottes willen nicht auf irgendwelche veröffentlichten Tipps.

Aus meiner eigenen journalistischen Erfahrung kann ich sagen, dass Journalistentipps nichts taugen. Ich habe gesehen, wie sie erstellt werden. Das ist noch schlimmer, als zu wissen, was alles in die Wurst kommt. Es gibt Untersuchungen, die herausgefunden haben, dass Journalistentipps schlechter sind als der Durchschnitt des Marktes. Sie würden als Anleger also immer besser in ein Dax- oder Euro-Stoxx-Indexzertifikat investieren, als in irgendwelche Geheimtipps von Journalisten.

Tipps von Journalisten gelten in der technischen Literatur – bei den sogenannten Chartisten – sogar als ein zuverlässiger Gegenindikator.[43] Die Tipps sind so schlecht, dass sie schon wieder gut sind. Danach verkaufen diese Leute, wenn eine Zeitung den Kauf empfiehlt und umgekehrt. Es gibt ebenfalls Analysen[44], wonach die Finanz-Titelgeschichten großer Nachrichtenmagazine wie *Time*, *Newsweek* oder *Business Week* ebenfalls gute Gegenindikatoren darstellen. Eine Studie, die bis auf das Jahr 2003 zurückgeht, hat herausgefunden, dass nach einer positiven Titelgeschichte über den Aktienmarkt in 60 bis 65 Prozent der Fälle der Markt mit einer Jahresrate von 30 Prozent in den nächsten acht Wochen wuchs, dass aber in 80 Prozent aller Fälle der Markt im Gesamtjahr an Wert verlor. Die Titelgeschichte war also ein Spätindikator einer Hausse. Der Vater des ehemaligen US-Präsidenten John F. Kennedy verkaufte im Jahre 1929 seine Aktien rechtzeitig, als ihn sein Schuhputzjunge nach Aktientipps fragte. Genauso ist es mit den Titelgeschichten. Wenn sich der *Spiegel* oder *Focus* plötzlich derart für die Finanzmärkte interessieren, dass sie damit eine Titelgeschichte machen, dann nichts wie raus aus den Märkten.

Der Journalismus ist insofern hilfreich, allerdings auf eine ungewollte Art. Ich würde Ihnen jetzt zwar auch nicht dazu raten, diese These mit Ihrem eigenen Vermögen auszutesten. Auch solche Strategien können nach hinten losgehen. Mein Rat ist zur Vorsicht. Trauen Sie keinem Finanztipp, weder von Ihrem Bankberater, der meistens nur die Produkte verkauft, die ihm eine Provision bescheren, noch von einem Journalisten.

Es gibt in der Tat eine kleine Anzahl von Investoren, denen es aus irgendwelchen Gründen gelingt, besser zu sein als der Markt. Oft sind es Insiderinformationen und vielleicht verfügen sie auch über bessere Analysemethoden. Wer weiß? Aber jedenfalls lassen sich diese Leute ihre Leistungen haushoch bezahlen. Und vor allem veröffentlichen sie diese Tipps nicht auf Seite 48 eines Finanzmagazins.

Vergessen Sie also die Tipps, egal, ob Sie ein Makro- oder Mikroinvestor sind.

Und nun zur Analyse.

Wir werden im Folgenden fünf Finanzmärkte besprechen, und zwar für Aktien, festverzinsliche Wertpapiere, Immobilien, Rohstoffe und Devisen. Ich werde versuchen, Ihnen für diese Märkte einen konkreten Analyserahmen zu geben, anhand dessen Sie entscheiden, ob man zu einem bestimmten Zeitpunkt investieren soll oder nicht. Ich weiß nicht, welche Marktbedingungen vorliegen, wenn Sie dieses Buch lesen. Der Analyserahmen muss daher genügend robust sein.

1. Aktien

Aktien sind der mit Abstand wichtigste Anlagemarkt für die meisten Investoren. Ich möchte in diesem zentralen Kapitel des Buches einen Makroanalyserahmen für Investoren liefern, anhand dessen man Aktienmärkte analysieren sollte.

Mit Makroanalyse meine ich nicht den Einfluss der Konjunktur auf bestimmte Sektoren innerhalb des Aktienmarktes. Zu Anfang eines Wirtschaftszyklus steigen in der Regel die Investitionen, wohingegen später im Zyklus der Konsum ansteigt. Wenn das so ist, dann sind diese Einflüsse längst in den Preisen der Einzelaktien berücksichtigt. Das heißt, Sie müssten analysieren, inwieweit diese Anpassungen korrekt sind oder nicht. Ich traue mir das nicht zu und lass somit die Finger von Einzelaktien. Wir beschäftigen uns in diesem Buch ausschließlich mit dem Aktienmarkt als Ganzes. Unsere Ebene sind der Dax und der S&P 500.

Aus den Überlegungen des ersten Kapitels ist eine Schlussfolgerung für den Aktieninvestor beinahe trivial. Wenn die Instabilität in der Wirtschaft und damit in den Märkten zunimmt, erhöht sich das Risiko für den Anleger. Es galt immer schon die Regel, man solle nie Geld in den Aktienmarkt investieren, das man zu einem bestimmten Zeitpunkt benötigt. Diese Regel gilt in Zeiten der erhöhten Volatilität umso mehr. Ein Maß der Volatilität an den Märkten ist der VIX, der Chicago Board Options Exchange Volatility Index, der die Volatilität des S&P 500 misst. Mit Volatilität sind extrem kurzfristige Preisschwankungen gemeint. Die sehr starke Aufwärtsbewegung der Weltmärkte zwischen März und Juni 2009 ging mit einem Abflachen der Volatilität einher, genauso wie der Einsturz der Märkte Anfang Oktober 2008 mit einer verstärkten Volatilität einherging (siehe Grafik 7).

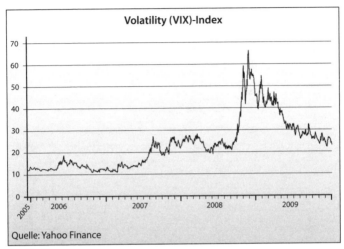

Grafik 7

Wegen der verfügbaren langen Zeitreihen ist der amerikanische Markt für die Analyse besonders geeignet. Die folgende Grafik 8 zeigt den S&P 500 seit 1871.[45]

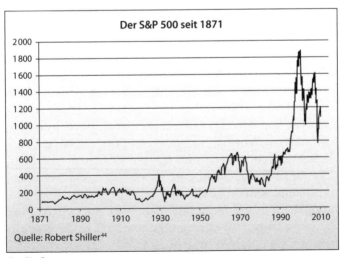

Grafik 8

Wenn man langfristige Daten betrachtet, sollte man vor
allem reale und nicht nominale Daten benutzen, um den
Effekt der Inflation herauszurechnen. Hier ist der reale
S&P 500 (Grafik 9).

Grafik 9

Vergessen Sie die Werte auf der y-Achse. Das ist der reale
Dollarpreis irgendeines weit zurückliegenden Jahres.
Wichtig hier ist der Verlauf der Kurve. Wenn Sie auf dem
Höhepunkt des 1929er-Booms investiert hätten, dann
hätte es bis zum November 1958 gedauert, bis Sie wieder
auf dem Stand von 1929 waren – real, nach Inflation.
Mit anderen Worten: Sie hätten 29 Jahre gebraucht, um
eine reale Rendite von null zu erwirtschaften. Wer sagt,
man kann im Aktienmarkt langfristig nicht verlieren,
weiß nicht, wovon er spricht. 1929 ist nicht das einzige
Beispiel für lange Negativphasen. Wer im Januar 1964
investiert hätte, wäre bis zum Januar 1992 in der Verlustzone gewesen, in diesem Fall 28 Jahre.

Warum man reale und nicht nominale Preise benutzen sollte und wie man das macht

Im Folgenden werden wir häufig Aussagen betrachten, wie zum Beispiel: Wie lange hat es gedauert, bis ein Investor seine Verluste wettmachte, der vor dem großen Crash im Jahre 1929 in den Aktienmarkt investierte. Die richtige Antwort ist meist länger, als wenn man die rohen Daten betrachtet, denn man muss die Inflation mit einbeziehen. Auch in Zeiten wie unseren, in denen die Inflation relativ milde ist, sollte man sie berücksichtigen. Denn zehn Jahre Inflation von zwei Prozent jährlich summieren sich auf knapp 22 Prozent Inflation.

Wenn Sie also in der Zeitung lesen, der Goldpreis habe mit 1 100 US-Dollar je Feinunze seinen höchsten Wert in der Geschichte erreicht, dann verwechselt der Journalist den nominalen und realen Preis. Natürlich war der Goldpreis in den frühen 80er-Jahren nominal geringer. Er erreichte im Januar 1980 seinen Höhepunkt von 850 Dollar. Aber wenn man knapp 30 Jahre Inflation mit einberechnet, ergibt sich für den realen Goldpreis in heutigem Geld ein Preis von über 2 000 Dollar. Mit anderen Worten. Der Goldpreis war im Januar 1980 höher als im Januar 2010.

Wenn Menschen behaupten, sie hätten ihr Haus für 80 000 Mark in den 60er-Jahren gekauft und heute ist es 300 000 Euro wert, dann müssen Sie die Inflation mit einbeziehen. In Deutschland zumindest haben sich die realen Immobilienpreise schon seit Jahrzehnten seitwärts bewegt.

Wie berechne ich reale Preise auf meinem Computer?

Das Wort real bezeichnet also den um die Inflation bereinigten Preis. In einem Tabellenkalkulationsprogramm lässt sich das leicht errechnen, wenn Sie den relevanten Inflationsindex für den entsprechenden Zeitraum haben. Wenn Sie eine Zeitreihe eines deutschen Aktienkurses haben oder eine Zeitreihe des Dax, dann ist der relevante Inflationsindex entweder der Verbraucherpreisindex des Statistischen Bundesamtes oder der BIP-Deflator. Hierbei handelt es sich um einen Preisindex, der die gesamte Volkswirtschaft umfasst.

Bei monatlichen Daten ist das sehr einfach. Sie teilen den nominalen Wert durch den Inflationsindex, den Sie etwa im Internet bei den Zentralbanken und in den statistischen Ämtern erhalten, und multiplizieren das Ergebnis mit 100. Also die Formel für D3 in dem Beispiel der nachfolgenden Tabelle ist

D3 = (B3 : C3) · 100

Dann haben Sie den realen Preis, ausgedrückt als Preis des Basisjahrs des Inflationsindexes, also dem Jahr, an dem der Index den Wert 100 annahm, in diesem Fall 1990.

	A	B	C	D
1		Nominaler	Inflations-	Realer
2		Preis	Index	Preis
3	1990	1000	100.0	1000.0
4	1991	1050	102.0	1029.4
5	1992	1100	104.0	1057.3
6	1993	1000	106.1	942.3
7	1994	1200	108.2	1108.6
8	1995	1200	110.4	1086.9
9	1996	1100	112.6	976.8
10	1997	1300	114.9	1131.7

11	1998	1500	117.2	1280.2
12	1999	1600	119.5	1338.8
13	2000	1800	121.9	1476.6
14	2001	1400	124.3	1126.0
15	2002	1300	126.8	1025.0
16	2003	1200	129.4	927.6
17	2004	1500	131.9	1136.8
18	2005	1600	134.6	1188.8
19	2006	1800	137.3	1311.2
20	2007	2000	140.0	1428.3
21	2008	1300	142.8	910.2

Hier handelt es um eine hypothetische Zeitreihe, einen Aktienpreis sowie einen hypothetischen Inflationsindex. Im Jahre 1990, wo der Index sein Basisjahr hat, wo er also den Wert 100 einnimmt, sind nominaler und realer Preis gleich. Obwohl der nominale Preis im Beobachtungszeitraum von 1 000 auf 1 300 gestiegen ist, ist der reale Preis von 1 000 auf 910,2 gefallen.

Die wichtigste offene Frage ist: Welchen Inflationsindex sollte man wählen, denn es gibt mehrere. Am besten ist der sogenannte BIP-Deflator, der alle Preise in der Wirtschaft, gewichtet am Konsum, berücksichtigt, der aber in der Regel nur einmal im Jahr veröffentlicht wird. Insbesondere wenn Ihre Zeitreihe Jahreszahlen aufweist, ist dieser Indikator der beste. Ansonsten nehmen Sie die offiziellen Inflationszahlen, die monatlich veröffentlich werden, in Europa am besten den harmonisierten Preisindex, und zwar für den Euroraum, nicht für Deutschland.

Wenn Sie eine lange Zeitreihe von Tageskursen haben, bestehen letztlich zwei Möglichkeiten. Die ungenauere ist: Sie lassen den Inflationsindex den gesamten Monat auf demselben monatlichen Wert und springen dann bei Monatswechsel auf den nächsten Wert. Wenn Sie so verfahren, haben Sie korrekte Zahlen am Ende des Monats und leicht erhöhte Werte in den Zwischenräumen. Die genauere Methode ist die der Interpolation, indem Sie die Veränderung des Indexwertes auf die 28, 29, 30 oder 31 Tage des Monats verteilen. Das ist eine technisch aufwendige Methode, die Sie für Ihre Investmentanalysen in der Regel nicht benötigen. Wichtig ist, dass Sie überhaupt reelle Zahlen benutzen anstatt nominaler, selbst wenn diese nicht interpoliert sind.

Die Ökonomen George Akerlof und Robert Shiller[47] schreiben in ihrem Buch *Animal Spirits: Wie Wirtschaft wirklich funktioniert*, dass die Menschen unter der Geldillusion leiden, dass sie also nicht in der Lage sind, nominale Preise in reale Preise umzurechnen. Technisch schwierig ist das, wie in der Textbox beschrieben, keineswegs, und trotzdem glauben viele Leute, dass man langfristig an bestimmten Aktien oder Immobilien gut verdient hat, weil der heutige Preis uns so viel höher erscheint. Wir leben in einer nominalen Welt, der Welt unserer Geldscheine, wohingegen die reale Welt um eine Formel abstrakter ist. Kaufkraft ist ein theoretisches Konzept, wohingegen wir nominales Geld im Portemonnaie haben.

Im Übrigen benutzt man in der Ökonomie das Wort real auch in Bezug auf Wirtschaftswachstum, Zinsen und Wechselkurse. Ein Realzins ist ein um die erwartete Inflation bereinigter Zins, also Nominalzins minus erwarteter Inflation. Für Letzteres nimmt man häufig die aktuelle Inflation, was natürlich ein gewisses Maß stabiler Preiserwartungen voraussetzt.

Wechselkurse werden natürlich durch unterschied-

liche Inflationserwartungen beeinflusst. Wenn Sie diese
Inflation herausrechnen, ergibt sich der reale Wechselkurs. Somit kommt man zu Aussagen, die für Laien oft
nicht intuitiv verständlich sind, wie zum Beispiel, dass
Deutschland innerhalb des Euroraums seit dem Jahre
1999 seine Währung real abgewertet hat. Nominal kann
man in einer Währungsunion nicht abwerten. Der
„deutsche Euro" steht eins zu eins zum „griechischen
Euro". Aber real ist der deutsche Euro in Deutschland
mehr wert, weil in Deutschland Löhne und Preise weniger gestiegen sind.

Bei den Aktien wurde der absolute Höchststand im April
2000 erreicht. Zehn Jahre später sah es nicht so aus, als
würden wir diesen Wert in Kürze wieder erreichen. Bärenmärkte können brutal sein.

Der Verfall der Aktienpreise war in der Finanzkrise
zunächst sehr heftig, aber im Unterschied zu den Bären-
märkten der Vergangenheit haben sich die Märkte kräftig erholt. Man war immer noch 30 Prozent unter dem
Höchststand, und auch diesmal wieder werden Anleger
viele Jahre warten müssen, bis sie wieder mit dem Kopf
über Wasser sind.

Aktien können also nicht nur kurzfristig, sondern
auch langfristig problematisch sein, und aus diesem Grunde sollte sich ein langfristiger Investor intensiv mit der
Bewertung der Märkte beschäftigen. Genau das tun wir
in diesem Kapitel.

i. Warum Sie sich als Aktionär für die Lohnentwicklung interessieren sollten

In einer Textbox im ersten Kapitel beschrieb ich verschiedene Interpretationen des Bruttoinlandsprodukts, zum Beispiel als die Summe von Investitionen, Konsum, Staatsausgaben und Nettoexporten, oder als die Summe von Konsum, Steuern und Erspartem. Eine dritte Betrachtungsweise ist die folgende: Man kann das BIP auch als die Summe von Gewinnen und Gehältern auffassen. Alles Geld, was in der Volkswirtschaft ausgegeben wird, kommt entweder von einem Gehalt oder einem Gewinn – oder sie lassen sich auf das eine oder andere zurückführen. Da Aktienpreise und Gewinne in einem engen Bezug stehen, muss es somit einen Bezug geben zwischen Aktienpreisen und dem BIP beziehungsweise dessen Wachstum.

Diese Makrobetrachtung der Aktienmärkte ist sehr wichtig, weil es uns einen Rahmen dafür gibt, welche Wachstumsraten wir in Aktienmärkten erwarten können. Während der Boomzeiten erwarten Anleger jährliche Kurssteigerungen von 15 Prozent, und es kommen zu solchen Zeiten abstruse Theorien auf, die solche hohen Wachstumsraten rechtfertigen, oft auf der Basis irgendwelcher fantasievoller Betrachtungsweisen aus dem Bilanzwesen. Wenn man aber die Identität: BIP = Gehälter + Gewinne logisch durchdenkt, erkennt man relativ schnell, dass solche Wachstumsraten utopisch sind.

Warum ist das so? Zunächst berechnen wir die Größenordnungen erwarteter Gewinne. Wir reden hier zunächst von nominalen Größen, also ohne Berücksichtigung der Inflation. Das nominale BIP wuchs bei uns Anfang der 90er-Jahre um die fünf Prozent pro Jahr. Mittlerweile sind die Wachstumsraten geringer geworden, eher eine Größenordnung von drei bis vier Prozent pro Jahr. Nominale Gehälter wachsen bei uns entweder mit der Inflation oder ein wenig darüber. Für die Inflation kann man für den Zweck dieser Rechnung annehmen, dass die Europäische Zentralbank ihr Inflationsziel auch in der Zukunft erreicht (auch wenn unsere Analyse im ersten Teil einige Zweifel daran aufwirft). Für die Rechnung brauchen wir ebenfalls den Anteil der Gewinne am Volkseinkommen beziehungsweise die Lohnquote. In Deutschland ist die Lohnquote erheblich gesunken von über 70 Prozent auf etwas über 60 Prozent. Dementsprechend ist der Anteil der Gewinne relativ zum BIP gestiegen, von 30 auf knapp 40 Prozent.

Bis zum Jahr 2000 war die Entwicklung relativ stabil. Lohnquote und Gewinn änderten sich zwar, aber es gab einen langfristigen Trend. Ob die Entwicklung der letzten Jahre lediglich das Niveau änderte (also von einem Verhältnis Lohn- zu Gewinnquote von 70 zu 30 auf 60 zu 40), oder ob der Trend weiterlaufen wird, ist unklar. Ich würde hier eine Stabilisierung erwarten. Deutschland liegt jetzt auf einem ähnlichen Niveau wie andere OECD-Länder auch.

Auf der Basis dieser Information habe ich eine einfache Rechnung angestellt, in welchen Größenordnungen sich die Gewinne in der Volkswirtschaft prozentual verändern werden. Die Zahlen ändern sich von Jahr zu Jahr, da ein stärkeres Wachstum der Gewinne als der Löhne die relativen Quoten ändert, aber angesichts unseres BIP-Wachstums ist es völlig ausgeschlossen, dass sich Gewinne langfristig jährlich um 15 Prozent erhöhen. Wir reden hier eher von einer Größenordnung von fünf Prozent, in bestimmten Zeiten auch etwas höher.

Ich habe diese Rechnung in einer einfachen Tabellenkalkulation erstellt, damit Sie sehen können, wie sich Gewinne unter Annahmen für Inflation, Wachstum des nominalen BIPs sowie Lohnwachstum verhalten. Hier sind zunächst die Annahmen, und zwar, wie Sie sehen, aus Sicht der Investoren sehr optimistische Annahmen, was die weitere Entwicklung der Gewinnquote angeht. Denn

hier wird die Steigerung der nominalen Gehälter mit null
beziffert, also eine stetig fallende Lohnquote voraus-
gesetzt. Das ist natürlich weder realistisch noch wünschenswert, zeigt aber den Extremfall an, und selbst dann
stemmen Sie keine 15 Prozent Gewinnwachstum von
Aktien. Hier nun die Annahmen.

Annahmen	
Anteil der Gewinne am BIP	30,0 %
Nom. Wachstum BIP	5,0 %
Nom. Wachstum Gehälter	0,0 %
Inflationsrate	2,0 %

Hier also das Ergebnis meiner Rechnungen.

Jahr	BIP	Gehälter	Gewinne	Jährl. Gewinn-wachstum
0	100,0	70,0	30,0	
1	105,0	70,0	35,0	16,7 %
2	110,3	70,0	40,3	15,0 %
3	115,8	70,0	45,8	13,7 %
4	121,6	70,0	51,6	12,6 %
5	127,6	70,0	57,6	11,8 %
6	134,0	70,0	64,0	11,1 %
7	140,7	70,0	70,7	10,5 %
8	147,7	70,0	77,7	9,9 %
9	155,1	70,0	85,1	9,5 %
10	162,9	70,0	92,9	9,1 %
11	171,0	70,0	101,0	8,8 %
12	179,6	70,0	109,6	8,5 %
13	188,6	70,0	118,6	8,2 %
14	198,0	70,0	128,0	8,0 %
15	207,9	70,0	137,9	7,7 %
16	218,3	70,0	148,3	7,5 %
17	229,2	70,0	159,2	7,4 %

Jahr	BIP	Gehälter	Gewinne	Jährl. Gewinn-wachstum
18	240,7	70,0	170,7	7,2 %
19	252,7	70,0	182,7	7,1 %
20	265,3	70,0	195,3	6,9 %
21	278,6	70,0	208,6	6,8 %
22	292,5	70,0	222,5	6,7 %
23	307,2	70,0	237,2	6,6 %
24	322,5	70,0	252,5	6,5 %
25	338,6	70,0	268,6	6,4 %
26	355,6	70,0	285,6	6,3 %
27	373,3	70,0	303,3	6,2 %
28	392,0	70,0	322,0	6,2 %
29	411,6	70,0	341,6	6,1 %
30	432,2	70,0	362,2	6,0 %
31	453,8	70,0	383,8	6,0 %
32	476,5	70,0	406,5	5,9 %
33	500,3	70,0	430,3	5,9 %
34	525,3	70,0	455,3	5,8 %
35	551,6	70,0	481,6	5,8 %
36	579,2	70,0	509,2	5,7 %
37	608,1	70,0	538,1	5,7 %
38	638,5	70,0	568,5	5,7 %
39	670,5	70,0	600,5	5,6 %
40	704,0	70,0	634,0	5,6 %
41	739,2	70,0	669,2	5,6 %
42	776,2	70,0	706,2	5,5 %
43	815,0	70,0	745,0	5,5 %
44	855,7	70,0	785,7	5,5 %
45	898,5	70,0	828,5	5,4 %
46	943,4	70,0	873,4	5,4 %
47	990,6	70,0	920,6	5,4 %
48	1 040,1	70,0	970,1	5,4 %
49	1 092,1	70,0	1 022,1	5,4 %
50	1 146,7	70,0	1 076,7	5,3 %

Unter diesen für Aktieninvestoren sehr freundlichen Annahmen haben Sie nach 30 Jahren ein Gewinnwachstum von jährlich sechs Prozent und nach 50 Jahren von knapp über fünf Prozent. Egal, welche Annahmen Sie da hineinstecken. Wenn das nominale Wachstum nur um fünf Prozent hochgeht, bekommen Sie keine 15 Prozent Rendite hin. Und das nominale Wachstum ist in Deutschland zumindest im Durchschnitt nicht mehr so hoch.

Wie gesagt, es geht mir nicht um Prognosen, sondern zunächst nur um plausible Größenordnungen. Das Wachstum volkswirtschaftlicher Gewinne kann auf ewig nicht größer sein als das Wachstum der Volkswirtschaft an sich oder der Volkswirtschaften, in denen unsere Unternehmen investieren. Wenn dieses Wachstum nur nominal fünf Prozent beträgt, oder noch weniger wie bei uns, dann hat man also schon eine ungefähre Größenordnung.

Was ist, wenn Gewinne immer stärker wachsen als Löhne? Genau das haben wir ja in unserer Rechnung unterstellt. Selbst dann würde sich nur wenig verändern. Wenn Gewinne immer stärken wachsen als Löhne, dann wird logischerweise die Gewinnquote am Bruttoinlandsprodukt immer größer. Im Extremfall, wenn das gesamte BIP nur aus Gewinnen bestehen würde, dann wäre das weitere Wachstum der Gewinne gleich dem weiteren Wachstum des BIPs selbst, in unserem Fall also unter fünf Prozent. Egal, wie Sie das drehen oder wenden, Sie kommen nicht auf Zahlen von 15 Prozent. Das geht nur in kurzen Zeiten, wenn sich das Verhältnis von Lohn- und Gewinnquote kurzfristig ändert oder man an den Bilanzierungsregelungen trickst und die Firma plötzlich höhere Gewinne meldet. Aber um 15 Prozent Gewinnwachstum zu bekommen, müsste man nicht nur einmal tricksen, sondern jedes Jahr.

Einen Aktienpreis kann man auffassen als die Summe der abgezinsten zukünftigen Gewinnerwartungen pro Aktie plus dem jetzigen Nettovermögen pro Aktie – also dem, was das Unternehmen bislang erwirtschaftet hat, und dem, was es erwirtschaften wird, jeweils pro Aktie. Demnach können Aktienkurse nicht schneller wachsen als die erwarteten zukünftigen Gewinne, langfristig zumindest nicht. Insofern ist die Entwicklung des Aktienmarktes durch die Entwicklung des Bruttoinlandsproduktes gedeckelt.

Jetzt muss man diese starke Aussage allerdings qualifizieren. Wenn Sie in den Dax investieren, dann investieren Sie in Unternehmen, die nicht ausschließlich in Deutschland tätig sind, sondern die ihre Gewinne zum Teil woanders erwirtschaften. Für den Teil der Gewinne ist das Wachstum des deutschen BIPs nicht von Bedeutung. Ebenso sollte man bedenken, dass wir von volkswirtschaftlichen Gewinnen insgesamt reden. Wenn wie in Deutschland aktiennotierte Unternehmen permanent höhere Gewinne erwirtschaften als der Rest der Wirtschaft, müsste man die Rechnung anpassen. Langfristig würde man aber nicht erwarten, dass ein Teil der Wirtschaft immer hohe Gewinne erzielt. Durch Private-Equity-Investitionen wird auch der Gewinndruck im deutschen Mittelstand erhöht. Ich würde diese Faktoren daher zwar berücksichtigen, aber nicht überbewerten, zumindest nicht, was die lange Frist angeht.

Ein dritter Faktor, den man berücksichtigen sollte, ist die Diskrepanz volkswirtschaftlicher und betriebswirtschaftlicher Statistiken. Letztere tendieren dazu, Gewinne zu überschätzen. Diese Diskrepanz ergibt sich aus Buchhaltungsregeln und deren Anwendung. Die volkswirtschaftlichen Statistiken sind selbstverständlich genauer, weil sie alle Informationen berücksichtigen, aber Marktteilnehmer blicken häufig nur auf die Bilanzen und Gewinnrechnungen von einzelnen Unternehmen. Hier sollte man erwarten, dass sich die Zahlen langfristig angleichen.

In der Realität sind die Wachstumszahlen der Aktienpreise größer als die der Volkswirtschaften insgesamt.

War das reale Wachstum der USA seit den 20er-Jahren etwas unter 3,5 Prozent pro Jahr, so wuchs der reale S&P 500 um 6,7 Prozent, also fast um das Doppelte. Der Grund für dieses Wachstum besteht in einer Kombination der oben genannten Faktoren. Gerade wenn Schwellenländer zweistellige Wachstumszahlen erzielen, und Großunternehmen dort aktiv sind, würde man erwarten, dass sich dieser Effekt in den Aktienpreisen reflektiert, ebenso wie die höhere Tendenz zur Gewinnmaximierung und Gewinnausschüttung bei börsennotierten Unternehmen.

Man sollte daher realistische Erwartungen an den Aktienmarkt stellen. Preise wachsen schneller als das BIP, aber nicht so schnell, dass man sein Vermögen in fünf Jahren verdoppelt. Gleichzeitig besteht die Gefahr, dass man Jahrzehnte in der Verlustzone bleibt, wenn man zum falschen Zeitpunkt investiert. Wie bestimmt man also den richtigen Zeitpunkt?

ii. Die Theorie effizienter Märkte

Um diese Frage zu beantworten, benötigt man ein Maß für die relative Über- oder Unterbewertung des Marktes. Zunächst sollte man die Frage stellen, ob es ein solches Maß überhaupt geben kann. Es gibt eine ökonomische Theorie, wonach Märkte effizient sind, die sogenannte Hypothese effizienter Märkte, oder im Englischen die *Efficient Market Hypothesis*, wonach Märkte zu jeder Zeit alle Informationen widerspiegeln. Danach sind Märkte per Definition nicht über- oder unterbewertet, sondern zu jeder Zeit richtig bewertet. Daraus leitet sich auch die Investitionstheorie ab, die in dem Buch *A Random Walk through Wall Street* beschrieben wurde (dieses Buch existiert auch in deutscher Übersetzung unter dem unplausiblen Titel: *Börsenerfolg ist (k)ein Zufall. Die besten Investmentstrategien für das neue Jahrtausend*[48]).

Danach ist es die beste Strategie, blind zu investieren, und zwar zu jeder Zeit. Die Märkte waren danach also selbst im September 1929 und April 2000 rational. Nach dieser Theorie kann es logischerweise auch keine Blasen geben.

Viele Ökonomen und gerade Notenbanker glaubten an diese Theorie, nicht zuletzt, weil sie eine Reihe angenehmer Konsequenzen für beide Berufsgruppen hatte. Die Ökonomen brauchten Finanzmärkte nicht weiter in ihre Modelle zu integrieren, wenn diese Märkte eh effizient sind. Und die Notenbanker brauchten sich nicht um Blasen zu kümmern und konnten sich voll auf die Preisstabilität als Zielgröße konzentrieren. Können wir also entscheiden, ob die Aktienpreise zu hoch sind oder nicht? Was wissen wir, was der Markt nicht weiß?

Noch nie in der Geschichte der Ökonomie haben Ökonomen eine Theorie aufgegeben, nur weil die Fakten die Theorie nicht unterstützten. Und so geschah es auch hier. Einer der Entwickler der Hypothese effizienter Märkte, Eugene Fama von der Universität von Chicago, behauptet heute noch[49], dass die amerikanischen Immobilienpreise nicht überbewertet waren. Der Grund für den Knall im Jahre 2007 sei die Rezession gewesen, so Fama. Die Realität war natürlich ein andere. Die Rezession setzte erst im Dezember 2007 ein, laut dem National Bureau for Economic Research, dem es in den USA obliegt, den Anfang und das Ende von Rezessionen genau zu bestimmen. Der Häusermarkt war zu dem Zeitpunkt schon mitten im Einsturz begriffen. In einer Disziplin wie der Ökonomie, in der man sich mit hochkomplexen dynamischen Systemen beschäftigt, lassen sich viele scheinbare Wirkungsmechanismen identifizieren und plausibel umkehren. Und man kann auch versuchen, Blasen wegzudiskutieren.

Wenn Sie an die Theorie effizienter Märkte glauben, dann können Sie dieses Buch, sowie jedes andere Buch über Finanzmärkte, zumachen. Denn alle Informationen, die Sie brauchen, sind in den Preisen bereits enthalten. Als Investor befinden Sie sich auf einem *Random Walk*, einem zufallsgesteuerten Spaziergang. Danach können Profis nicht bessere Entscheidungen treffen als Laien. Sie sollten blind investieren. Es ist jedenfalls nicht besser oder schlechter als andere Strategien.

Die Theorie effizienter Märkte verlangt nicht nur ein unplausibles Maß an Rationalität, Transparenz und Ehrlichkeit aller Marktteilnehmer. Es verlangt ebenfalls einen gebändigten Finanzsektor, der nicht überschüssiges Geld durch das globale Wirtschaftssystem jagt und damit systematisch die Preise von Wertpapieren in die Höhe treibt. Die Theorie effizienter Märkte funktioniert möglicherweise in einem parallelen Universum, aber nicht bei uns. Eine technische Erklärung für das Versagen der EMH gebe ich in der folgenden Textbox.

Ein paar technische Anmerkungen zur Efficient Market Hypothesis (EMH)

Die Theorie effizienter Märkte, besser bekannt im Englischen unter Efficient Market Hypothesis besagt, dass Aktien zu jeder Zeit korrekt bewertet sind. Danach bräuchte man keine cleveren Investitionsstrategien, keine Fondsmanager. Alle Informationen sind im Markt enthalten, und wenn Sie als kleiner Investor in diesen Markt investieren, dann können Sie das blind tun.

Die EMH wurde Anfang der 60er-Jahre des letzten Jahrhunderts von Eugene Fama von der Universität von Chicago entwickelt, zum Teil auch mithilfe des Ökonomen Paul Samuelson. In den 70er-Jahren unterschied Fama drei Formen der EMH: eine schwache, eine mittlere und eine starke Form. Die starke Form ist die, wonach alle Preise zu jeder Zeit korrekt bewertet sind. In der mittleren Form sind die Preise nicht zu jeder Zeit notwendigerweise korrekt, bewegen sich aber schnell auf den korrekten Wert zu. Auch hier kann man an Fundamentalanalysen von Aktien kein Geld verdienen. Bei der schwachen Form der EMH kann man mit Daten der Vergangenheit nicht die Zukunft voraussagen. Technische Analysen wären also mit keiner dieser drei Formen vereinbar, allerdings würde im Falle einer schwachen EMH eine gute Fundamentalanalyse dem Investor Vorteile bringen. Die Tatsache, dass es Investoren wie Warren Buffett gibt, die jedes Jahr überdurchschnittliche Renditen erzielten, ist inkompatibel mit der starken oder mittleren EMH, aber nicht mit der schwachen Form.

Eng assoziiert mit der starken Form der EMH ist die sogenannte *Random Walk Theory* (RWT), wonach die Entwicklung von Aktienpreisen rein zufallsgesteuert ist. Denn schließlich muss ja gelten: Wenn alle Informationen, die es bis heute gibt, im heutigen Preis enthalten sind, dann ist der Preis von morgen allein durch Informationen bestimmt, die erst morgen bekannt werden. Und da wir heute nicht wissen, was das für Informationen sind, ist die Wahrscheinlichkeit, dass es nach oben geht, genauso groß wie die Wahrscheinlichkeit, dass es nach unten geht. Die RWT kann dabei durchaus einem Trend unterliegen. Schließlich gibt es Inflation und volkswirtschaftliche Produktivität, die den nominalen Wert des Marktes langfristig nach oben drücken. Aber um diesen Trend herum sind die Bewegungen völlig stochastisch.

Die Gegenthese zur Efficient Market Hypothesis und Random Walk Theory besagt, dass es so etwas gibt wie einen fairen Preis und dass die tatsächlichen Preise um diesen fairen Preis fluktuieren. Der technische Unterschied besteht darin, dass in diesem Fall die Preise die Tendenz haben, sich auf den Durchschnitt hinzubewegen. Je weiter weg sie von dem Durchschnitt sind, desto höher ist die Kraft, mit denen sie in Richtung Durchschnitt gezogen werden. Bei der RWT ist diese Kraft gleich null.

Wie kann man nun testen, ob die Märkte tatsächlich der RWT unterliegen oder nicht.

Die ultimative technische Referenz zu diesem Thema ist das Buch *A Non-Random Walk down Wall Street* von den Finanzwissenschaftlern Andrew W. Lo und A. Craig MacKinlay.[50] Sie müssen über sehr solide Statistikkenntnisse verfügen, um dieses Buch zu lesen. Trotz des eingängigen Titels handelt es sich hier nicht um Populärliteratur. Der Titel ist im Übrigen eine Referenz zu dem schon erwähnten Buch *A Random Walk down Wall Street*[51].

Ich kann Ihnen selbst in dieser Box die statistischen Methoden nicht im Einzelnen darlegen. Das würde den Rahmen dieses Buches sprengen. Aber ich kann versuchen, Ihnen einen Geschmack davon zu geben, welche Gedanken hinter der Methodik stecken. Die Autoren benutzen ein Konzept, das man erst seit den 80er-Jahren in der Finanzliteratur anwandte, die Idee der Varianzkennziffer.

Nehmen Sie zum Beispiel an, Sie halten eine Aktie zehn Jahre lang. Sie errechnen ihre wöchentlichen und jährlichen Renditen, also die Differenz zwischen den Preisen am Anfang und Ende des Zeitintervalls, geteilt durch den Preis zu Anfang des Intervalls. Sie haben also eine Zeitreihe mit zehn Jahresrenditen und zehn weitere Zeitreihen mit jeweils 52 Wochenrenditen. Jetzt bilden Sie hierzu die Varianz aller Zeitreihen – das Qua-

drat der Standardabweichung. Die Varianz ist ein Maß
für die Volatilität.

Wenn Sie jetzt die Varianz der jährlichen Renditen
durch die Varianz der entsprechenden wöchentlichen
Renditen teilen, und normalisieren (das heißt in diesem Fall mit 52 multiplizieren), dann erhalten Sie die
Varianz-Ratio, also:

$$Varianzkennziffer^{Jahr\,X} = \frac{Varianz^{Jahresrendite}}{Varianz^{Wochenrenditen\,Jahr\,X}} \cdot \frac{1}{Ratio\,der\,Intervalle = 1/52}$$

Wenn die Preise tatsächliche dem Random-Walk-Modell unterliegen sollten, dann würde man erwarten,
dass die mit dieser Formel normalisierte Varianzkennziffer den Wert von ungefähr eins annimmt. Das heißt
jetzt nicht, dass die Varianz langer Zeiträume dieselbe
ist wie die Varianz kurzer Investitionszeiträume. Man
würde schon erwarten, dass die Varianzen der täglichen
Renditen größer sind als die Varianzen der wöchentlichen Renditen und die wiederum größer als die Varianzen monatlicher Renditen. Der Grund für die Eins liegt
darin, dass über längere Zeiträume viele positive und
negative Bewegungen sich ausgleichen. Ihre Aktie mag
in den zehn Jahren von 100 auf 300 Euro gestiegen
sein, erlebte aber zwischenzeitlich Fluktuationen nach
unten auf 50 Euro und nach oben auf 500 Euro.

Wenn die RWT hält, dann würde man die langfristigen Varianzen aus den kurzfristigen Varianzen ermitteln
können. Die Volatilität würde in einer berechenbaren
Art und Weise abnehmen.

Wenn man sich wirkliche Preise ansieht, etwa die
Preise des S&P 500 über sehr lange Zeiträume, dann
stellt man fest, dass die Varianzkennziffer weit unterhalb von eins ist. Das wiederum bedeutet, dass über
lange Perioden die Renditen, statistisch gesprochen, ne-

gativ miteinander über die Zeit hinweg korreliert sind. Man spricht von negativer serieller Korrelation. Mit anderen Worten: Auf eine Periode überdurchschnittlich starker Gewinne folgt eine Periode überdurchschnittlich schwacher Gewinne. Dies wieder ist mit der RWT nicht zu vereinbaren. Dann wäre nach einem positiven Ergebnis die Wahrscheinlichkeit eines weiteren positiven Ergebnisses 50 Prozent. Die Zukunft hängt da also nicht von der Vergangenheit ab. Mathematisch nennt man solche gedächtnislosen Zeitreihen Markov-Reihen. In der Realität spielt also die Vergangenheit schon eine Rolle. Die statistische Analyse zeigt: Je stärker die Gewinne in einer Periode über dem Durchschnitt liegen, desto höher die Wahrscheinlichkeit, dass sie in der nächsten Periode darunter liegen. Diese Ergebnisse sind somit nicht einmal mehr mit der schwachen Form der Efficient Market Hypothesis konsistent. Denn danach dürfte die Vergangenheit keine Rolle spielen.

In ökonomischen Debatten gibt es fast nie K.-o.-Siege. Lo und MacKinlay haben die EMH nicht zerstört. Fama selbst glaubt immer noch daran. Wohingegen frühere Studien die EMH/RWT empirisch bestätigten, kommen immer mehr neuere statistische Erhebungen zu einem anderen Ergebnis. Auch die Tests anderer Märkte kamen zu ähnlichen Resultaten wie die von Lo und MacKinlay. Die Debatte um die EMH gehört zu den interessanten und wichtigsten in der modernen Finanzwirtschaft. Wenn sich, wie ich erwarte, die These durchsetzt, dass die EMH im Allgemeinen nicht gilt, dann wird das nicht nur für die Volkswirte wichtige Konsequenzen haben, sondern auch für Investoren.

Es bedeutet nämlich, dass es möglich wäre, den fairen Wert einer Aktie zu berechnen, und zwar unabhängig vom heutigen Marktpreis.

Die Theorie effizienter Märkte ist zwar keine gute Grundlage für einen Makroinvestor, es gibt aber eine Aussage dieser Theorie, die der kleine Makroinvestor wie Sie und ich akzeptieren sollte: Vermeiden Sie Stock-Picking. Investieren Sie auf keinen Fall in Einzelaktien. Es ist ein Spiel, das Sie verlieren werden. Der Gesamtmarkt ist Ihnen als Privatanleger in der Tat voraus. Dazu mehr im nächsten Unterkapitel.

iii. Warum Sie nicht in Einzelaktien investieren sollten

Bedenken Sie einmal kurz Ihre Position in der Informationsnahrungskette der Märkte. Sie stehen nämlich ganz unten.

Es gibt im Aktienmarkt drei Klassen von Investoren, die Ihnen als Privatinvestor strukturell überlegen sind. Die erste sind die echten kriminellen Insider, Leute, die illegal auf der Basis privilegierter Informationen handeln. Es gibt hin und wieder Insiderskandale, aber diese Geschichten sind nur der Gipfel eines Eisbergs. In den Finanzmärkten ist der Insiderhandel fast überall sehr stark, und Sie als Privatinvestor sind zumeist nicht Teil des inneren Zirkels.

Die zweite Gruppe nenne ich die legalen Insider. Hierbei handelt es sich um Leute, die durch ihre Nähe zu einer Industrie und ihren Kontakte über gute, aber nicht privilegierte Informationen und über gute Analysen und Einschätzungen verfügen. Wenn Sie ein Experte in der Autoindustrie sind und sich den ganzen Tag mit Autoindustriethemen beschäftigen, dann verfügen Sie einfach über einen besseren Informationsstand als interessierte Laien, die ihre Informationen nur aus zweiter Hand erhalten, nämlich über die Medien. Selbst wenn diese Informationen aus zweiter Hand zuverlässig sind, haben die Experten immer noch den Zeitvorteil. Zumeist verfügen sie über derart tiefes Wissen, dass sie in jedem Fall ein besseres Urteil fällen können als Amateure. Und nicht alles, was sie wissen, können oder dürfen sie veröffentlichen. Es bleibt also genug an exklusiver Information, die nicht an die Öffentlichkeit weitergeleitet wird.

Die dritte Gruppe, die einen strukturellen Vorteil gegenüber dem Privatinvestor hat, sind all diejenigen, die Zugang zu marktrelevanten Informationen in reeller Zeit erhalten. Das sind zumeist Profis, die sich die teuren Abonnements spezialisierter Dienste leisten können, wie zum Beispiel Bloomberg oder Reuters, Dienste, die aktuelle Nachrichten und Daten an den PC und sogar an ein Mobiltelefon liefern. Die Kosten eines Bloomberg-Abos betragen etwas unter 2 000 Dollar pro Monat und sind für Privatanleger damit uninteressant.

Wenn Sie den Aktienmarkt als ein Spiel betrachten – im mathematisch-statistischen Sinn –, dann handelt es sich aus der Sicht des Privatinvestors um ein gezinktes Spiel. Ähnlich wie das Roulettespiel mit einer Null – oder zwei Nullen wie in Las Vegas. Denn in diesem Spiel haben nicht alle Investoren die gleichen Voraussetzungen. Wenn sich der Markt über lange Zeit seitwärts bewegt, wenn es sich im mathematischen Sinn also um ein Nullsummenspiel handelt, dann sind Sie als Privatinvestor im Nachteil. In einem nicht gezinkten mathematischen Nullsummenspiel ist die Gewinnwahrscheinlichkeit 50 Prozent. Beim Roulette hat man bei der Wette auf Rot oder Schwarz beziehungsweise gerade oder ungerade eine Gewinnchance von etwas über 47 Prozent, mit anderen Worten eine Verlustchance von etwas unter 53 Prozent. Beim amerikanischen Roulette mit den zwei Nullen ist die Gewinnchance nur 44,5 Prozent. Ich kann nicht ausrechnen, wie hoch die Gewinnchancen in einem gezinkten, sich seitwärts bewegenden Aktienmarkt liegen, aber ich wäre sehr überrascht, wenn sie höher wären als beim Roulette. Wenn sich die Märkte seitwärts bewegen, während eines historischen Bärenmarktes also, dann sind Sie als Privatinvestor in der Verlustzone. Die Geschichte funktioniert nur, wenn der Markt insgesamt steigt. Dann sind die Profis zwar immer noch im Vorteil. In Euphoriephasen kann der Privatanleger sogar noch höhere Renditen erzielen als die Vorsichtigen unter den Profis. Aber Privatinvestoren sind nach solchen Phasen oft nicht in der Lage, das Spiel zu beenden, sondern sie spielen weiter bis zum bitteren Ende.

Der Profi ist einem Privatinvestor nicht in jedem einzelnen Spiel überlegen, aber wenn man das Spiel jeden Tag spielt, was Profis nun einmal tun, dann würde ich erwarten, dass die kriminellen Insider, insofern sie nicht verhaftet werden, am besten abschneiden, gefolgt von den legalen Insidern, gefolgt von den direkten Marktbeobachtern und deren Kunden. Bei einem Durchschnitt von null bedeutet es, wenn Insider Gewinne erzielen, dass es jemanden geben muss, der verliert, denn sonst würde man den Durchschnitt von null nicht erreichen. Diese unglückliche Person, das sind Sie, liebe Leserin, lieber Leser, zumindest dann, wenn Sie dieses verrückte Spiel mitspielen.

Ich bin seit 25 Jahren Finanzjournalist und habe noch nie eine einzelne Aktie gekauft – nicht einmal die Telekom-Aktie. Ich habe aber schon in den Aktienmarkt investiert, über Fonds und vor allem über Indexzertifikate. Als Makroinvestor ist es völlig in Ordnung, auf Bewegungen im Aktienmarkt zu spekulieren, in beide Richtungen übrigens. Aber das geeignete Instrument der Spekulation ist nicht die Aktie, sondern Produkte wie Indexzertifikate, die den Gesamtmarkt abbilden. Sie können Zertifikate auf die meisten gängigen Indizes erhalten. Es gibt reine Kurszertifikate, die nur den Kurs abbilden, und Performancezertifikate, bei denen Sie auch einen Anteil an den Dividenden erhalten. Die Gebühren sind zumeist billiger als bei den Fonds. Wenn der Gesamtmarkt sich seitlich bewegt, also im Falle eines Nullsummenspiels, dann ist ihr Gewinn/Verlust tatsächlich null, und nicht negativ wie beim Roulettespiel.

Die große Mehrheit aller professionellen Anleger schneidet im Übrigen schlechter ab als der Marktindex – was logischerweise bedeutet, dass die Gewinne von einer relativ kleinen Anzahl sehr erfolgreicher Investoren erzeugt werden. Wenn Sie in Indexzertifikate investieren, dann brauchen Sie sich um diese Verteilungsspielchen keine Sorgen zu machen. Sie sind so gut wie der Markt. Ihre Gewinne rühren daher, dass Sie zu einem guten Zeitpunkt in diesen Markt einsteigen und wieder aussteigen. Wie man das macht, erkläre ich im Abschnitt über Aktienmärkte. Hier geht es zunächst nur um die Frage, ob man Einzelaktien kaufen soll oder nicht.

Die berühmte Portfoliotheorie von Harry Markowitz[52] suggeriert zwar, dass man mit einer überraschend kleinen Anzahl nicht korrelierter Aktien optimal investiert ist, das heißt aber längst nicht, dass Sie diese Optimalität in der Praxis bestimmen können. Vor allem ändern sich Korrelationen über die Zeit. In der Kreditkrise haben wir eindrucksvoll erlebt, wie angeblich nicht korrelierte Wertpapiere mit einem Schlag perfekt korreliert waren. Im August 2007 waren sie plötzlich alle Schrott. Korrelationen wie andere Konzepte aus der Statistik sind naturgemäß historische Maße. Wenn Instabilität auftritt, dann können Sie diese historischen Maße vergessen. Rechnen Sie sich also nicht, frei nach Markowitz, die optimalen Anteile von Daimler- und Siemens-Aktien aus, sondern tun Sie sich den Gefallen und investieren Sie in Dax-Zertifikate, wenn Ihnen deutsche Großkonzerne gefallen.

iv. CAPE und Q: Zwei Bewertungsmodelle für Aktienmärkte

In einem vorangegangenen Abschnitt präsentierte ich einige Resultate, die den Schluss zulassen, dass die Hypothese effizienter Märkte im Allgemeinen falsch ist. Eine der für uns wichtigsten Konsequenzen des Ergebnisses wäre die Möglichkeit, Modelle zu entwickeln, die uns den relativen Grad der Über- und Unterbewertung von Märkten ermöglichen.

Für Aktienmärkte gibt es zwei Modelle, die sich als robuste Metriken herausgestellt haben. Das eine ist das von Professor Robert Shiller propagierte Konzept des um den Zyklus bereinigten Kurs-Gewinn-Verhältnisses oder CAPE, ein Akronym für Cyclically Adjusted Price Earnings Ratio. Das andere ist eine moderne Version des von dem berühmten Ökonomen und Nobelpreisträger James Tobin[53] entwickelten Konzepts von „Q". Die Methoden sind völlig unterschiedlich. CAPE bezieht sich auf Unternehmensgewinne, wohingegen Q sich aus Bilanzwerten ableitet. Und trotzdem geben sie beide ein überraschend einstimmiges Ergebnis. Es gibt auch andere Maße, die von Marktteilnehmern immer wieder angeführt werden, wie zum Beispiel das nicht bereinigte Kurs-Gewinn-Verhältnis, die Kurzfristzinssätze oder das sogenannte Fed-Modell, wonach man die Aktienpreise als eine Funktion der Bondpreise errechnen kann. Aber diese Metriken ergeben keine konsistente, das heißt keine über lange Perioden funktionierenden Resultate.

Die folgenden Ausführungen basieren sehr stark auf den Forschungsergebnissen der Finanzökonomen Robert Shiller, Andrew Smithers und Stephen Wright, und sie haben für Investoren besonders wichtige Auswirkungen. Eine sehr gut verständliche Einführung in dieses Thema ist Smithers Buch *Wall Street, Imperfect Markets and inept Central Bankers*[54].

Wir fangen zunächst an mit Professor Shillers Cyclically Adjusted Price Earnings Ratio, das zyklisch bereinigte Kurs-Gewinn-Verhältnis. Sie können eine aktuelle Tabelle von seiner Website herunterladen.

Das Kurs-Gewinn-Verhältnis ist eine der klassischen Metriken für die Bewertung von Aktien und Aktienmärkten. Es ist kein wirklich guter Indikator, zumindest nicht in dem Sinn, als dass man damit entscheiden könnte, ob ein Markt über- oder unterbewertet ist. Wenn das KGV, wie seinerzeit in Japan, auf Werte wie 50 ansteigt, dann ist der Markt sicherlich überbewertet, aber der Indikator ist nicht genau genug für normale Verhältnisse.

Shiller hat das KGV auf zwei Arten angepasst. Zunächst hat er die Gewinne pro Aktie von nominalen in reale, also inflationsbereinigte Werte umgeformt. Und dann errechnete er den Wert der durchschnittlichen realen Gewinne der letzten zehn Jahre. Da es sich um Monatswerte handelt, berechnete er also den Durchschnitt der letzten vergangenen 120 Monate. Diese zweimal umgeformten Gewinne bilden dann den Nenner für das reale, über den Zyklus angeglichene Kurs-Gewinn-Verhältnis oder CAPE.

Warum er die Daten in reale Werte umformt, ist klar. Gerade bei langen Zeitreihen ist die Inflation ein wichtiger Faktor. Aber warum gerade einen Zehn-Jahres-Durchschnitt? In der Tat ist diese Zahl relativ willkürlich. Man hätte auch zwölf Jahre oder acht Jahre nehmen können. An den Ergebnissen hätte sich da allerdings nicht viel geändert. Wirtschaftszyklen sind unterschiedlich lang, aber über einen Zeitraum von zehn Jahren hat man eine Menge von zyklischem Verhalten in der Wirtschaft und den Märkten berücksichtigt.

Shillers Daten gehen bis auf das Jahr 1871 zurück. Um die durchschnittlichen Gewinne der vergangenen zehn Jahre abzubilden, fängt die Zeitserie für das CAPE erst im Jahre 1881 an.

Hier nun ist die Grafik 10 auf der Basis von Shillers Daten:

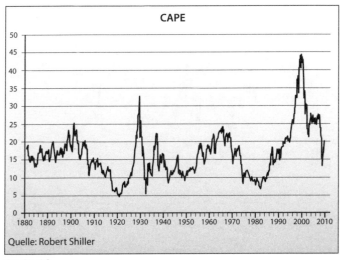

Grafik 10

Aus der Grafik ergibt sich die massive Überbewertung der Aktienmärkte im Jahre 2000, als Shillers CAPE einen Wert von knapp 45 annahm. Vor dem Crash 1929 war der Wert „nur" knapp 35. Diese Zeitserie endet im Dezember 2009. Wenn Sie das Buch lesen, dann sind diese Werte nicht mehr aktuell, aber Sie können sich die aktuellen Werte auf Shillers Website herunterladen. Der Autor beschrieb seine Methodik in seinem Buch.[55]

Ende 2009 lag das CAPE bei etwas über 20. Ist das nun überbewertet oder unterbewertet? Eine Möglichkeit, das zu ermitteln, ist, das CAPE durch seinen Durchschnitt zu teilen. Das dürfen Sie deswegen, weil diese Zeitreihe stationär ist, also ohne Trend um einen festen Wert fluktuiert. Werte über eins würden dann eine Überbewertung und Werte unter eins würden eine Unterbewertung andeuten. Hier ist das Ergebnis (siehe Grafik 11).

Grafik 11

Hier nun eine Vergrößerung, um die Entwicklung der letzten Jahre klarer aufzuzeigen (siehe Grafik 12).

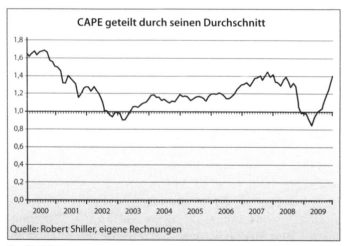

Grafik 12

Wir sehen also, der S&P 500 war Ende 2009 um 40 Prozent überbewertet. Jetzt kann man an diesen Daten noch etwas herumfummeln. Zum Beispiel kann man den arithmetischen Durchschnitt, der in der Berechnung der zurückliegenden Gewinne benutzt wird sowie in der Berechnung des durchschnittlichen CAPE selbst, durch einen geometrischen Durchschnitt[56] ersetzen. Man benutzt den geometrischen Durchschnitt oft, um extreme Ausschläge in Zeitreihen ein etwas geringeres Gewicht zu geben. Hier ist das Ergebnis (siehe Grafik 13).

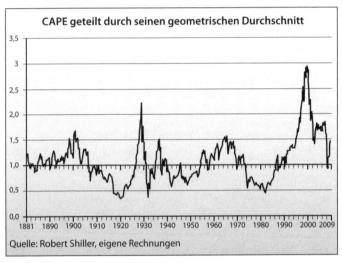

CAPE geteilt durch seinen geometrischen Durchschnitt

Quelle: Robert Shiller, eigene Rechnungen

Grafik 13

Anstatt einer Überbewertung von 40 Prozent bekommen wir jetzt eine Überbewertung von 44 Prozent. Die beiden Methoden unterschieden sich also nur um relativ geringe Werte. Ich selbst bevorzuge den geometrischen Durchschnitt, weil Extremwerte wie Anfang 2000 den arithmetischen Durchschnitt noch oben treiben und die normale Entwicklung verfälschen.

Ein wichtiger Punkt: Im März 2009 war das Verhältnis von CAPE zu seinem Durchschnitt unter eins, und zwar 0,92 auf der Basis des geometrischen Durchschnitts und 0,84 auf der Basis des arithmetischen Durchschnitts. Im März 2009 waren Aktien relativ billig. Wenn Sie die Kurve oben betrachten, waren Aktien so billig wie seit einem Vierteljahrhundert nicht mehr (genau seit Februar 1986). Der S&P 500 veränderte sich von einem Zustand von extrem billig zu sehr teuer innerhalb weniger Monate. Anfang 2010 betrug die Überbewertung fast 50 Prozent.

Natürlich waren die Märkte immer noch relativ billig im Vergleich zu der Periode des irrationalen Überschwangs Ende der 90er-Jahre. Sie sind aber nicht billig in ihrer langfristigen historischen Perspektive. Und auf die kommt es an.

CAPE ist eine von zwei Methoden, die verlässlich den Grad der Überbewertung und Unterbewertung eines Marktes angeben, in dem Sinne, dass ein erhöhter Wert von CAPE eine große Wahrscheinlichkeit eines Marktabschwungs signalisiert und ein relativ kleiner Wert eine große Wahrscheinlichkeit eines Aufschwungs bedeutet. CAPE hält rigorosen statistischen Tests stand im Gegensatz zu anderen Maßen, die oft von Banken oder Brokern als Innovation zelebriert werden. Mit einer Zeitreihe von über 100 Jahren kann man in der Tat rigoros testen, und das ist auch der Grund, warum wir uns hier zunächst mit dem amerikanischen Aktienmarkt beschäftigen. Den Dax gibt es erst seit 20 Jahren. Wir haben in Deutschland schlichtweg nicht die Daten für solche Analysen. Das gleiche Problem gilt auch für das zweite ebenfalls statistisch robuste Verfahren zur Ermittlung der relativen Marktüberbewertung: Tobins Q.

Dieses Verfahren ist benannt nach dem berühmten Ökonomen und Nobelpreisträger James Tobin. Tobin schlug ein Verfahren vor, wonach man den Fundamentalwert eines Marktes mithilfe der Bilanzen berechnen könne. Wenn die jetzige Marktkapitalisierung größer ist als der Wiederanschaffungswert des gesamten Firmenvermögens, dann ist offensichtlich der Aktienpreis zu teuer – und umgekehrt. Formell ist die Formel:

$$Tobins\ Q = \frac{Marktwert\ des\ Aktienkapitals - Passiva}{Gesamtvermögen}$$

Tobins Q ist ein Bruch, in dem im Zähler die Marktkapitalisierung minus der Passiva steht und im Nenner der Wiederanschaffungswert des Gesamtvermögens der Unternehmen pro Aktie. Wenn der Wert über eins ist, dann sind die Aktien zu teuer. Wenn er unter eins ist, dann sind die Aktien zu billig.

Eine für unsere Zwecke etwas robustere Methode ist der Vergleich auf der Basis der sogenannten Equity Q,

$$Equity\ Q = \frac{Marktwert\ des\ Aktienkapitals}{Nettowert,}$$

wobei Nettowert = Gesamtvermögen – Verbindlichkeiten.

Auch hier fließen wiederum die Wiederanschaffungskosten in die Rechnung ein. Diese Daten erhält man von dem sehr aufschlussreichen „Flow of Funds Accounts of the United States Z1", die jedes Vierteljahr von der Federal Reserve veröffentlicht werden. Diesen Datensatz gibt es seit 1952, und es gibt kompatible Datensätze, die bis 1900 zurückgehen. Also auch hier haben wir eine lange Zeitreihe.

Q basiert also nicht auf Unternehmensgewinnen, einer Flussgröße, sondern auf Buchwerten, also auf Bestandsgrößen. Trotz der unterschiedlichen Methodologien ergeben Q und CAPE ähnliche Resultate bezüglich der relativen Über- und Unterbewertung von Aktienmärkten. Das wäre natürlich auch zu erwarten, wenn beide Verfahren gute Indikatoren sind, denn schließlich behaupten sie, dasselbe zu indizieren, und zwar die relative Über- beziehungsweise Unterbewertung von Aktienmärkten auf mittlere Sicht.

Logisch würde man erwarten, dass Q langfristig einen durchschnittlichen Wert von eins hat. In der Praxis ist der durchschnittliche Wert 0,63. Der Grund dafür hängt mit Diskrepanzen zwischen den Buchwerten der Unternehmen und dem, was uns die Makrodaten sagen, zusammen. Andrew Smithers, einer der großen Experten dieser Bewertungsmethode, sagte, der Grund liegt darin, dass der Wiederanschaffungswert in den Unternehmensbilanzen oft übertrieben ist. Der Hauptgrund dafür liegt also laut Smithers in einer zu negativen Einschätzung in der Abschreibungsrate. Jedenfalls ist die Summe der betriebswirtschaftlichen Bilanzen nicht die volkswirtschaftliche Bilanz. Q ist daher im Gleichgewicht kleiner als eins.[57]

Die Methode von Q lässt sich jetzt nicht so ohne Weiteres auf Aktienmärkte in anderen Ländern übertragen. Dazu bedarf es volkswirtschaftlicher Daten hoher Qualität, wie es die Flow of Funds Data der USA liefern. In Europa liegen wir da ziemlich weit zurück. Smithers sagt, er kann diese Daten nur für die USA, Großbritannien und Japan berechnen, und für die anderen Märkte muss er andere Verfahren anwenden, um die relative Über- und Unterbewertung zu ermitteln. Die gute Nachricht ist, dass die großen Märkte alle stark miteinander korrelieren. Wenn der S&P 500 um 40 oder 50 Prozent überbewertet ist, so wie Ende 2009, dann können Sie sich darauf verlassen, dass auch die europäischen Märkte überbewertet sind. Sie können die Schätzung von Q oder CAPE tatsächlich als eine Art Ersatz für den Weltmarkt insgesamt betrachten. Dann lägen Sie auf keinen Fall komplett falsch.

Ein häufiges Gegenargument in Bezug auf Q ist die Bewertung von immateriellen Anlagewerten. Smithers argumentiert, dass das in der Tat ein Problem auf Mikroebene ist, aber nicht auf Makroebene. In der Bewertung einer einzelnen Aktie oder auch eines Sektors ist Q aus diesem Grunde nutzlos, aber der aggregierte Wert der immateriellen Werte ändert sich nicht relativ zum Wiederbeschaffungswert der materiellen Werte. Solange die Beziehung zwischen materiellen und immateriellen Werten auf Makroebene stabil ist, lassen sich die immateriellen Anlagewerte in der Tat ignorieren.

v. Wann soll man in die Märkte investieren?

Von den beiden Methoden ist CAPE aus Sicht eines Laien mit Zugang eines normalen Internetcomputers einfacher zu handhaben. Shillers CAPE lässt sich auf seiner Website herunterladen. Sie können den Grad der relativen Unter-/Überbewertung dort direkt ermitteln. Um Q zu ermitteln, brauchen Sie andere Quellen, die zwar auch frei zugänglich sind, die aber einen gewissen Grad an Erfahrung mit der volkswirtschaftlichen Gesamtrechnung erfordern. Da aber CAPE und Q relativ ähnliche Ergebnisse liefern, sollte Sie dies nicht weiter stören.

Jetzt ergeben sich zum Schluss noch zwei Fragen? Wie lässt sich die Methodik auf Deutschland übertragen und sollte man nur dann investieren, wenn CAPE geteilt durch seinen Durchschnitt unter eins liegt? Unten noch mal die Grafik 13.

Danach wäre in den letzten 25 Jahren nur wirklich einmal der Zeitpunkt gewesen, in die Aktienmärkte zu investieren, zuletzt im März 2009. Wenn Sie allerdings Anfang der 90er-Jahre investiert hätten, wo dieser Indexwert schon deutlich über eins lag, dann hätten Sie zunächst viele Jahre gute Gewinne erzeugt. Wenn es Ihnen gelungen wäre, rechtzeitig im Jahre 1999 oder 2000 auszusteigen, dann wäre alles gut gewesen. Die meisten Investoren und eine noch größere Prozentzahl an Privat-

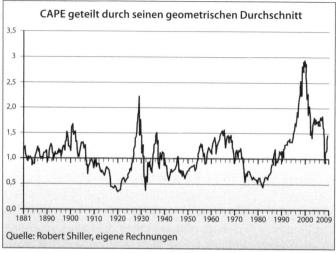

Grafik 13

investoren schaffen es nicht, rechtzeitig auszusteigen. Das heißt, mit großer Wahrscheinlichkeit reiten Sie die gesamte Kurve.

Die oben genannte Analyse impliziert nicht, dass Sie auf keinen Fall Aktien kaufen sollten, wenn der Wert über eins liegt. Dann kann es wirklich sein, dass Sie ein paar gute Investitionen verpassen. Wenn die Überbewertung wie zu Anfang 2010 aber knapp 50 Prozent beträgt, dann ist die Gefahr für Sie langfristig groß, dass es zu einer starken Korrektur kommt. Ich will Ihnen hier keine Zahl nennen. Wenn wir jetzt eine Superbubble erleben, kann es sogar sein, dass wir einen Kurvenverlauf wie in den 90er-Jahren erleben, und das hieße, der Markt würde noch erheblich ansteigen, überhitzen, weiter ansteigen und irgendwann einmal knallen. Er wird dann wieder auf einen Wert in Richtung eins tendieren. Eine zehn- oder 20-prozentige Überbewertung werden Sie langfristig gut überwinden. Eine Überbewertung wie in den Jahren 1929 und 2000 werden Sie selbst innerhalb eines

Horizontes mehrerer Jahrzehnte nicht mehr kompensieren können.

Und zu guter Letzt: Lässt sich das Ergebnis auf Deutschland übertragen? Ja, aber mit großer Vorsicht. Die großen Wertpapiermärkte korrelieren stark miteinander. Wenn der S&P 500 extrem überbewertet ist, dann ist der Dax mit großer Wahrscheinlichkeit ebenfalls überbewertet.

Aber Andrew Smithers warnt hier. Q funktioniert aufgrund einer Datenlage, die in Deutschland extrem viel schlechter ist als in den USA. CAPE müsste man reproduzieren können, aber auch hier gibt es Tücken zu berücksichtigen. Vor allem lassen sich die Ergebnisse nicht historisch verifizieren. Den Dax gibt es in seiner jetzigen Form erst seit 1988.

Ich würde nicht versuchen, für europäische Indizes getrennte Berechnungen anzustellen, sondern Shillers Daten für die US nehmen und entsprechend anpassen. Der Dax ist sehr stark technologieorientiert, und natürlich europäischer. Wenn Sie die strukturellen makroökonomischen Entwicklungen in Europa günstiger beurteilen sollten als die der USA, dann kann es durchaus sein, dass es sich vielleicht lohnt, hier zu investieren, wenn die von Shiller ausgewiesene Überbewertung in den USA dort einen anderen Schluss zulässt.

Im April 2010 stand der Dax bei über 6 000 Punkten, was eindeutig überbewertet ist. Anfang Februar, im Zuge der Griechenland-Krise, stand er bei 5 400 Punkten, was nicht billig ist, aber eher im Rahmen liegt für einen langfristigen Investor. Man sollte sich allerdings auch vor Augen halten, dass der Dax bei unter 4 000 lag, als Shillers CAPE-Kennziffer für den amerikanischen Markt den neutralen Wert der Eins unterschritten hat. Mit 5 400 Punkten ist der Dax also keineswegs billig. Aber geringe Zinsen werden diese Kurse, kurzfristig zumindest, unterstützen.

2. Das festverzinsliche Wertpapier

Wenn Aktien unattraktiv sind, würde man denken, dass Bonds, also festverzinsliche Wertpapiere, attraktiv sind. Leider stimmt das nicht immer. Anfang 2010 stimmte das überhaupt nicht. Warum nicht, versuche ich in diesem Abschnitt zu erklären.

i. Eine kurze Einführung in die Bonds

Wenn Sie verstehen, was eine Zinsstrukturkurve und Duration bedeuten, dann springen Sie getrost zum nächsten Abschnitt. Hier gebe ich eine kurze Einführung in die Materie, das Wichtigste, was Sie als Investor unbedingt wissen sollten.

Festverzinsliche Wertpapiere, oder Bonds, sind in ihrer Struktur zunächst relativ einfach. Der Emittent dieser Papiere, Staaten und Unternehmen zum Beispiel, bezahlen einen festen Zinssatz, den sogenannten Coupon, für eine bestimmte Laufzeit, etwa zwei Jahre, fünf Jahre oder zehn Jahre. Am Ende der Laufzeit erhalten Sie den Nominalwert zurück, zum Beispiel 100 Euro.

Das Konzept ist einfach, die dahinter liegende Mathematik ist weitaus komplexer – wenn auch nicht so komplex wie die einiger moderner Finanzinstrumente.

Bonds werden im Markt gehandelt. Damit verändert sich der Preis der Bonds. Der Ausgabepreis, zumeist 100 Euro, dient als Basis für den Coupon und ist der Preis, den Sie am Ende der Laufzeit zurückbekommen. Wenn der Coupon zwei Prozent ist und der Ausgabepreis 100 Euro, dann bekommen Sie pro Bond jedes Jahr zwei Euro als Coupon, unabhängig davon, ob der Bondpreis an Wert zunimmt oder nicht. Coupons können zum Beispiel auch mehrmals im Jahr ausgezahlt werden.

Der Marktpreis wiederum hängt vom Zinssatz im Markt selbst ab. Nehmen wir mal an, die zehnjährigen

Marktzinsen seien zwei Prozent und die Bundesregierung gibt eine Zehn-Jahres-Anleihe zu einem Nominalwert von 100 Euro mit einem Coupon von zwei Prozent heraus. Der Coupon ist so bemessen, dass er dem gegenwärtigen Zinssatz entspricht. Wenn dieser Bond auf den Markt kommt, würde man erwarten, dass der Marktpreis in der Nähe von 100 Euro liegen würde.

Was passiert mit dem Marktpreis, wenn die Zinsen im Markt steigen, wenn zum Beispiel die Zentralbank die Zinsen erhöht und wenn ebenfalls die längerfristigen Zinsen hochgehen. In unserem Beispiel sprachen wir von Zehn-Jahres-Anleihen. Nehmen wir mal an, im Verlauf des Jahres steigen die Zehn-Jahres-Marktzinsen von zwei Prozent auf drei Prozent. Was passiert mit dem Preis des Bonds?

Bevor ich das ausrechne, sollten wir uns zunächst klarmachen, in welche Richtung sich der Preis bewegt. Wenn die Marktzinsen drei Prozent betragen, dann wäre der Bond mit seinem Coupon von zwei Prozent bei einem Marktpreis von 100 Euro relativ uninteressant. Man kann im Markt mittlerweile günstigere Bonds kaufen. Damit dieser Bond weiterhin für Neukäufer interessant bleibt, muss der Preis also fallen. Wenn der Preis fällt, steigt die effektive Rendite für den Bond, denn der Coupon ist fest, in diesem Fall zwei Euro pro Bond. Der Coupon ist für diesen Bond immer zwei Euro, egal, ob der Preis 100 Euro ist oder 50 Euro. Ist der Preis 100 Euro, dann wäre die Rendite zwei Prozent. Fällt er auf 50 Euro, dann entspräche ein Coupon von zwei Euro einer Rendite von vier Prozent. Man merke sich: Bei Bonds verhalten sich Preis und Rendite umgekehrt proportional. Wenn die Zentralbank zum Beispiel die Zinsen erhöht, dann sollte man erwarten, dass die auf den Märkten gehandelten Bondpreise fallen und umgekehrt.

Hier ist die Bondformel. Der Marktpreis ist keine exakte mathematische Berechnung, sondern hier spielen spezielle Angebots- und Nachfragebedingungen eine Rolle. Es ist ein Orientierungspreis.

$$Bondpreis = Coupon\ in\ Euro \cdot \frac{1 - (1 + r)^{-n}}{r} + Ausgabepreis \cdot (1 + r)^{-n}$$

Wobei r der Marktzinssatz ist und n die Anzahl der Perioden. Bei einem Zehn-Jahres-Bond mit Ausgabepreis von 100 Euro und einem Coupon von zwei Prozent wird jedes halbe Jahr ein Coupon von einem Euro ausbezahlt. Es gibt n = 20 Halbjahresperioden. Wenn der Marktzins also bei drei Prozent liegt, dann ist der Halbjahreszins 0,015 Prozent. Und somit ergibt sich für den Preis:

$$Bondpreis = 1 \cdot \frac{1 - (1 + 0,015)^{-20}}{0,015} + 100 \cdot (1 + 0,015)^{-20} = 91,40\ Euro$$

Der Bondpreis ist also tatsächlich gefallen, nachdem die Marktzinsen von zwei Prozent auf drei Prozent gestiegen sind.

Sie können diese Rechnung in jedem Tabellenkalkulationsprogramm oder auch mit den meisten Taschenrechnern machen. Sie müssen aber immer darauf achten, dass sie kongruente Werte für Coupon, in Euros oder Dollars, und die Anzahl der Zahlungsperioden wählen. Ein Coupon in Prozent bezieht sich immer auf das Jahr. Was Sie wissen müssen, ist: Wie oft wird ausgezahlt (in der noch verbleibenden Laufzeit) und wie hoch, in Euros oder Dollars, ist der Coupon bei jeder Auszahlung? Wenn Sie dann noch den gegenwärtigen Zinssatz haben, natürlich für die entsprechende Laufzeit, dann haben Sie alles, was Sie brauchen.

Es gibt Formeln, die bei gegebenem Bondpreis den Marktpreis ausrechnen, und noch viele Formeln mehr. Eine etwas abgewandelte Formel gibt es für den Null-Coupon-Bond, ein Bond, der keine Coupons bezahlt, der anstatt dessen zu einem abgezinsten – oder diskon-

tierten – Preis angeboten wird. Es gibt sehr komplexe
Bonds, für die die Preisermittlung dann umso komplexer
ist. Für unsere Zwecke reichen die Standard-Bonds und
die Null-Coupon-Bonds aus.

Marktpreis und Rendite stehen in einem exakten Verhältnis zueinander. Wenn Sie eine Größe kennen, dann
kennen Sie auch die andere. Aus diesem Grunde kann
man die Notierung für einen Bond auf zweierlei Weise
angeben, als einen Preis oder als eine Rendite. Letzteres
ist viel intuitiver. Wir machen es hier so.

Es gibt noch zwei wichtige Konzepte, die ich Ihnen
hier vorstellen möchte. Das erste ist das der Zinsstrukturkurve.

Eine sehr gute Darstellung finden Sie auf der Webseite
Investopedia[58], allerdings in englischer Sprache. Die Zinsstrukturkurve gibt den Zinssatz in Abhängigkeit von den
Laufzeiten an. Manchmal haben langfristige Wertpapiere
eine höhere Rendite, manchmal die kurzfristigen. Hier ist
ein Beispiel einer Zinsstrukturkurve mit „normalem" Verlauf (siehe Grafik 14).

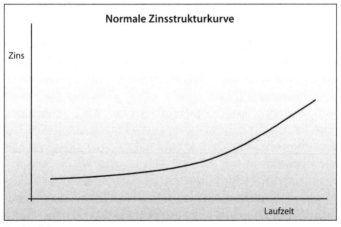

Grafik 14

In diesem Fall nimmt der Zins mit der Laufzeit zu. Man
spricht von einer invertierten Zinsstrukturkurve im umgekehrten Fall, wenn also folgende Situation vorherrscht
(siehe Grafik 15).

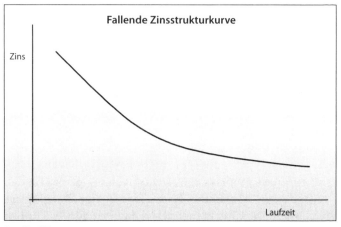

Grafik 15

Hier sind die Kurzfristzinsen hoch, aber langfristig erwarten die Märkte geringere Zinsen. Invertierte Zinsstrukturkurven wurden in vergangenen Zeiten oft als Indikatoren für Rezessionen benutzt. Man sollte allerdings
aufpassen, hier nicht allzu mechanisch vorzugehen. Es
gibt eine Menge Gründe, warum eine Zinsstrukturkurve
eine bestimmte Form haben kann. Zum Beispiel hatte
Griechenland Ende April 2010 eine stark invertierte
Zinsstrukturkurve, als die Zwei-Jahres-Anleihen eine
Rendite von 24 Prozent erzielten. Es waren zu dieser Zeit
die höchsten in der ganzen Welt notierten Renditen auf
Staatsanleihen. Der Grund bestand darin, dass die Märkte davon ausgegangen sind, dass Griechenland bald schon
seine Schulden nicht mehr zurückzahlen würde.
   Unternehmensanleihen gelten gemeinhin als riskanter
und somit ist die Verzinsung höher – aber in letzter Zeit

gelten mittlerweile auch einige Staatsanleihen als riskant. Die Differenz zwischen den Zinssätzen ist die Zinsspanne, oder englisch *Spread*. Hier eine einfache grafische Darstellung (siehe Grafik 16).

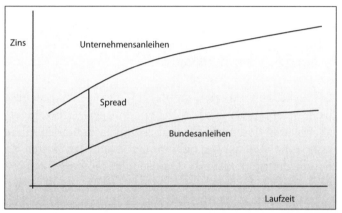

Grafik 16

Ein weiteres Konzept ist die sogenannte Duration, ein nützliches, aber etwas abstraktes Konzept. Wenn Sie den Bond als Anspruch auf einen zukünftigen Zahlungsstrom auffassen, zum Beispiel als halbjährliche Couponzahlungen plus Zurückzahlung des Nominalwertes am Ende der Laufzeit, dann ist die Duration der gewichtete Mittelwert dieser Zahlungen, ausgedrückt in Jahren. Mann spricht auch von durchschnittlicher Kapitalbindungsdauer.

Die Idee dahinter ist die folgende. Wenn Sie Bonds besitzen und sich die Zinsen im Markt ändern, dann hat das zwei Effekte, einen negativen und einen positiven. Nehmen wir an, die Zinsen steigen. Der negative Effekt ist natürlich der Fall des Bondpreises selbst. Der positive Effekt besteht darin, dass zukünftige Couponzahlungen wiederum höher verzinst werden können. Die Duration ist der Zeitpunkt, wenn Sie als Investor gegen Zinsänderungen immunisiert sind.

Es gibt die sogenannte Macauley-Duration und weitere Konzepte von Duration, die auf unterschiedlichen Annahmen beruhen und die andere Aussagen treffen.

Das ist das Mindeste, was jeder Investor über Bonds wissen sollte. Es gibt zu den Bonds noch viele Details, die von den jeweiligen Emittenten, wie etwa der Finanzagentur der Bundesrepublik, genau beschrieben werden.

ii. Inflation oder Deflation?

Anfang 2010 tendierten die Renditen einiger festverzinslicher Wertpapiere in der Nähe von null. Das heißt, Investoren waren bereit, ihr Kapital auf Jahre zu binden, ohne dafür eine Rendite zu bekommen. Natürlich waren zu diesem Zeitpunkt die Marktzinsen der Notenbanken extrem niedrig. In den USA hielt die Federal Reserve den Leitzins, die sogenannte Fed Funds Rate, zwischen null und 0,25 Prozent. Gerade Bonds mit kürzeren Laufzeiten hatten dann auch sehr geringe Renditen – und damit natürlich auch sehr hohe Preise.

Warum investieren Investoren in den Bondmarkt bei so niedrigen Preisen? Der Grund dafür ist zum Teil sehr mechanisch. Die Chinesen investieren ihre Devisenüberschüsse in festverzinsliche Wertpapiere, hauptsächlich US-Treasuries, ohne mit den Wimpern zu zucken und sich über die Renditen zu grämen. Wenn es in der Weltwirtschaft strukturelle Ungleichgewichte gibt, dann gibt es auch merkwürdige, zunächst nicht rational nachvollziehbare Finanzströme. Der Grad, zu dem das passiert, verzerrt natürlich den Preis, den man aufgrund normaler Erwartungsbildungen annehmen würde. Preise im Bondmarkt sind somit nicht immer rational in dem Sinne, dass sie Erwartungen korrekt widerspiegeln. Angebots- und Nachfrageeffekte spielen ebenfalls eine wichtige Rolle.

Wer rational entscheidet, sich mit einer Rendite von nahezu null Prozent zu begnügen, der kann das nur tun, wenn er Angst vor Deflation hat, denn nur bei negativen Inflationsraten entspräche ein nominaler Zins von null einem positiven Realzins. Eine Deflation, ähnlich wie in den 30er-Jahren, ist extrem unwahrscheinlich, auch wegen der vielen institutionellen Mechanismen, die uns davor schützen. Sie werden wohl kaum erwarten, dass jährliche Tariflohnverhandlungen nominale Gehälter reduzieren werden. Reale Gehälter können natürlich fallen, gerade wenn die Inflation relativ hoch ist. Die Kombination aus geringen Inflationsraten und jährlichen Tarifverhandlungen garantiert ein hohes Maß an Stabilität des für die Inflation wichtigsten volkswirtschaftlichen Preises, nämlich der Löhne. Wenn Löhne relativ stabil sind, dann ist eine Deflation nicht sehr wahrscheinlich.

In Japan ist Deflation in den 90er-Jahren aufgetreten und hat sich verfestigt – allerdings ohne die katastrophalen Auswirkungen, die einige Ökonomen befürchteten. Japan hat sich auf ein Gleichgewicht eingependelt mit geringen Wachstumsraten und leichter Deflation. Auch bei uns sind die Wachstumsraten relativ gering. In den USA waren sie bis vor Kurzem zumindest höher, aber nach der Finanzkrise wird auch dort das Wachstum langfristig wahrscheinlich zurückgehen. Aber damit droht nicht gleich eine Deflation. Adam Posen vom Peterson Institute for International Economics in Washington und Mitglied des Zentralbankrates der Bank of England, der sehr viel über Japan publizierte, sagte dem Autor, dass man die japanische Deflation noch nicht wirklich versteht. Wer wie so viele Laienökonomen gerade in Deutschland einen kausalen Zusammenhang zwischen Geldmenge und Inflation postuliert, wird spätestens durch Japan widerlegt – kurzfristig wie langfristig. Dort stiegen die Geldmengenaggregate mit robusten Wachstumsraten, und trotzdem verfestigte sich dort eine leichte Deflation.

Wir wissen über Inflation und Deflation weitaus weniger, als die gängigen Modelle der Volkswirtschaft sug-

gerieren. Wir verstehen auch nicht so richtig das Phänomen unserer Preisstabilität. Denn die Zentralbanken
nehmen zwar für sich in Anspruch, dass ihre Glaubwürdigkeit ein wichtiger Faktor sei. Aber wie Mervyn King
von der Bank of England einmal sagte: Die direkte Inflationssteuerung funktioniere merkwürdigerweise besser in
der Praxis als in der Theorie. Mit anderen Worten: Wir
verstehen nicht so richtig, was hier abgeht.

Als Investoren sollten wir uns darüber im Klaren sein,
dass wir uns im Bereich der Vermutungen bewegen. Auch
mein im ersten Kapitel vorgestelltes Wicksell-Modell einer von außen bestimmten Inflation ist keineswegs eine
gesicherte These – so etwas wird es möglicherweise nicht
geben. Die Erwartungen, die sich aus meiner makroökonomischen Analyse ergeben, sind, dass die Inflation im
Zuge der globalen Konjunkturerholung langsam, aber
stetig ansteigt und in den nächsten Jahren über die Ziele
der Notenbanken hinausschießt. Die Federal Reserve wird
diesen Anstieg nur teilweise durch eine restriktive Zinspolitik kompensieren, wohingegen die Europäer schon
allein aus verfassungsrechtlichen Gründen die Inflation
wieder auf zwei Prozent zurückführen werden, was ihnen wahrscheinlich aber auch nicht vollständig gelingen
wird. Ich schätze, dass die amerikanische Inflation auf
den oberen einstelligen Bereich ansteigen wird, vielleicht
sechs bis acht Prozent im Jahr.

Wenn Sie das anders sehen, dann nur zu. Dann ändert
sich auch die Analyse. Wenn Sie vor Deflation Angst haben, dann kaufen Sie ruhig langfristige Bundesanleihen
mit einer Rendite von zwei Prozent. Bei fünf Prozent Deflation hätten Sie einen Traumrealzins bei geringstem Risiko. Bei fünf Prozent Inflation wäre Sie aber schon tief in
der Verlustzone.

iii. Bonds – eine Makroanalyse

Investoren investieren in Bonds vorwiegend, um die Risiken ihrer Aktieninvestitionen zu neutralisieren. Bond- und Aktienpreise tendieren oft in entgegengesetzte Richtungen. Man sollte sich allerdings darüber im Klaren sein, dass Bonds nur eine der denkbaren Anlageklassen sind, die diesen Zweck erfüllen. Die logische Alternative zu Bonds sind Geldmarktprodukte. Eine weitere Frage, die man sich als Investor stellen sollte, ist die, ob man in solche Bonds investiert, die einen automatischen Inflationsschutz bieten.

Zunächst ein paar, vielleicht überraschende Statistiken aus dem amerikanischen Markt.

	US-Bonds	US-Aktien
Durchschnittliche reale Rendite 1900–2009	1,54 %	6,24 %
Durchschnittliche reale Rendite 1802–2009	3,10 %	6,78 %
Standardabweichung der Log-Renditen über ein Jahr	0,09 %	0,17 %
Standardabweichung der Log-Renditen über 30 Jahre	0,02 %	0,02 %
Korrelation mit Inflation	−0,74 %	−0,31 %

Quelle: Smithers & Co.

Es lohnt sich, diese Tabelle etwas genauer zu studieren. In der ersten Zeile stehen die realen Renditen des letzten Jahrhunderts – also die Rendite unter Berücksichtigung der Inflation. Aktien sind hier klar im Vorteil. Die durchschnittliche Rendite bei den Aktien war über 6,24 Prozent pro Jahr, bei den Bonds gerade mal 1,54 Prozent. In der zweiten Zeile stehen die Renditen der letzten 200 Jahre, die deutlich höher sind, vor allem bei den Bonds. Das

19. Jahrhundert war für Bondanleger ein besseres als das 20.

Man könnte jetzt naiv annehmen, die Aktien seien deshalb höher bewertet, weil sie riskanter sind. Das stimmt nur zum Teil. Die dritte und vierte Zeile messen das Risiko, die Standardabweichung der realen Renditen. Kurzfristig sind Aktien in der Tat volatiler. Innerhalb eines Jahres war die durchschnittliche Standardabweichung bei den Aktien fast doppelt so hoch wie bei den Bonds (0,17 Prozent für Aktien, 0,09 Prozent für Bonds). Aber über einen 30-Jahres-Zeitraum war die Volatilität von Aktien genauso hoch wie die der Bonds (vierte Zeile: 0,02 Prozent für Aktien und Bonds). Sowohl Aktien als auch Bonds korrelieren negativ mit der Inflation, Aktien etwas weniger (fünfte Zeile).

Aus diesen Statistiken erkennt man klar: Man sollte nicht langfristig in den Bondmarkt investieren. Die Renditen sind gering und das Risiko ist nicht wirklich geringer als in Aktienmärkten. Der Unterschied existiert lediglich kurzfristig.

Wie Andrew Smithers von der Londoner Firma Smithers & Co. logisch deduzierte: Bonds lohnen sich theoretisch immer nur aus zwei Gründen. Man will einen kurzfristigen Gewinn erzielen. Oder man braucht die Dinger aus irgendwelchen technischen oder rechtlichen Gründen, zum Beispiel Fonds oder Versicherungsgesellschaften, die ein Mindestvolumen ihrer Anlagen in Bonds halten müssen. Als Privatinvestor sind Sie von dieser Pflicht entbunden. Es gibt also somit nur das spekulative Motiv, das wir in unseren Makrostrategien auch gezielt einsetzen werden.

Jetzt mal ein paar Rechnungen, einfach nur, um ein paar Größenordnungen festzuzurren. Am 26. Februar 2010 notierten 30-jährige US-Staatsanleihen mit einem Coupon von 4,625 Prozent bei 101,03 US-Dollar, was einer nominalen Rendite von 4,56 Prozent entspricht.

Wenn Sie die durchschnittliche reale Durchschnittsrendite von 3,1 Prozent abziehen, dann ergibt sich eine im Preis enthaltene Inflationserwartung von 1,46 Prozent – über die nächsten 30 Jahre. Vielleicht sagen Sie, man solle nicht die extrem langfristige Zeitreihe von über 200 Jahren nehmen, sondern vielleicht die kürzere von 100 Jahren. Dann ergäbe sich in der Tat eine höhere Inflationserwartung, und zwar von 4,56 – 1,54 = 3,02 Prozent, was etwas über dem impliziten Ziel der US-Notenbank Federal Reserve liegt.

Wie Sie sehen, hängt das Resultat dieser Rechnung sehr stark davon ab, welche historische Zeitreihe man zugrunde legt. Darüber hinaus trifft man die Annahme, dass historische Renditen stochastisch stabil sind. Sie schwanken zwar, schwanken aber um einen stabilen Wert herum. Sie driften nicht nach oben oder nach unten. Aus diesem Grunde würde ich der längeren Zeitreihe den Vorzug geben, denn schließlich ist nicht gesagt, dass die nächsten 30 Jahre wirklich den Bedingungen des politisch und ökonomisch volatilen 20. Jahrhunderts entsprechen. Dann wären die Bewertungen in den Bondmärkten tatsächlich extrem hoch, und eine implizierte langfristige Inflationserwartung von rund 1,5 Prozent wäre in der Tat sehr optimistisch. Wie schon gesagt, ich selbst sehe die Inflation mittelfristig wieder im hohen einstelligen Bereich, in den USA zumindest. Und daher glaube ich, dass die amerikanischen Bonds extrem überbewertet sind.

Es gibt noch eine Reihe weiterer Komplikationen für Investoren, zum Beispiel durch den Effekt der quantitativen Lockerung der Notenbanken. Durch ihre normale Zinspolitik beeinflussen Notenbanken lediglich das Zinsniveau am extrem kurzfristigen Ende der Zinsstrukturkurve. Um die langfristigen Zinsen zu drücken, haben die Notenbanken in den USA und Großbritannien in großen Mengen Bonds gekauft, damit den Preis hochgetrieben und die Renditen gesenkt. Genau das war das Ziel der

Politik der sogenannten quantitativen Lockerung. Kurzfristige Zinsen sind zwar für die Banken wichtig, aber die
Langfristzinsen haben wichtige Auswirkungen für die Industrie und den Privatsektor. So sind in den USA viele
Hypotheken an längerfristige Zinsen gekoppelt.

Die Politik der quantitativen Lockerung, die im Winter 2010 noch anhielt, deren Ende zu diesem Zeitpunkt
aber schon absehbar war, hat den Bondmarkt natürlicherweise verfälscht. Man sollte erwarten, dass ein Aus-
stieg dieser Politik zu Preiskorrekturen führt, selbst dann,
wenn man alles richtig prognostiziert und entsprechend
die Preise in weiser Voraussicht anpasst. Der Grund liegt
in den schieren Größenordnungen.

Die steigenden Inflationserwartungen und das Ende
der quantitativen Lockerung addieren sich zu einem möglicherweise sehr starken Schock für den Bondmarkt. Angesichts dieser Risiken würde ich den Bondmarkt wie die
Pest vermeiden, zumindest als Käufer, und das, obwohl
es sich hier um Märkte handelt, die in der Vergangenheit
als besonders sicher galten.

Wie sieht es mit inflationsgeschützten Wertpapieren
aus? Hier ist der Vergleich mit den historischen Daten
einfacher, denn wir vergleichen hier reale Renditen direkt. Am 16. Februar 2010 notierten normale zehnjährige inflationsindizierte US-Anleihen mit einem Coupon von
1,375 Prozent mit einer Rendite von 1,46 Prozent. Diese Anleihen heißen offiziell Treasury Inflation Protected
Securities, im Jargon auch TIPS genannt. Vergleichbare
normale zehnjährige Staatsanleihen, die nicht inflations-
geschützt sind, notierten am selben Tag mit einer Rendite
von 3,71 Prozent. Die Differenz der Renditen betrug somit 2,25 Prozent. Da der Unterschied zwischen den beiden Papieren lediglich darin besteht, dass man bei den
TIPS die Inflation „erstattet" bekommt, ist logischerweise die Differenz der beiden Renditen die implizite Inflationserwartung, in diesem Fall also 2,25 Prozent über

einen Zeitraum von zehn Jahren. Einige Monate zuvor
war die Differenz fast 2,5 Prozent. Die Märkte, wenn
man diesen Bewertungen Glauben schenkt, erwarteten
also weniger Inflation als zuvor. Eine Rate von 2,25 Prozent ist in der Größenordnung der Inflationsziele, die sich
die meisten Zentralbanken gesetzt haben – so um die
zwei Prozent herum. Der Bondmarkt erwartet also Preisstabilität.

Wenn Sie das mit den historischen Rechnungen vergleichen, so liegt diese Zahl ziemlich genau in der Mitte
der beiden Extremschätzungen von 1,46 und 3,02 Prozent. Im Gegensatz zu mir erwartet der Markt in den
nächsten zehn Jahren keine Inflation.

Was für die Diskussion der Bondmärkte noch wichtig
ist, ist der Effekt der staatlichen Überschuldung, die eng
mit der Frage verknüpft ist, inwieweit Staaten der Versuchung unterliegen, die Schulden mittels Inflation abzubauen. Wenn Sie 1 000 Euro Schulden haben und die
Inflation ist zehn Prozent, dann haben sich Ihre Schulden
real mehr als halbiert. Inflation ist also eine Art von Zahlungsausfall. Als Argentinien in den 90er-Jahren in eine
Schuldenfalle geriet, endete die Geschichte mit einem Zahlungsausfall im Jahre 2001. Das wird in den USA natürlich nicht passieren. Aber mit Inflation lässt sich dasselbe
Ziel viel eleganter erreichen. Der Staat saniert sich auf
Kosten der Investoren. Gerade die Chinesen wären aufgrund ihrer einseitigen Anlagepolitik besonders betroffen.

Die wachsende Staatsverschuldung war eines der
wichtigsten Themen im Winter und Frühjahr 2010, auch
beeinflusst durch die Schuldenkrise von Griechenland.
Für Bondinvestoren sind Zahlungsausfälle katastrophal,
ebenso wie Inflation. Einer der größten Bondinvestoren
der Welt, die zum Allianz-Konzern gehörige Pimco, warnte ihre Investoren ausdrücklich vor britischen Bonds. Bill
Gross, der Direktor von Pimco, verglich sie mit Nitrogly-

zerin und die britische Wirtschaft mit einem Bett, das auf einem Fass von diesem explosiven Material ruht.

Ich würde ähnlich wie auch Gross erwarten, dass man mit deutschen Staatstiteln weniger Probleme haben wird als mit britischen oder amerikanischen. Angesichts der langfristigen Risiken und der noch nicht gelösten Probleme im deutschen Bankensektor sind aber auch deutsche Anleihen zu teuer. Wenn es momentan eine Marktkategorie gibt, die ich als Käufer gänzlich vermeiden möchte, dann sind es Bonds.

3. Immobilien

Gerade die Immobilienmärkte eignen sich besonders gut für eine makrostrategische Analyse, denn hier lassen sich, auf nationaler Ebene zumindest, sehr gute Indikatoren für die relative Über- oder Unterbewertung darstellen. Zunächst zwei Grafiken, die an sich schon einen großen Teil der ganzen Geschichte erzählen (Grafik 17 und 18).

Es handelt sich in beiden Fällen um reale, das heißt inflationsbereinigte Preise. In der ersten Grafik ist Deutschland die blaue Linie. Die realen Immobilienpreise haben sich in Deutschland seit 1975 nicht geändert. Es gab eine kleine Aufwärtsbewegung Ende der 80er-, Anfang der 90er-Jahre. Aber ansonsten war die Entwicklung flach. Immobilien waren in Deutschland grosso modo eine sehr schlechte Investition. Wenn man es bevorzugt, in seinem eigenen Haus zu leben, anstatt Miete zu zahlen, dann ist das in Ordnung. Wer das wegen Steu-

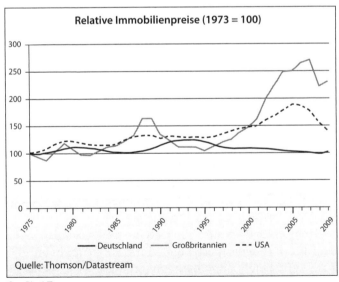

Grafik 17

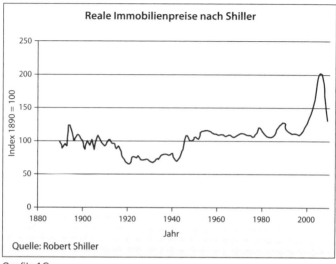

Grafik 18

ervorteilen machte, hat vielleicht ebenfalls verdient. Aber auf Makroebene waren Investitionen in den Immobilienmarkt keine guten Investitionen in Deutschland.

Bevor ich über die anderen Kurven spreche, möchte ich erklären, warum in Deutschland die Entwicklung so verlaufen ist. Zunächst einmal würde die Theorie nichts anderes erwarten. Ein Haus ist nicht produktiv. Man würde zwar erwarten, dass ein realer Wert den Eigentümer gegen Preisverfall schützt, aber eben nicht mehr. Sofern das Land nicht aus den Nähten platzt, müssten auch die Marktanpassungsmechanismen greifen. Wenn die Nachfrage nach Immobilien zunimmt, dann werden neue Wohnbaugebiete erschlossen und neue Häuser gebaut. Es gibt keinen Grund, warum bei steigender Nachfrage die Preise hochgehen sollten.

Deutschland ist aus einer Reihe von Gründen nahe dem Idealfall eines perfekten Marktes. Deutschland hat ausgesprochen liberale Bauregulierungen. Trotz der relativ dichten Besiedelung werden immer noch neue Wohnbaugebiete erschlossen. Kriegsbedingt haben wir weniger denkmalschutzwürdige Gebäude, und wir schützen nicht jede Bruchbude aus dem 19. Jahrhundert wie die Briten. Das war in den USA während eines großen Teils des 20. Jahrhunderts ebenfalls so. Die zweite Grafik zeigt die realen Häuserpreise in den USA. Die haben sich im 20. Jahrhundert kaum bewegt. Immobilien boten lediglich Schutz gegen Inflation, aber nicht mehr. Nur zum Ende kam es zu einer gewaltigen Blase.

Während man in Großbritannien oder in den Küstenregionen der USA nur noch gebrauchte Häuser ersteigern kann, so kann man in Deutschland wählen, ob man neu baut oder gebraucht kauft. In Deutschland sind relativ zu anderen europäischen Ländern die absoluten Immobilienpreise moderat geblieben.

In den USA ist das im Übrigen auch so im Mittleren Westen, eigentlich überall zwischen den Küstenregionen mit Ausnahme einiger Hotspots wie Las Vegas oder Phoenix. Auch dort sind die Häuserpreise kaum gestiegen. Denn das Angebot passte sich der Nachfrage an. Die massiven Blasen, die wir in den USA, Großbritannien, aber auch in den Niederlanden erlebt haben, sind fast immer das Resultat von Engpässen gewesen. Wenn es zu einer steigenden Nachfrage kommt, bedingt durch Einwanderung oder Finanzliberalisierung oder was auch immer, dann steigen in diesen Ländern die Preise, nicht das Angebot. Genau hier ist der Unterschied zwischen den USA und Deutschland. Während in beiden Ländern langfristig die realen Immobilienpreise stagnieren, neigen die USA eher zu Blasen. Die Briten hingegen neigen nicht nur zu Blasen. Dort steigen sogar tatsächlich die Realpreise. Warum das so ist, ist eine sehr interessante Frage, die bislang nicht befriedigend beantwortet ist. Die Briten halten es für selbstverständlich, dass Hauspreise, real wie nominal, immer steigen. Aber so selbstverständlich ist das überhaupt nicht, auch nicht in anderen angelsächsischen

Ländern. Ich schätze, dass der tiefe Grund dafür eine Pathologie im Markt ist, bedingt durch eine extrem restriktive Baupolitik.

In Deutschland wiegen zwei Faktoren auf der Nachfrage. Zum einen der Rückgang der Bevölkerung, zum anderen die sehr konservativen Finanzierungsregeln. In Deutschland sind Hypotheken über 80 Prozent unüblich, obwohl es solche Angebote durchaus gab. In Großbritannien gewährten einige Banken wie Northern Rock Hypotheken von bis zu 130 Prozent des Hauspreises. Man konnte also nicht nur ohne jegliches Eigenkapital eine Wohnung oder ein Haus kaufen, man konnte es auch noch einrichten und für die Garage das passende Auto kaufen. Und wenn noch etwas übrig blieb, dann fuhr man damit in den Urlaub.

Was ist in den USA passiert und warum ist die Entwicklung dort so anders als in Großbritannien? Der Immobilienmarkt in den USA hat zum einen Charakteristika, die dem deutschen Markt ähnlich sind, andererseits aber auch dem britischen. Das Innere der USA, der Mittlere Westen, erinnert an Deutschland. Dort reagiert der Immobilienmarkt auf einen Anstieg der Nachfrage mit einer Erweiterung des Angebots. In den Küstenregionen im Westen und im Osten gibt es kaum noch ungenutztes Bauland. Ein Anstieg der Nachfrage, durch Einwanderung zum Beispiel oder durch einen Kreditboom, führt dort unweigerlich zu einem Anstieg der Preise.

Großbritannien hat im Gegensatz zu den USA kein geografisches Inneres, das die Extrementwicklungen in den Ballungszentren, London vor allem, ausgleichen könnte. Dazu kommt die schon erwähnte restriktive Baupolitik mit extremen Formen des Denkmalschutzes. Die Preisentwicklung im britischen Markt ist in der Tat pathologisch. Auch in Großbritannien sind Häuser nicht produktiv, und trotzdem haben die Immobilienpreise stetig zugelegt.

So viel zu den strukturellen Unterschieden zwischen
diesen Märkten. Wenn Sie folgende Kurve betrachten,
stellt man fest, dass die USA den Immobilienboom 2001
bis 2006 schon fast verarbeitet haben. Sie basiert im Gegensatz zu den Daten in der vorherigen Grafik auf der
verbesserten Datensammlung der Finanzökonomen Robert Shiller und Karl Case (siehe Grafik 19).

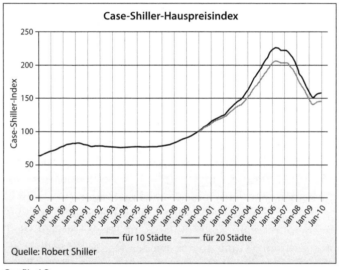

Grafik 19

Die Realpreise sind im Durchschnitt zwar noch etwas
höher äls in den 90er-Jahren, aber sicher nicht mehr auf
Blasenniveau. In Spanien hat sich die Situation ähnlich
dramatisch entwickelt. Die Spanier hoffen, dass der
Markt sich bald stabilisiert. Ich bin da pessimistischer. In
den Projektionen wird immer vermutet, dass man zu vorherigen Verhältnissen zurückkehrt. Ich selbst halte eine
lange Periode der Stagnation für wahrscheinlicher.
Die Entwicklung in Großbritannien verlief anders.
Dort sind die Preise zwar auch nicht mehr auf ihren

Höchstständen, aber die Blase ist keineswegs geplatzt wie in den USA und auch in Spanien. In Großbritannien gibt es immer noch eine Blase. Die Immobilienpreise sind real immer noch mehr als doppelt so hoch als in den 70er-Jahren.

Ich will nicht sagen, dass alle Häuserpreise sich wie in Deutschland entwickeln sollen. Darüber hinaus ist die Fixierung unserer Kurven in den 70er-Jahren arbiträr. Die 70er-Jahre waren wirtschaftlich für uns Deutsche besser als für die Amerikaner und Briten. Und trotzdem sind die Ausschläge derart groß, dass man mit großer Sicherheit sagen kann, der britische Häusermarkt ist immer noch in einer Bubble, wohingegen sich der amerikanische Markt weitgehend normalisiert hat. Zum Beispiel sieht man an der folgenden Grafik 20 ganz eindeutig, dass es in Großbritannien mit der Häuserspekulation wieder weitergeht. Die Preise steigen wieder stärker als in Deutschland, während sie in den USA, zumindest in der jährlichen Veränderung, noch fallen. Auch interessant ist die beinahe perfekt symmetrische Entwicklung in Deutschland. Jede Hausse, wie in den Jahren vor und nach 1990, wurde durch eine fast symmetrische Baisse ausgeglichen. Was hochging, ging später wieder runter. Man beachte erneut, dass es sich um inflationsbereinigte Preise handelt.

Auch, und vielleicht gerade im Immobilienmarkt gibt es eine Reihe von Makroindikatoren, die Investoren unbedingt im Auge behalten sollten. Die zwei wichtigsten dieser Indikatoren sind das Verhältnis zwischen Häuserpreisen und Einkommen und das Verhältnis zwischen Häuserpreisen und Mieten. Wenn diese Indikatoren rot ausschlagen, dann sollte man als Investor die Finger vom Immobilienmarkt lassen.

Der erste dieser beiden Indikatoren, das Verhältnis von Häuserpreisen und durchschnittlichem Jahreseinkommen, ist ein sogenannter „affordability index", ein In-

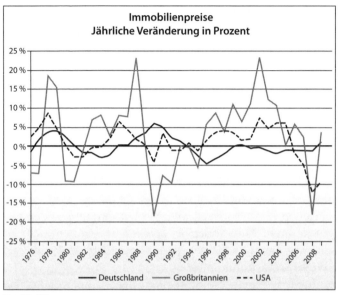

Grafik 20

dex, der misst, inwieweit sich Amerikaner die Häuserpreise überhaupt leisten können.

Dieser Index tendiert langfristig zu seinem Mittel-
wert – um die Eins herum. Während der Blase waren die
Immobilienpreise fast doppelt so hoch wie das Jahresein-
kommen. Danach hat sich die Lage wieder normalisiert.
Warum sollten Menschen auch einen größeren Teil ihres
Einkommens für Immobilien ausgeben, zumal das in den
USA strukturell nicht notwendig ist.

Der zweite Index vergleicht Häuserpreise und Mieten.
Denn man würde erwarten, dass es zumindest in einem
deregulierten Mietmarkt eine Beziehung zwischen diesen
Preisen gibt. In Deutschland könnten Sie eine solche Statistik gleich in die Tonne schmeißen, da sich die Mieten
hierzulande nicht schnell nach oben anpassen. Sollte es
hier jemals zu einer Immobilienblase kommen, würde
eine derartige Statistik zwar ausschlagen, da ja die Preise

hochgehen, die Mieten aber nicht, aber man wüsste nicht, ob die Mieten stagnieren, weil die jährliche Steigerung der Mietpreise strikt geregelt ist oder weil der Markt das nicht hergibt. In den USA, Großbritannien und anderen Ländern ist das anders, und insofern haben diese Statistiken eine ebenfalls hohe Aussagekraft. In den USA hat sich das Verhältnis von Hauspreisen zu Mietpreisen während der Blase fast verdoppelt und ist danach fast wieder auf das alte Niveau zurückgekehrt.

Für andere Blasenländer gab es zum Teil noch extremere Entwicklungen als in den USA. Sowohl in Großbritannien als auch vor allem in Spanien sind die Verhältnisse zwischen Häuserpreisen und Mieten massiv aus den Fugen geraten. Man sollte bei solchen Statistiken nicht zu sehr auf Details schauen. Es gibt eine Menge Probleme, Häuserpreise gut zu messen.

Egal, wie man die Statistiken dreht und wendet, die spanische Preisblase war eine Kategorie für sich. Hier hat sich quasi aus dem Nichts eine monströse Blase entwickelt, die immer noch dabei ist, sich zu entlüften. Die vom Hausbau so abhängige spanische Wirtschaft wird noch über viele Jahre an dieser geplatzten Bubble leiden. Ich würde ein ähnliches oder gar noch schlimmeres Szenario erwarten als in Japan. Es droht möglicherweise eine Stagnation für mehrere Jahrzehnte.

Und hier kann man auch gleich die erste Konsequenz für Anleger präsentieren. Lassen Sie die Finger vom spanischen Markt, es sei denn, Ihre Gründe, dort zu investieren, sind andere als die, einen Gewinn zu erzielen. Auch der deutsche Markt wird sich in Zukunft nicht weiterentwickeln. Mit Transaktionskosten im hohen einstelligen Prozentbereich und einer konstanten realen Zuwachsrate von null wird da auf absehbare Zeit nichts laufen. Die Einwohnerzahl ist rückläufig, die Finanzierungsbedingungen sind halt so, wie sind nicht, nicht besonders großzügig, dafür umso stabiler. Wer in seinem eigenen Haus wohnen möchte, anstatt zu mieten, ist zumeist gut beraten, diesen Schritt zu tun. Aber als Teil einer Anlagestrategie ist der Häusermarkt in Deutschland zumindest nicht zu empfehlen.

In Großbritannien sind die Gleichgewichte ebenfalls noch nicht erreicht. Die Preise sind dort nur aufgrund einer extrem lockeren Geldpolitik nicht tiefer gefallen. Irgendwann wird sich auch in Großbritannien die Geldpolitik normalisieren, und dann wird der Anpassungsprozess sich fortsetzen. Das einzige Land, wo der Immobilienmarkt langsam wieder interessant wird, sind die USA. Aber auch dort wird man in Zukunft keine weitere Blase kreieren wollen oder können. Auch dort läuft der Kreditmarkt immer noch nicht so gut wie einst.

Wer heute in amerikanische Immobilien investiert, macht sicherlich nichts grundlegend falsch. Der Markt ist am Boden, es gibt immer noch ein Überangebot, und die angelsächsischen Märkte haben eine Tendenz, irgendwann Immobilienblasen zu erzeugen. Wer davon profitieren will und glaubt, rechtzeitig aussteigen zu können, dann nur zu. Es ist anders als der im Frühjahr 2010 noch zu 50 Prozent überbewertete Aktienmarkt. Die Mietrenditen sind jetzt sicherlich nicht sonderlich hoch, aber zumindest hat dieser Markt, im Gegensatz zu den Bond- und Aktienmärkten, seinen Durchschnitt wieder erreicht. Aber für die meisten Leser ist der Immobilienmarkt als Anlageobjekt nicht ideal, zumal die wenigsten von Ihnen in den USA wohnen oder sich dort eine Ferienwohnung kaufen wollen.

Verzweifeln Sie aber bitte nicht. Es gibt solide Makrostrategien, aber Sie sehen schon an all diesen Beispielen: So ganz einfach wie früher ist es heute nicht mehr, da die meisten dieser Märkte fundamental überbewertet sind.

4. Rohstoffe

Wenn nicht Aktien, Bonds und Immobilien, dann vielleicht Rohstoffe? Schließlich sind Rohstoffe klassische Makroinvestitionen – Gold als Schutz vor Inflation, Öl als Wachstumsindikator. Rohstoffe unterscheiden sich als Investitionen von klassischen Wertpapieren vor allem dadurch, dass es sich hier um physische Produkte handelt, die gelagert werden müssen. Sie können nicht verbrauchen, was Sie nicht schon ausgebuddelt haben, und Sie können nicht mehr lagern, als die Kapazität der Lagerhallen erlaubt. Die physischen Eigenschaften von Rohstoffen erschweren die Analyse insoweit, als dass sich die Umstände in diesen Märkten relativ schnell ändern.

Bei einem Rohstoff spielen diese physischen Umstände so gut wie keine Rolle: bei Gold. Die Menge ist relativ stabil, und die Lagerung bietet keine Schwierigkeiten. Fangen wir also mit Gold an. Wenn Inflation droht, ist Gold eine sichere Investition. Nichts treibt den Goldpreis so sehr wie zukünftige Inflationserwartung. Gold ist somit die Investition überhaupt für den inflationsfürchtenden Anleger. Gold und Inflation korrelieren fast perfekt.

Zum Zeitpunkt, an dem ich dieses Kapitel schreibe, im März 2010, liegt der Goldpreis bei etwas über 1 100 Euro. Ist das nicht zu hoch? Sind da nicht die schlimmsten Inflationserwartungen schon enthalten? Nicht unbedingt. Der Preis enthält die gegenwärtigen Erwartungen, nicht mehr, nicht weniger. Wenn eine weltweite Deflation drohen sollte, dann wird dieser Preis in den Keller fallen. Wenn sich aber US-Ökonomen durchsetzen mit ihrer Forderung, die Inflationsziele auf vier oder sechs Prozent zu erhöhen, dann wäre es fast sicher, dass der Goldpreis noch erheblich in die Höhe schießen kann. Die Frage, die Sie sich als Anleger stellen müssen, und deren Antwort ich Ihnen im März 2010 nicht geben kann, ist: Inwieweit sind die Inflationserwartungen in den USA korrekt? Sind die Investoren dort zu optimistisch oder zu pessimistisch?

Die Differenz zwischen den Renditen von TIPS und normalen Staatsanleihen ist die implizite Inflationserwartung, denn die beiden Typen von Papieren haben identische Eigenschaften mit der einzigen Ausnahme, dass TIPS-Investoren für Inflation kompensieren. Die Differenz der Renditen ist daher ein Maß für Inflationserwartungen. Wenn Sie also glauben wie ich, dass die Inflation in den USA stärker steigen wird, als die TIPS-Renditen das vermuten lassen, dann wird der Goldpreis ansteigen. Insofern wäre Gold dann eine gute Anlage, auch wenn der Preis nominal hoch erscheint.

Kaufen oder verkaufen Sie Gold, wenn Sie Diskrepanzen in Inflationserwartungen ausnutzen wollen. Projizieren Sie aber bitte nicht Ihre gesamten Ängste auf Ihre Analyse. Auch wenn Sie Angst vor Inflation haben, sollten Sie die zukünftige Inflation nüchtern analysieren, sonst ist Ihnen der Markt voraus, und Ihre Goldkäufe werden sich dann als Verlustgeschäft erweisen.

Noch ein weiterer Tipp von mir: Schauen Sie als Investor nicht auf den absoluten Preis, sondern auf die Diskrepanz zwischen Ihrer eigenen Analyse und den Markterwartungen. Gerade bei den Makrogroßwetterlagen hinken die allgemeinen Markterwartungen lange hinter der Realität her. Einige Monate gingen einher, bevor die griechische Haushaltskrise die Rendite in den Bondmärkten in die Höhe schießen ließ.

Zurück zu einer Goldwährung?

Erlauben Sie mir bitte diesen kleinen Diskurs. Ich werde häufig darauf angesprochen, auf Tagungen und Konferenzen, ob es an der Zeit sei, die Währung wieder an das Gold zu koppeln. Es sind meistens Männer, die diese Frage stellen, und was mir ebenfalls auffällt und wofür ich keine Erklärung habe, ist, dass ein großer Anteil von ihnen mit einer Fliege um den Hals herumläuft. Vielleicht ist es der intellektuelle und modische Einfluss der österreichischen Schule.

Deren Argument ist das folgende: Im Gegensatz zu Geld sei die Goldmenge weitestgehend konstant, und es wäre schlichtweg unmöglich, Inflation zu erzeugen. Leider haben die Geldkritiker oft eine sehr verklärte Deutung der Vergangenheit. Sie vergessen oder erwähnen nicht, dass Gold während der Großen Depression eine wichtige Rolle in der globalen Ausbreitung der Krise spielte, denn die Regierungen waren damals gezwungen, ihre Goldbestände zu kontrollieren, anstatt die Krise zu bekämpfen, und somit kam es gerade dort zu prozyklischer Politik wie etwa in Frankreich, wo man noch am längsten an der Goldbindung festhielt.

Papiergeld hingegen bietet zwar die Möglichkeit der Manipulation, erlaubt eine Flexibilität im Krisenmanagement, die durch Gold nicht gegeben ist. Sollten wir jemals wieder auf eine Goldwährung hinsteuern, würden wir ein erhöhtes Maß an Preisstabilität garantieren, dafür aber ein noch höheres Maß an gesamtwirtschaftlicher Instabilität in Kauf nehmen. Ich glaube, dies wird uns in letzter Konsequenz daran hindern. Aber der Ruf nach einer Goldwährung wird lauter.

Papiergeld ist nur deswegen wertvoll, weil wir als Gesellschaft den Wert von Geld akzeptieren. Es ist ein sozialer Vertrag, und natürlich kann die Gesellschaft diesen Vertrag kündigen – durch Währungsreform, Inflation und anderes. Deutschland hat im vergangenen Jahrhundert zweimal erlebt, dass Vermögen verloren ging während der Großen Inflation im Jahre 1923 und später in der Währungsreform 1948. Verständlich ist daher der Wunsch, sich gegen derartige politische Risiken abzusichern. In solchen globalen Krisensituationen bieten auch andere Werte keinen Schutz, auch Immobilien nicht, die man schließlich enteignen kann.

Wenn wir als Anleger dem sozialen Vertrag nicht mehr vertrauen, dann ist ein Golddepot in einem sicheren Schlupfwinkel möglicherweise zu empfehlen. Daher würde ich auch bei größeren Vermögen dazu raten, einen kleinen Teil, vielleicht fünf Prozent, aber nicht mehr als zehn Prozent, in Gold zu investieren, als Absicherung gegen eine politische Krise. Das hat mit Makroinvestitionen aber nichts zu tun.

In unseren Makrostrategien spielen die Rohstoffe eine eher untergeordnete Rolle, zumal es für die meisten Investoren nicht infrage kommt, Terminwarengeschäfte über Kupfer oder Baumwolle zu tätigen. Das sind Profimärkte. Natürlich kann man sich an entsprechenden Fonds beteiligen, aber auch das steht hier nicht im Vordergrund.

Aus unserer Makroanalyse ergibt sich folgendes Bild. Die Weltwirtschaft wird zunächst an Fahrt gewinnen, vor allem die Schwellenländer und die neuen Industriestaaten. In China ist die Krise längst überwunden, und wir befinden uns dort mittlerweile schon in einer Blase, zumindest in einigen Teilmärkten. Im Winter 2010 gab es dort schon Blasenentwicklung in den Märkten für Knoblauch und Chilipfeffer sowie im Immobilienbereich einiger Großstädte. Wohingegen in den Industriestaaten die Nachfrage nach Rohstoffen relativ stetig ist, erleben wir momentan einen starken Anstieg der Nachfrage aus den Schwellenländern.

Ich hörte folgendes, für mich sehr überzeugendes Ar-

gument von einem der bekannten internationalen Roh-
stoffmarktexperten. Zunächst stelle man sich die Frage,
welche Rohstoffe in den Schwellenländern stark nachgefragt werden, relativ zu der Nachfrage aus den alten Industrieländern. Das sind zumeist Produkte für die Indus-
trieproduktion. Seine Liste bestand aus: Blei, Aluminium,
Kupfer, Nickel, Zink, Platin und Kohle.

Da Rohstoffe physische Produkte sind, sollte man
sich als Investor ebenfalls die Frage stellen, wie groß die
Auslastungskapazitäten sind. Denn es gibt Rohstoffe, deren Angebot sich an die Nachfrage anpasst, was den Preis
stabilisiert, wohingegen bei anderen Rohstoffen sich der
Preis und nicht das Angebot anpasst. Als Investor bevor-
zugen Sie Letzteres. Wenn Sie beide Faktoren – erwartete
Nachfrage aus den Schwellenländern und Kapazitäts-
grenzen – gleichzeitig berücksichtigen, bleibt folgende
Liste: Blei, Kupfer, Zink, Kohle und Platin. Gerade Platin
ist interessant, da es ähnliche Charakteristika hat wie
Gold, und da es aber auch als Industrieprodukt einer
starken Nachfrage aus den Schwellenländern unterliegt.

Ein wichtiges Gebiet, auf das ich in diesem Buch nicht
eingehen werde, sind Energierohstoffe, insbesondere Roh-
öl. Hier ist das Bild weitaus komplizierter. Sie müssen die
Angebots- und Nachfragestruktur sehr im Detail analysieren. Für den Nichtexperten gibt es bessere Makrostrategien, und deswegen sollten wir uns auch nicht weiter mit
Rohstoffmärkten beschäftigen.

Die zwei wesentlichen Faktoren sind Gold – dessen
Preis Inflationserwartungen reflektiert, und dessen Preis
sich einer Änderung der Inflationserwartungen anpasst –
und die Gruppe von Rohstoffen, die aufgrund des wachsenden Gewichts der Schwellenländer an der Weltwirtschaft zunehmend nachgefragt werden. Von denen sind
besonders diejenigen interessant, deren Angebot sich nicht
schnell der Nachfrage anpasst.

5. Devisen

Devisen sind eigentliche keine Investitionsklasse wie die anderen. Sie können in Wechselkursen auch nicht „investieren". Sie können in Wechselkursen handeln oder Sie können in Fremdwährungen investieren in der Hoffnung, einen Währungsgewinn zu verbuchen. Sie können natürlich auch Wechselkurse komplett ignorieren. Denn als jemand, der im Eurogebiet lebt, dort sein Geld verdient und dort sein Geld ausgibt, was ich jetzt einmal unterstelle, können Sie die Wechselkurse komplett ignorieren und nur im Euroraum investieren. Schließlich brauchen Sie keine Absicherung gegen Währungsrisiken.

In diesem Buch geht es nicht um Handelsstrategien. Wer sich dafür interessiert, findet im Internet Handelsplattformen wie www.forex.com, wo Sie sogar eine Übungsplattform eröffnen können, auf der Sie mit begrenztem Risiko testen können, wie der Devisenhandel in der Praxis funktioniert. Ich kenne Leute, die das mit Erfolg tun. Diese Händler benutzen charttechnische Methoden, die zwar nicht wissenschaftlich fundiert sind und die trotzdem in einigen Fällen überraschend gut funktionieren. Diese Formen des Handels widersprechen so ziemlich allem, was ich über Finanzmärkte und Wirtschaft gelernt habe. Ich will Sie daher auch nicht dazu ermuntern, Ihren Job an den Nagel zu hängen und anstatt dessen sich den ganzen Tag vor einen Computer zu hängen, und den Euro-Dollar-Wechselkurs zu handeln.

In diesem Buch geht es um Investitionen, nicht um Wertpapierhandel. Aber wie soll man Wechselkurse analysieren? Zunächst eine sehr offensichtliche Aussage: Wechselkurshandel ist per Definition ein Nullsummenspiel. Im Gegensatz zu den Aktienmärkten können nicht alle Beteiligten gewinnen. Man muss allerdings auch sagen, die meisten wollen auch gar nicht gewinnen. Sie „spielen" auch nicht, sondern wollen ein Währungsrisiko absichern. Wenn Sie also morgen gegen den Euro wetten wollen, dann ist Ihre Chance unter Einbeziehung der öffentlichen Information 50 Prozent, dass Sie einen Gewinn machen, und dadurch, dass zwischen Ihnen und Ihrer Gegenpartei noch ein Devisenhändler oder ein Swaphändler steht, ist die echte statistische Chance etwas kleiner als 50 Prozent. Aus rein stochastischer Sicht sind Wechselkurse daher ähnlich wie Roulette.

Es sei denn, Sie haben ein überlegenes Modell. Die ernüchternde Nachricht ist aber, dass bislang kein einziges bekanntes ökonomisches Wechselkursmodell in der Praxis funktioniert, oder besser funktioniert als das Random-Walk-Modell, wonach die beste Schätzung eines zukünftigen Wechselkurses der heutige Wechselkurs ist. Egal ob man ökonomische Fundamentaldaten nimmt oder andere Finanzdaten, wie etwa Zinsunterschiede: Durch keinen dieser Faktoren lässt sich ein bilateraler Wechselkurs auch nur annähernd erklären und schon gar die zum Teil extreme Volatilität.

Der berühmte englische Ökonom John Maynard Keynes hatte nach dem Ersten Weltkrieg die ökonomischen Konsequenzen des Versailler Abkommens korrekt analysiert. Deutschland würde unter dieser Last zerbrechen. Keynes war auch Spekulant und benutzte diese Erkenntnis zur Spekulation gegen die Reichsmark. Keynes verlor, aber nicht, weil er unrecht hatte, sondern weil der Zusammenbruch der Reichsmark für Keynes zu spät erfolgte. „Märkte haben die Tendenz, länger irrational zu sein, als man selbst liquide ist." Genau das ist das Problem für jeden, der auf Wechselkurse wettet. Es reicht nicht aus, recht zu haben, sondern Sie müssen auch noch das Timing hinbekommen. Und das ist enorm schwer. Es gibt fundamentale ökonomische Gründe, die für eine Aufwertung des Euro sprechen, was aber durch andere Faktoren überschattet werden kann, etwa kurzfristige Geldströme oder Griechenland-Krisen.

Da die Charttechniker eher auf Psychologie setzen und den Herdentrieb modellieren, sind sie meistens erfolgreichere Investoren als die Fundamentalinvestoren. Ob Sie sich der Charttechnik anschließen oder nicht, das ist Ihre Entscheidung. Ich selbst tue es nicht, sondern setze auf einen anderen Analyserahmen. Dabei handelt es sich nicht um ein Modell, sondern um eine Methodik, Störungen in der makroökonomischen Großwetterlage zu identifizieren.

Was ich Ihnen hier also anbieten kann, ist die Bereitstellung eines qualitativen Analyserahmens anhand eines konkreten Beispiels. Es kann sein, dass dieses Beispiel nicht mehr zutrifft, wenn Sie dieses Kapitel lesen. Es ist auch egal. Es geht hier nur um die Vorgehensweise. Anpassen müssen Sie es selbst.

Bei diesem Beispiel handelt es sich um den Euro-Dollar-Wechselkurs, der Anfang März 2010 bei ungefähr 1,36 Dollar pro Euro lag.

Eine kurze technische Anmerkung zu Konventionen im Devisenhandel

Wechselkurse werden technisch mit sechs Großbuchstaben beschrieben, wie zum Beispiel EUR/USD (Euro – Dollar). Seien Sie vorsichtig mit der Reihenfolge. EUR/USD heißt nicht Euros pro Dollar, sondern genau umgekehrt, Dollars pro Euro. Nach einer Konvention ist der erstgenannte Betrag immer die Basiswährung, und die zweite Währung ist die Notierungswährung. USD/JPY (Dollar – Yen) gibt die Anzahl der Yen pro Dollar an.

Wenn EUR/USD steigt, dann fällt der Wechselkurs des Dollars, der Notierungswährung. Das Verhältnis ist also umgekehrt proportional. Wenn der USD/JPY von

80 auf 90 steigt, dann fällt der Wechselkurs des Yen,
der Notierungswährung relativ zur Basiswährung, dem
Dollar.
Man merke sich also zwei Dinge:

1. Beim Wechselkurs ist die erstgenannte Währung die
   Basiswährung, die zweite die Notierungswährung.
2. Wenn XXX/YYY steigt, dann fällt der Wechselkurs
   von YYY gegenüber XXX.

Unser Analyserahmen greift auf den volkswirtschaftlichen ersten Teil des Buchs zurück. Dort habe ich eine für
Makroinvestoren wichtige Gleichung aus der Volkswirtschaft hergeleitet:

Bilanz des Staatssektors + Bilanz des Privatsektors = Leistungsbilanz

oder:

Bilanz des Staatssektors + Bilanz des Privatsektors − Leistungsbilanz = 0

Im Euroraum und in Deutschland insbesondere planen
wir in den nächsten Jahren eine extreme Konsolidierung
unserer Haushaltsbilanzen. Die Griechen versprachen,
ihr Defizit von knapp 14 Prozent vom jährlichen Volkseinkommen auf drei Prozent zu senken. Wir Deutschen
sind sogar noch ehrgeiziger. Mit der Schuldenbremse, die
wir im Jahre 2009 in das Grundgesetz geschrieben haben,
beschränken wir die Nettoneuverschuldung auf 0,35 Prozent pro Jahr ab dem Jahre 2016 unter Berücksichtigung zyklischer Schwankungen. Ich will hier an dieser
Stelle nicht darauf eingehen, was ich von dieser Form der
Schuldenbegrenzung halte. Als Investoren sollte man den
geplanten Defizitabbau in Bezug auf den Wechselkurs al-

lerdings genau zur Kenntnis nehmen und richtig analysieren.

Wenn Sie die zweite der soeben dargestellten Gleichungen anschauen, dann gibt es nur zwei Möglichkeiten, wie
sich ein Defizitabbau des Staates auswirkt. Entweder die
Bilanzen des privaten Sektors verschlechtern sich um den
gleichen Grad, wie sich die Bilanzen des staatlichen Sektors verbessern. Oder aber der Leistungsbilanzüberschuss
steigt enorm. Oder man hat eine Kombination der beiden
Faktoren. Genau das ist schließlich auch die Aussage der
beiden Grafiken. Wenn Sie eine Position verschieben,
dann verschieben Sie auch die andere. Bedenken Sie bitte,
dass es sich hierbei nicht um irgendeine kontroverse
Wirtschaftstheorie handelt, sondern um eine volkswirtschaftliche Identität. Die obigen Gleichungen treffen jedes Jahr auf jedes Land zu.

Wie sieht es in den USA aus? Auch dort würde man
erwarten, dass man das Konjunkturpaket zurückfährt.
Auch dort sind die Schuldenstände des Staates hochge-
gangen, während sich der Privatsektor entschuldete. Ich
würde dort erwarten, dass die Sparquote des Privatsektors nicht noch weiter ansteigt und dass der amerikanische Staat auf absehbare Zeit höhere Defizite einfährt, als
wir das in Europa zulassen würden.

Gehen wir beide Anpassungsszenarien für Europa
einmal durch. Im Jahre 2009 hatte der Euroraum ein
leichtes Leistungsbilanzdefizit. Nehmen wir an, die Leistungsbilanz wird sich nur minimal verschlechtern. Wenn
in diesem Szenario die Defizite des öffentlichen Sektors
massiv abgebaut werden, dann liegt fast die gesamte Anpassungslast auf dem privaten Sektor. Der würde das
meiste seines bislang gesunden Überschusses opfern und
relativ ausgeglichen sein. Das heißt, es wird im Privatsektor genauso viel gespart wie investiert.

Wäre der Euroraum ein homogenes Land, so wäre diese Anpassung relativ harmlos. Bei ausgeglichenem Staats-

defizit und ausgeglichener Leistungsbilanz wäre die Bilanz des Privatsektors ebenfalls nahezu ausgeglichen. Der Privatsektor würde sich also von einem starken Überschuss in Richtung auf eine ausgeglichene Bilanz verschlechtern.

Der Euroraum ist aber nicht ausgeglichen. Ganz im Gegenteil. Griechenland und einige andere Länder müssen eine enorme Anpassungslast in ihren Haushalten vollbringen. Nehmen wir einmal an, die Leistungsbilanzen aller Euroländer verbesserten sich nur ein wenig, sagen wir um zwei Prozentpunkte bis 2012, und nehmen wir weiter an, dass die Haushaltsdefizite auf drei Prozent reduziert werden. Dann ergibt sich folgende Situation für die fünf schwächsten Länder im Euroraum.

In Prozent		Bilanz des Staats- haushalts	Leistungs- bilanz	Implizite Bilanz des Privat- sektors
Griechenland	2010	−12,2	−7,9	4,3
	2012	−3,0	−5,9	−2,9
Spanien	2010	−10,1	−4,6	5,5
	2012	−3,0	−2,6	0,4
Portugal	2010	−8,0	−10,2	−2,2
	2012	−3,0	−8,2	−5,2
Italien	2010	−5,3	−2,4	2,9
	2012	−3,0	−0,4	2,6
Irland	2010	−14,7	−1,8	12,9
	2012	−3,0	0,2	3,2

Quelle: Rob Parenteau, www.nakedcapitalism.com

Die erste Spalte minus der zweiten plus der dritten ergibt null. Das war schließlich die Aussage unserer Formel. Diese Beziehungen gelten hier natürlich auch. Hier fixieren wir das Haushaltsdefizit auf drei Prozent vom Bruttoinlandsprodukt und nehmen eine nur leichtere Verbesserung der Leistungsbilanz an. Die Länder exportieren vielleicht etwas mehr oder sie importieren etwas weniger, aber in den zwei Jahren erwarten wir keine großen strukturellen Verschiebungen. Was passiert in diesen Ländern mit dem Privatsektor?

Die Bilanzen des Privatsektors würden sich unter dem Szenario der erzwungenen Haushaltskonsolidierung zum Teil dramatisch verschlechtern. In Griechenland erfolgt die Entschuldung des Staates durch eine Verschuldung des privaten Sektors – für den der Staat zum Teil aber aufkommen muss, zum Beispiel bei den Banken. In Griechenland ist eine haushaltspolitische Rosskur daher nicht unbedingt eine Lösung des Problems, lediglich eine Verlagerung auf den Privatsektor. Um das Problem zu lösen, bräuchte Griechenland eine erhebliche Verbesserung der Leistungsbilanz. Und um das zu erreichen, müsste man abwerten. Da Griechenland aber Mitglied einer Währungsunion ist, kann man den Wechselkurs nicht nominal abwerten, sondern nur real. Griechenland müsste die Löhne um etwa ein Drittel senken, um den gewünschten Erfolg zu erzielen. Das Gleiche gilt für Spanien, Portugal und Irland. Italien hingegen ist kein Problem. Hier ändern sich die Bilanzen im Zuge der Anpassung nur sehr wenig.

Was sagt uns diese Analyse über den Wechselkurs aus? Die Antwort ist relativ klar: Der Euro muss abwerten, um eine Krise zu vermeiden. Denn sonst droht unter dem einen Szenario eine massive Überschuldung des Privatsektors und unter dem anderen eine Steigerung des gesamten Leistungsbilanzdefizits des Euroraums gegenüber dem Rest der Welt. Das aber verlangt einen geringeren Außenwert des Euro.

Dieser Analyserahmen ist auf andere Länder übertragbar. Man sollte sich als Investor nur darüber im Klaren sein, dass man hiermit lediglich Schieflagen identifiziert.

Ob man diese Schieflagen für sich ausnutzen möchte oder auch kann, ist eine andere Frage.

Die Überlegungen, die ich hier oben angestellt habe, waren Teil einer Hedgefonds-Strategie, die den Euro von einem Wert von knapp 1,50 Dollar auf 1,36 Dollar herunterbrachte. Bei solchen Fundamentalstrategien ist es schon wichtig, dass man sich rechtzeitig über die Anpassungsprozesse Gedanken macht. Es kann durchaus sein, dass man in zwei Jahren, wenn der Wechselkurs des Euro bei einem Dollar liegen sollte, ein Szenario wählt, nämlich einen erheblichen Anstieg des Eurowechselkurses im Zuge unterschiedlicher Inflationserwartungen. Wenn die Fed eine höhere Inflation zulässt als die EZB, dann können sich die Verhältnisse wieder dramatisch umkehren.

Ich selbst erwarte, natürlich ausgehend vom März 2010, eine Phase der Euroschwäche gefolgt von einer Phase der Eurostärke.

6. Ein kurzer Rückblick

Im ersten Kapitel des Buchs präsentierte ich Ihnen die makroökonomische Analyse der Instabilität. Im zweiten Kapitel gab ich Ihnen einen Analyserahmen der wichtigsten Märkte. Nach diesem Analyserahmen sind Sie wahrscheinlich eher skeptisch. Denn hier wurde häufig darauf hingewiesen, dass die meisten Preise zu hoch sind. Und damit wären wir bei den Makrostrategien. Wenn die Indikatoren Q oder CAPE anzeigen, der Aktienmarkt sei billig, dann könnten Sie getrost investieren. Sie bräuchten keine Makrostrategien. Wenn die Bondmärkte Ihnen relativ sichere Renditen von sechs Prozent einbringen, dann nichts wie rein. Auch dann brauchen Sie keine Makrostrategien. Auch bei Rohstoffen ist es nicht klar, ob Sie als Investor da mitmachen sollten, und bislang habe ich Ihnen noch nicht einmal klipp und klar eine Antwort gegeben, was den Goldpreis angeht.

III. Teil:
Makrostrategien

Die Makrostrategien, die ich Ihnen hier präsentiere, waren im Frühjahr 2010 plausibel. Im Herbst 2010, wenn dieses Buch veröffentlicht wird, oder später, sind sie wahrscheinlich nicht mehr aktuell. Neue Situationen erfordern neue Analysen und führen zu neuen Strategien. Sie sollten diese Strategien also an die neuen Verhältnisse anpassen oder besser noch neue entwickeln. Auf meiner Internet-Website www.munchau.com werde ich die Information aktualisieren.

Bevor wir diese Strategien konkret besprechen, sollte Sie sich als Makroinvestor ein paar Gedanken machen zu Ihrer eigenen Situation, über Risiken und wie man überhaupt Makrostrategien umsetzt.

1. Der erste Schritt: Risikoprofil und Anlagestrategie

i. Sind Makrostrategien riskant?

Die Antwort ist: Makrostrategien sind nicht riskanter oder weniger riskant als Mikrostrategien, es hängt nur von den Strategien ab. Wohingegen ich mir sehr sicher bin, dass meine Analyse über die Finanzinstabilität sehr robust ist, besteht größere Unsicherheit bei der Frage, inwieweit Inflation oder Deflation droht. Ich bin zwar fest davon überzeugt, dass das Inflationsrisiko größer ist. Nur es stimmt ebenfalls, dass wir keine Theorie der Inflation haben, die in unseren Zeiten mit Zuverlässigkeit funktioniert. Für Ökonomen ist Japan genau deswegen ein Gräuel, weil man es nicht so richtig versteht. Es gibt viele Vermutungen, aber bislang keine durchschlagende Erklärung.

Die besten Makroinvestoren der Welt haben in ihrer Karriere spektakuläre Fehler gemacht – oft weil irgendwelche unvorhergesehenen Ereignisse die Strategie durchkreuzten. Das wird Ihnen nicht anders ergehen. Nicht alle Strategien können 100-prozentigen Erfolg versprechen. Meine Behauptung, die ich in diesem Buch aufstelle, ist die, dass Makrostrategien in diesem Zeitalter besser geeignet sind, die Investoren vor unliebsamen Schocks zu schützen, als die klassischen Mikrostrategien: Aktien kaufen, dann in den Safe und erst in 30 Jahren wieder anrühren. Das sind Schönwetterstrategien, die in unserem Klima nicht mehr funktionieren.

Der legendäre Makrostratege George Soros, der im Jahre 1992 die verzweifelte Lage des britischen Pfundes genial ausnutzte, machte zuvor einmal folgende Bemerkung[59]: „In Bezug auf Ereignisse in der realen Welt ist meine Prognosesicherheit ausgesprochen miserabel. Die herausstechende Eigenschaft meiner Prognosen besteht darin, dass ich Sachen vorhersage, die nicht eintreffen."

Sein Zitat zeigt uns zweierlei Dinge. Makroinvestoren geben sich nach außen nicht so wie diese unangenehmen Alphasiegertypen, die man überall im Finanzsektor antrifft. Es sind meistens selbstkritische Intellektuelle. Das Zweite ist, dass sie alle Fehler machen, zum Teil große. Die Kunst des Makroinvestierens besteht nicht darin, die Zukunft korrekt vorherzusagen. Makroökonomische Prognosemodelle sind nicht besonders gut. Die Kunst besteht darin, makroökonomische Schieflagen korrekt zu identifizieren. Soros ist im Übrigen kein Makroökonom, hat aber ein Gespür für Schieflagen wie kaum ein anderer.

ii. Ein Makrorisikoprofil

Bevor Sie sich an die Arbeit machen, sollten Sie sich über Ihr eigenes Risikoprofil Gedanken machen. Eines der Probleme amerikanischer Hausbesitzer während der Krise waren die korrelierten Risiken der gesamten Lebensumstände. Im Jahre 2007 begannen die Immobilienpreise zu fallen und somit die Preise der in den meisten Fällen größten Investitionen. 2008 kamen die Lehman-Pleite und der Crash an den Börsen. Somit gingen die Werte der übrigen Investitionen und das zu erwartende spätere Renteneinkommen zurück, das in den USA zumindest eng an die Aktienkurse gekoppelt ist. Dann kam die Rezession, und viele Arbeiter und Angestellte verloren ihren Arbeitsplatz. Wenn Sie also einen krisenanfälligen Arbeitsplatz und Ihre Investitionen in Immobilien und Aktien hatten, dann waren Ihre Makrorisiken korreliert. Wenn Sie Pech hatten, dann hat die Krise Ihre materielle Existenz völlig weggefegt.

Wenn man sich als Investor vor plötzlich auftretenden Makrorisiken schützen will, dann sollte man sich zuvor überlegen, wo das Risiko für einen persönlich entsteht. In Deutschland sind die Makrorisiken aufgrund des dichten Sozialnetzes geringer. Die Wahrscheinlichkeit, dass Sie in einer Makrokrise Ihre gesamte Existenzgrundlage verlieren, ist somit niedriger. Unternehmen haben auf Kurzarbeit umgeschaltet, anstatt sofort Arbeitsplätze abzubauen. Das Mietrecht ist relativ mieterfreundlich gestaltet. Sie verlieren also nicht so schnell Ihre Wohnung oder Ihr Haus wie in den USA.

Trotzdem sind diese Makrorisiken auch in Deutschland erheblich, und sie wachsen mit anhaltender Instabilität, denn kein soziales Versicherungssystem der Welt hat die Ressourcen, um diese Risiken jahrzehntelang abzudecken. Was also tun?

Die Antwort besteht darin, ein Risikoprofil für sich und Ihre Familie aufzustellen. Wenn Sie in der Autoindustrie arbeiten, dann sind Sie als Arbeitnehmer mit zwei existenziellen Risiken konfrontiert. Dem Mikrorisiko der Strukturkrise in der Autoindustrie, insbesondere die hohen Überkapazitäten, und dem Makrorisiko einer tiefen Rezession. Beide Risiken überlappen, denn Rezessionen sind häufig der Anlass für tief greifende Strukturänderungen. Ohne die Krise hätte Fiat nie Chrysler übernommen, und die Strukturprobleme bei Opel hätte man noch einige Jahre weiter schleifen lassen. Makro- und Mikrorisiken sind damit eng miteinander verbunden. Aber das Makrorisiko ist gravierender. Wenn nur Ihre Firma pleitegeht und Sie den Arbeitsplatz verlieren, dann besteht oft eine Chance, dass Sie woanders unterkommen. Das ist nicht so, wenn Sie Ihren Arbeitsplatz in einer allgemeinen Pleitewelle während einer Makrokrise verlieren, wenn die ganze Industrie einen Einstellungsstopp verhängt hat. Für dieses Risiko lohnt es sich, sich möglicherweise tatsächlich zu versichern. Nur so ganz einfach ist das nicht.

Dass man sein Vermögen nicht in den Aktien des Unternehmens hält, in dem man arbeitet, ist aus Risikosicht offensichtlich. Um das persönliche Risiko abzusichern, sollte man zumindest in andere Sektoren investieren. Dann hätten Sie zumindest im Falle der Arbeitslosigkeit noch Ihre Ersparnisse. Kann man noch mehr machen, als sich zu diversifizieren?

Machen wir mal folgendes Gedankenexperiment. Bitte nehmen Sie es aber nicht für bare Münze. Stellen Sie sich mal vor, Sie würden sich entscheiden, sich mit den Mitteln der modernen Kreditmärkte gegen die Insolvenz Ihres Arbeitgebers zu versichern. Sie könnten zum Beispiel Kreditausfallversicherungen (Credit Default Swaps) auf Anleihen Ihres eigenen Unternehmens kaufen. CDS sind Versicherungsinstrumente, mit denen man auf die Insolvenz eines Unternehmens spekuliert beziehungsweise sich dagegen absichert. Konkret erhalten Sie eine vereinbarte Summe im Falle eines Zahlungsausfalls bei einer Unternehmensanleihe.

Das geht natürlich nur bei relativ großen Unternehmen, die sich mit Firmenanleihen finanzieren und für die es einen CDS-Markt gibt. Und mit sehr hoher Wahrscheinlichkeit verfügen Sie als Privatinvestor nicht über genügend überschüssiges Sparvermögen, um auch nur einen einzelnen CDS-Vertrag abzuschließen. Und selbst dann würde man Sie wahrscheinlich nicht als Verhandlungspartei akzeptieren. Die Basis für einen solchen Vertrag sind ein Bündel von Unternehmensanleihen im Wert von zehn Millionen Euro. Die Notierung von CDS erfolgt in Basispunkten. Wenn der CDS Ihres Unternehmens gerade mit 50 bp gehandelt wird, dann kostet Sie diese Versicherungsleistung coole 50 000 Euro pro Jahr. Sollte es zu einer Insolvenz kommen, dann verlieren Sie zwar Ihren Arbeitsplatz, aber zum Glück gibt es einen Lottogewinn in der Form von zehn Millionen Euro, quasi als Trostpflaster. Sie hätten sich also sehr gut abgesichert, allerdings zu einem irren Preis.

Wie gesagt, nur ein Gedankenspiel. In der Realität wird dieses Spiel an einer Reihe möglicher Faktoren scheitern. Für Ihre Firma gibt es wahrscheinlich keinen CDS-Markt

und wahrscheinlich haben Sie nicht die 50 000 Euro jedes Jahr, und selbst dann dürften Sie als Privatanleger
nicht in diesem unregulierten Markt tätig sein. CDS werden nicht auf einer Börse gehandelt, sondern es sind private Verträge zwischen zwei Parteien, meistens zwischen
Banken, Versicherungen und Hedgefonds. Keine von denen wird Sie als Vertragspartner akzeptieren.

Aber spielen wir das Gedankenspiel trotzdem weiter.
Nehmen wir an, Sie bräuchten nicht den Jackpotgewinn
von zehn Millionen Euro. Nehmen wir mal an, Sie teilen
sich die Investition mit 19 weiteren Arbeitskollegen. Dann
würde jeder bei Insolvenz immerhin noch die ordentliche
Summe von 500 000 Euro erhalten bei einer jährlichen
Zahlung von 2 500 Euro. Hier sind zumindest die Pro-
portionen etwas realistischer. Aber wie gesagt, auch das
wird in der heutigen Realität nicht funktionieren. Denn
dieser Markt steht auch einer Gruppe von Privatpersonen nicht offen. Es ist allerdings vorstellbar, dass irgendwann einmal eine Finanzinstitution Produkte auf den
Markt wirft, die dem privaten Anleger derartige Strategi-
en ermöglichen.

Wie gesagt, dies war nur ein extremes Gedankenspiel
einer nahezu perfekten Makroabsicherung. CDS-Verträ-
ge werden natürlich nicht benutzt, um ein Arbeitsplatzri-
siko abzusichern, aber es ist nicht auszuschließen, dass
irgendwann einmal Derivate dieser Kreditderivate entwickelt werden, die genau das ermöglichen. Bis dahin müssen wir andere Wege finden, das Risiko abzusichern.

Für die meisten Menschen ist das größte materielle
Unglück der Arbeitsplatzverlust verbunden mit langfristiger Arbeitslosigkeit, also das Risiko, das durch eine
Makrokrise entsteht. Rentner sind einem anderen Makrorisiko ausgesetzt, der Inflation, wohingegen junge Fami-
lien mit hohen Hypotheken durch die Deflation bedroht
sind. Da Sie als Individuum Ihre persönlichen Risiken
nicht direkt über den Finanzmarkt absichern können, ist

es besser, sich gegen die für Sie entscheidenden Makrorisiken direkt zu versichern. Für den Rentner, zum Beispiel, bietet sich daher eine Anti-Inflations-Strategie an.

Als Investor im Allgemeinen und als Makroinvestor
im Besonderen sollten Sie sich ein Risikoprofil erstellen.
Ich würde hier vor allzu viel Präzision warnen. Wichtig
ist, dass Sie sich darüber im Klaren sind, wo Ihre persönlichen Risiken liegen, und wie diese Risiken durch Krisen
beeinflusst sind. Sie sollten erst dann ans Investieren denken.

iii. Warum Sie (in den meisten Fällen) nicht direkt in Hedgefonds investieren sollten

Man könnte das Problem der Makroinvestitionen doch
viel einfacher lösen, indem man direkt in Makro-Hedgefonds investiert. Es gibt eine ganze Reihe gut gemanagter
Makrofonds, die selbst während der Krise zweistellige
Wachstumsraten erzielten.

Für die meisten Privatinvestoren kommen diese Fonds
nicht infrage. Einige dieser Fonds sind mittlerweile ge-
schlossen, alle verlangen einen sechsstelligen Mindesteinsatz, in manchen Fällen sogar mehr als eine Million
Dollar. Die Volatilität ihrer Erträge ist zuweilen sehr
hoch, sodass man als Investor hier wirklich die Nerven
behalten sollte. Und viele diese Fonds sind, momentan
jedenfalls noch, unreguliert. Darüber hinaus sind viele
dieser Hedgefonds hoch spezialisiert. Wenn Sie ein großes Vermögen haben, dann lohnt es vielleicht, in solche
Fonds zu investieren.

Für den Privatinvestor kämen in der Regel nur Dachfonds infrage, also Hedgefonds, die in andere Hedgefonds
investieren. Auch hier gibt es gute und schlechte, auch
hier ist man, zumindest zu Anfang 2010, im regulativen
Niemandsland, und auch hier braucht man zumeist sechsstellige Mindesteinsätze.

Der wirkliche Killer direkter Hedgefonds-Investitionen sind die sehr hohen Gebühren, die hier anfallen. Gerade in Zeiten der Instabilität ist die Gebührenstruktur für die Hedgefonds aus Sicht vieler Investoren uninteressant. Die Managementgebühren betragen meistens so um die zwei Prozent der Einlagen. Dann kommt die Erfolgsgebühr, typischerweise 20 Prozent der Gewinne, in einigen Fällen aber auch mehr als das Doppelte. Bei großen Verlusten gibt es keine negativen Gebühren, sodass die Hedgefonds-Betreiber ein Interesse daran haben, hohe Risiken einzugehen. Bei Zahl gewinnen sie, bei Kopf verlieren wir.

Nehmen wir einmal an, Sie investieren in einen Dachfonds, der wiederum in Hedgefonds investiert. Nehmen wir einmal an, die Hedgefonds erzielen alle eine Rendite von 20 Prozent. Zwei Prozentpunkte gehen gleich ab für Verwaltungsgebühren des Hedgefonds, bleiben 18 Prozent. Wenn ein Hedgefonds eine Erfolgsgebühr von 20 Prozent erhebt, also 20 Prozent auf 20 Prozent Rendite, gehen Ihnen weitere vier Prozentpunkte verloren. Es bleiben also 14 Prozent. Dann sind aber noch nicht die Kosten für den Dachfonds bezahlt. Auch dort fallen Verwaltungsgebühren an, um die 1,5 Prozent plus einen Ausgabeaufschlag von oft fünf Prozent vom Anlagevermögen – deren Gewinnmarge. Dann verbleiben Ihnen noch 7,5 Prozent. Das ist nur ein typisches Beispiel. Gebühren variieren sehr stark. In diesem Fall müssen also die Hedgefonds einen Gewinn von 20 Prozent erwirtschaften, damit Sie als Investor eine Rendite von 7,5 Prozent erhalten, die Sie dann auch noch versteuern müssen. Und wenn die Gewinne der Hedgefonds geringer ausfallen, dann bewegen Sie sich sehr schnell auf die Verlustzone zu.

Als Privatinvestor stehen Ihnen nicht dieselben Investitionsmöglichkeiten zur Verfügung wie einem Hedgefonds. Auf den Carry Trade müssen Sie wahrscheinlich

genauso verzichten wie auf den Kauf komplexer Kreditderivate. Hedgefonds sind sinnvoll für sehr reiche Investoren, die bereit sind, einen kleinen Teil ihres großen Vermögens – einen Teil, den sie unter Umständen bereit sind
zu verlieren – mit einem relativ hohen Risiko anzulegen.
Wenn Sie nicht zu dieser Gruppe gehören, müssen Sie
sich schon etwas anderes einfallen lassen, um Makrostrategien zu verfolgen.

Es gibt aber eine Ausnahme der Regel. Spezialisierte
Hedgefonds, die zum Beispiel Leerverkäufe in bestimmten Marktsegmenten tätigen, könnten für den wohlha-
benden Investor ein Teil einer Gesamtstrategie sein. Wenn
man darauf spekulieren will, dass deutsche Bonds hochgehen und spanische an Wert verlieren, dann wäre es
möglicherweise in der Tat ratsamer, sich an einem Hedgefonds zu beteiligen, der die Leerverkäufe ausführt, als
selbst Leerverkäufe zu tätigen. Das Thema Leerverkäufe
ist für uns sehr wichtig. Dazu mehr im nächsten Unterabschnitt.

iv. Leerverkäufe, ja oder nein?

Investoren können im Prinzip in einem Markt in beide
Richtungen spielen. Auch Privatinvestoren können auf
einen Preisverfall spekulieren entweder direkt oder durch
Beteiligung an einem Fonds, der sich darauf spezialisiert
hat. Dadurch stehen dem Privatinvestor in letzter Konsequenz alle Investitionsstrategien offen, selbst die Spekulation mit Kreditausfallderivaten, sofern man sich den
Mindesteinsatz leisten kann und bestimmte Bedingungen
erfüllt. Wie bei Aktienkäufen auch muss man das Risiko
mit einbeziehen, das zum Teil erheblich höher ist.

Mit Leerverkäufen spekuliert man auf einen Fall eines
Wertpapieres. Im Englischen spricht man von *Short Sale*,
wohingegen ein normaler Kauf ein *Long Sale* ist. Wir
werden im weiteren Verlauf des Buches diese Ausdrücke

sowohl im Englischen als auch im Deutschen häufiger benutzen. Wenn ich schreibe: „short griechische Anleihen" (was ich im Übrigen nicht schreiben werde!), dann heißt das ein Leerverkauf beziehungsweise allgemein eine Investitionsstrategie, die von einem Preisverfall profitiert. Man kann, anstatt Lehrverkäufe zu tätigen, auch Put-Optionen kaufen, was etwas risikoloser ist, aber dafür natürlich auch teurer.

Leerverkäufe sind sicher nicht für jeden Investor ratsam, insbesondere nicht für Anleger mit kleinerem Vermögen. Aber wenn die Idee von Makrostrategien darin besteht, Preisdiskrepanzen auszunutzen, die makroökonomischer Logik widersprechen, dann sind Leerverkäufe letztlich genauso legitim wie normale Käufe und zum Teil auch unumgänglich. Bedenken Sie aber, wie es Keynes nach dem Ersten Weltkrieg ergangen ist. Selbst wenn Sie recht haben mit Ihrer Einschätzung, dass ein Wertpapier fällt, heißt das noch lange nicht, dass Sie erfolgreich spekulieren. Bei Leerverkäufen muss das Wertpapier innerhalb einer fest vorgegebenen Zeit fallen. Das heißt, Sie müssen zwei Komponenten berücksichtigen: Richtung und Zeit. Bei normalen Käufen ist es einfacher. Wenn Sie ein Wertpapier langfristig im Depot halten und die Nerven behalten, werden Sie profitieren, solange das Wertpapier langfristig an Wert gewinnt, auch wenn es kurzfristigen Schwankungen unterliegt. Leerverkäufe sind logisch daher nicht das Gegenteil von Käufen. Das Gegenteil eines Kaufes von Dingen, die man nicht hat, ist der Verkauf von Dingen, die man hat. Ein Leerverkauf ist ein Verkauf von Dingen, die man nicht hat, die man sich erst noch leihen muss.

Ein Leerverkauf funktioniert folgendermaßen: Sie „leihen" sich ein Wertpapier, verkaufen es, und am Ende einer fest definierten Zeitperiode müssen Sie es wieder zurückkaufen, um es dem Verleiher wieder zurückzugeben. Wenn der Preis in dieser Woche fällt, haben Sie gewonnen. Wenn er steigt, haben Sie verloren. Bei Aktien ist Ihr Verlustpotenzial begrenzt. Eine Aktie kann maximal bis auf null fallen. Diese Asymmetrie ist im Übrigen eine Konsequenz des Aktienrechts. Der Grund, warum Aktien nicht unter null fallen können, liegt daran, dass die Aktionäre nur mit ihrem eingesetzten Kapital haften, nicht mit ihrem ganzen Vermögen. Ohne die Rechtsform der Gesellschaft mit beschränkter Haftung könnten Aktienpreise theoretisch negativ sein. Wohingegen bei Aktienkäufen Ihr Verlustpotenzial begrenzt ist, ist Ihr Gewinnpotenzial theoretisch unendlich. Wenn Sie einen Leerverkauf für eine Aktie tätigen und am nächsten Tag kommt ein Übernahmeangebot, dann kann Sie das sehr teuer zu stehen kommen.

Wie funktioniert ein Leerverkauf in der Praxis? Das läuft über einen Margin Account bei Ihrem Broker. Sie müssen also dort für solche Geschäfte Sicherheiten hinterlegen und im Falle einer ungünstigen Preisentwicklung, die Sie unter die Sicherheitsmarge drückt, Ihre Sicherheitsmarge wieder aufstocken. Man nennt so etwas auf Neudeutsch einen Margin Call. Mit einem solchen Konto können Sie bei Ihrem Broker normale Käufe sowie Leerverkäufe tätigen.

Leerverkäufe sind aus zwei Gründen riskanter. Sie investieren mit Hebel, der jede Schwankung multipliziert, und wegen der Asymmetrie des Marktes ist Ihr Verlustpotenzial unendlich.

Wer Leerverkäufe tätigen will, muss also über genügend Reserven verfügen, um auch extrem ungünstige Verläufe ohne eine persönliche Insolvenz zu meistern. Wenn Ihr Gesamtportfolio 10 000 Euro beträgt, dann machen Sie es auf keinen Fall. Wenn Sie eine Million Euro haben, Zeit und Lust, dann tun Sie es, aber seien Sie trotzdem vorsichtig. Wer dazwischen liegt, sollte sein Portfolio entsprechend aufteilen und sich die Negativszenarien genau ausrechnen und entsprechend Reserven bereitlegen. Wenn der Margin Call von Ihrem Broker kommt, dann müssen Sie Liquidität nachlegen. Sie brauchen also unbedingt irgendwo ein Geldmarktkonto, auf dem Sie einen Teil Ihres Vermögens parken. Das ist, wenn Sie die Ratschläge im Folgenden lesen werden, sowieso keine schlechte Idee. Sie müssen also nicht über genügend Vermögen verfügen, sondern vor allem über genügend Liquidität. Für die meisten Leser bedeutet das, dass Sie in der Praxis nur einen relativ kleinen Teil ihres Anlagevermögens für Leerverkäufe zur Verfügung stellen können.

Bedenken Sie, der Hebel ist sehr groß, und selbst wenn Sie recht haben mit Ihrer Analyse, kann es sein, dass Sie durch einen irrationalen Überschwang im Markt weggefegt werden. Wenn Ihr Anlagevermögen 100 000 Euro beträgt und wenn Sie ein Margin-Konto von 10 000 Euro haben, dann sollten Sie bereit sein, das Zweifache oder Dreifache zu verlieren. Denn wenn der Margin Call kommt, müssen Sie nachlegen. Wenn Sie hingegen 10 000 Euro in eine hochriskante Aktie investieren, dann ist Ihr Maximalrisiko der Totalverlust, also 10 000 Euro. Bei Leerverkäufen gilt: Lassen Sie sich genug Spielraum.

Zum Teil sind Leerverkäufe auch streng reguliert. So gibt es Broker, die nur Leerverkäufe zulassen, wenn die letzte Preisbewegung positiv war. Man will somit verhindern, dass Leerverkäufe zu sich selbst erfüllenden Prophezeiungen werden. Im Frühjahr 2010 gab es auch Bemühungen der Regierungen „naked shorts" zu verbieten, zumindest bei Kreditausfallversicherungen. Mit diesen Instrumenten kann man nämlich relativ bequem auf die Insolvenz eines Staates oder Unternehmens spekulieren, ohne dass man die Aktien oder Bonds besitzen muss.

Ein normaler Kauf kann kurzfristig schlecht sein, aber sich langfristig als richtig erweisen. Bei Leerverkäufen gibt es keine lange Frist. Ihr Kalkül muss innerhalb einer

bestimmten Zeit aufgehen. Wenn Sie glauben, dass die
Bondpreise fallen, weil Sie einen Anstieg der Inflation be-
fürchten, dann machen Leerverkäufe nur dann Sinn,
wenn Sie ebenfalls eine Theorie über den Zeitpunkt der
Inflation haben und eine weitere darüber, wann der
Markt darauf reagiert. Bei asymmetrischen Risiken kann
das Kalkül aufgehen. Als George Soros gegen das Pfund
wettete, wusste er auch nicht, wann der Zusammenbruch
kommen würde. Aber seine Leerverkäufe waren relativ
risikolos, denn eine Aufwertung des Pfundes war aufgrund der makroökonomischen Situation nahezu ausgeschlossen. Und er wettete und wettete und wettete und
hörte nicht auf zu wetten. Denken Sie daran. Wenn ich
im Folgenden sage: „short US-Bonds", dann meine ich
nicht unbedingt Leerverkäufe, sondern auch alternative
Strategien, wie Investitionen in Hedgefonds oder gar in
Wertpapiere, die mit US-Bonds negativ korrelieren. Hier
müssen Sie schon selbst Fantasie entwickeln und das
Marktangebot durchkämmen. Es gibt viele strukturierte
Wertpapiere, die auch für den Privatanleger sinnvoll sind,
mit denen man in beide Richtungen spekulieren kann.

Leerverkäufe von Bonds sind für Privatanleger in der
Regel schwieriger als von Aktien wegen der relativ hohen
Mindestinvestitionen. Die London Stock Exchange und
die Borsa Italiana ermöglichen Leerverkäufe von Bonds
in kleinen Denominationen. Der Markt ändert sich ständig. Informieren Sie sich.

Zunächst merken Sie sich also bitte:

**Short ist nur ein Oberbegriff für Strategien, in denen man
auf einen Preisverfall setzt. Damit sind nicht unbedingt
Leerverkäufe gemeint.**

Soros ursprüngliche Leerverkäufe haben keine Gewinne
erzeugt, aber auch keine Verluste. Das Pfund blieb relativ
stabil, denn die Zentralbanken intervenierten zu einem
festen Preis. Irgendwann aber konnten die Zentralban-

ken nicht mehr dagegenhalten, und ließen den Wechselkurs des Pfundes abstürzen. Soros gewann, weil er die
Asymmetrie richtig analysierte, und weil er quasi unendlich große Kreditlinien hatte. Keynes war insolvent, bevor seine im Grunde richtige Strategie aufgehen konnte.
Soros wurde nicht insolvent, weil er über ausreichende
Kreditlinien verfügte. Sie müssen also als Spekulant nicht
nur berücksichtigen, ob Ihre Strategien funktionieren,
sondern auch noch, ob Sie zu jeder Zeit liquide sind.

Wenn Sie im Markt eine Risikoasymmetrie entdecken,
dann nur zu, aber trotzdem mit ausreichender Deckung.

Eine weitere Legitimation einer Leerverkaufsstrategie
besteht als Bestandteil einer komplexen Strategie. Wenn
Sie glauben, dass ein bestimmter Sektor oder ein Unternehmen relativ zu einem Aktienmarkt gewinnen wird,
dann können Sie die entsprechenden Aktien kaufen und
Ihr Portfolio gegen einen plötzlichen globalen Marktein-
bruch, der mit diesem Sektor nichts zu tun hat, durch
Leerverkäufe des Marktindex schützen. Wenn der gesamte Aktienmarkt einbricht, dann verlieren Ihre Aktien
zwar an Wert, Sie gewinnen aber durch den Leerverkauf
des Dax. Diese Strategie ist aber nicht risikolos. Wenn es
eine extreme globale Hausse gibt, wie im Frühjahr 2009,
dann können die Verluste aus den Leerverkäufen Ihre
Gewinne aus den Wertpapieren übertreffen. Für eine solche Schutzposition sind Optionen geeigneter, da Sie als
Käufer einer Option ebenfalls nur einen begrenzten Verlust erleiden, nämlich den Verlust des Kaufpreises der
Option.

Es gibt zwei Typen von Optionen, Call-Optionen, die
Sie kaufen in der Hoffnung, dass der Preis des der Option
zugrunde liegenden Wertpapieres über einen bestimmten
Schwellenwert ansteigt. In diesem Fall erhalten Sie die
Differenz zwischen Preis und Schwellenwert. Bei einer
Put-Option ist es umgekehrt. Dann gewinnen Sie, wenn
der Preis unter einen Schwellenwert fällt. Dieser Schwel-

lenwert heißt im Englischen Strike Price. Genauso wie
Sie Optionen kaufen können, könnten Sie auch als Vertragspartner auf der anderen Seite stehen. Sie können die
Option schreiben. Dann ist es aber wie bei den Leerverkäufen. Ihr Risiko ist dann theoretisch unbegrenzt. Wenn
Sie eine Call-Option schreiben, dann verlieren Sie, wenn
der Preis hochgeht (da Ihr Vertragspartner gewinnt).
Umgekehrt, wenn der Preis runtergeht, dann verlieren Sie
als Schreiber einer Put-Option. In beiden Fällen gewinnen Sie nur dann, wenn der Preis des Wertpapieres den
Schwellenwert nicht übersteigt (im Falle einer Call-Option) oder im Falle einer Put-Option nicht darunter fällt.
Als Privatinvestor sollten Sie grundsätzlich nicht Optionen schreiben, sondern höchstenfalls kaufen, und dann
auch nur, um extreme Marktrisiken abzusichern, wenn
Sie bereit sind, den Preis für diese Versicherung zu bezahlen.

Leerverkäufe lohnen sich wirklich nur dann, wenn die
Asymmetrie sicher genug ist und damit Ihre möglichen
Verluste deckeln. Wenn im Jahre 1992 die Bundesbank
plötzlich ihren Kurs geändert hätte, und die Zinsen von
knapp unter zehn Prozent auf fünf Prozent halbiert hätte,
dann wäre die Strategie nicht aufgegangen. Das Pfund
hätte sich innerhalb kürzester Zeit erholt, und George
Soros' Strategie wäre zerschellt. Die Kunst besteht darin,
die Asymmetrie richtig einzuschätzen. Als Makroinvestor müssen Sie kein Makroökonom sein – das wäre vielleicht sogar gar nicht mal hilfreich –, aber Sie sollten
wirtschaftspolitische Handlungen korrekt einschätzen
können. Sie müssen wissen, nach welchen Prinzipien und
nach welchen Theorien die Akteure handeln, unabhängig
davon, wie Sie selbst diese Theorien beurteilen.

v. Ein Beispiel – Wie Makroinvestoren in Griechenland spekulierten

Man kann mit diesem Beispiel eine Menge über Makro-investoren lernen. Das Wichtigste ist, dass Sie niemals, aber auch niemals sich von Ihren Emotionen leiten lassen, sondern eine Situation häufig neu bewerten sollen. Es gibt Menschen, die fürchten ständig die Inflation, selbst mitten in einer Deflation. Makroinvestoren wetten selten stets in dieselbe Richtung. Sie ändern häufig ihre Meinung. Sie sind nicht von hehren Prinzipien geleitet und schon gar nicht von irgendwelchen normativen Ideen darüber, wie die Welt auszusehen hat. Das sind Leute, die ihre Positionen und Meinungen immer wieder neu bewerten und die sich nicht scheuen zuzugeben, mit einer bestimmten Analyse falschgelegen zu haben.

Ich möchte an dem Beispiel Griechenlands erläutern, wie Hedgefonds erfolgreich eine Makrosituation für sich ausnutzten, indem sie ihre Meinung zu einem Thema geändert haben.

Im Februar 2009 kam es zu einer kurzfristigen Spekulationswelle in den festverzinslichen Wertpapieren einiger Staaten. Die Zinsaufschläge für Anleihen aus Irland, Griechenland, Italien, Portugal und sogar Spanien schnellten in die Höhe. Die Märkte waren zum ersten Mal seit Bestehen der Währungsunion darüber nervös, dass Mitgliedsstaaten in der Europäischen Währungsunion in eine Insolvenz getrieben werden können.

Diese Zinsaufschläge fanden ihr Pendant in den Preisen für Kreditausfallderivate. Wenn ein CDS für fünfjährige Staatsanleihen aus Griechenland mit 300 Basispunkten notiert ist, bedeutet das, dass man im Jahr 300 000 Euro bezahlt, um ein Bündel von Bonds im Wert von zehn Millionen Euro zu versichern. Die Preise von CDS reflektieren also die Erwartung des Finanzmarktes, ob Regierungen in Zukunft ihre Schulden bezahlen können. Es gibt CDS natürlich auch für Unternehmensanleihen und anderes. Uns interessieren aber in diesem Zusammenhang nur die CDS auf Staatsanleihen. Hier ist ein Chart von CDS für verschiedene Länder (Grafik 21).

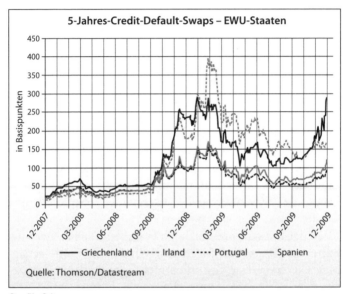

Grafik 21

Wir sind zunächst noch im Winter 2008/2009. Damals war Irland das Sorgenkind der Märkte, als die CDS einen Höhepunkt von 400 Basispunkten erreichten. Auch griechische und sogar österreichische CDS notierten zu Höchstkursen.

Im Februar 2009 beendete der damalige deutsche Finanzminister Peer Steinbrück mit einem einzigen Satz die Krise. Man werde im Fall einer Krise Solidarität zeigen. Wie wir später erfuhren, war das mit der Solidarität gar nicht so einfach und schon gar nicht so selbstverständlich. Aber die Märkte haben damals Steinbrück geglaubt. Die Spekulation endete die starken Zinsauf-

schläge für griechische und andere Staatsanleihen. Im
Sommer 2009 hatte sich die Lage wieder deutlich beruhigt.

Das war der Zeitpunkt, zu dem clevere Hedgefonds-
Manager in griechische CDS investierten. Im September
des Jahres stand eine Parlamentswahl an, und es war klar,
dass man spätestens danach die Strategie ändern müsste.
Ich glaube, auch die Hedgefonds ahnten damals nicht,
was in Griechenland passieren würde. Zunächst hatte
man nicht vorausgesehen, dass die Regierung wechselte,
von den Konservativen zu den Sozialisten, und dann hatte man nicht vorausgesehen, dass sich das projizierte
Haushaltsdefizit von sechs Prozent des Bruttoinlandsproduktes auf über 13 Prozent mehr als verdoppeln würde.
Aber selbst als das bekannt wurde, waren die CDS-No-
tierungen für Griechenland immer noch relativ günstig.
Erst Ende 2009, Anfang 2010 schnellten dann die Kurse
wieder hoch. Was war passiert?

In der Presse wurde vielfach berichtet, die Hedgefonds
hätten die Preise für griechische CDS in die Höhe getrieben. Das haben sie eigentlich nicht getan, denn sie deck-
ten sich bereits im Sommer und im Herbst mit diesen
Derivaten ein, als die Preise relativ günstig waren. Ab
dem Winter waren die Hedgefonds aber nicht mehr Käufer dieser Produkte, sondern Verkäufer.

Die Käufer waren ganz normale Banken und Versicherungen – Banken in Deutschland, Frankreich und der
Schweiz, Versicherungen in Frankreich und Italien, und
große Anlagefonds in den Niederlanden – die plötzlich
ihre Portfolios griechischer Wertpapiere absichern mussten. Sie konnten zwei Dinge tun. Entweder man verkaufte die Anleihen mit einem herben Verlust, den man sofort
auf der Bilanz hätte ausweisen müssen, oder man kaufte
Kreditausfallversicherungen, was billiger war. Und da sich
die Hedgefonds mit griechischen CDS ausreichend ein-
gedeckt hatten, haben sie verkauft. Durch die rege Nach-

frage der Banken kam es zu einem Preisschub, der im
Februar einen Höhepunkt erreichte. Erst durch die Ansa-
ge des Europäischen Rates am 11. Februar 2010, dass
man Griechenland bei Zahlungsunfähigkeit beistehen
wolle, änderte sich die Lage an den Märkten wieder,
allerdings nur kurzfristig.

Welche Lehren kann man aus dieser Geschichte ziehen? Die Hedgefonds haben griechische Kreditausfallderivate gekauft, als sie billig waren. Die Bewertung des
Risikos, wie sie vor der Krise bestand, stand nicht im
Einklang mit der Realität. Vor der Krise bewerteten die
Märkte die Wahrscheinlichkeit eines Kreditausfalls mit
nahezu null. Jeder, der die politische Realität in Europa
und vor allem in Deutschland kennt, wusste, dass diese
Einschätzung zu optimistisch war. Da die Märkte zur
Übertreibung neigen, profitierten die Hedgefonds von
dieser Erkenntnis, indem sie konsequent verkauften, als
die Preise in die Höhe schossen. Nicht jeder Investor trifft
den optimalen Zeitpunkt. Aber das ist auch nicht wichtig.

Wie konnten die Makroinvestoren wissen, dass ihre
Strategie aufging? Hatten sie geheime Informationen? Ich
glaube nicht, dass sie geheime Informationen hatten,
allerdings ist die Qualität ihrer hausinternen Analysen
höher als die Analysequalität, die ich aus Zeitungen kenne. Es gibt einschlägige Internet-Websites, die Ihnen
ebenfalls gute Informationen liefern. Wenn Sie diese
Informationen aufspüren und verwerten, sind Sie für Makrostrategien bestens ausgerüstet. Sie brauchen keinen
Zugang zu teuren Abonnements spezieller Informations-
dienste. Es sind gerade die makroökonomischen Schieflagen, die die Blogger im Internet beschäftigen. Und die
meisten guten Informationen sind in der Tat frei.

Dieses Beispiel diente zur Illustration. Sie selbst können es kaum replizieren, denn als Privatanleger können
Sie nicht in den Markt für CDS einsteigen. Sie können

Leerverkäufe tätigen, aber die Kosten und Risiken sind zumeist sehr hoch. Die Spekulation mit CDS ist, gegenwärtig zumindest, außerhalb der Reichweite privater Investoren. Aber es ist nur eine Frage der Zeit, bis jemand Produkte anbietet, die auch Privatinvestoren derartige Wetten ermöglichen. In der Zwischenzeit müssen wir uns auf andere Strategien konzentrieren.

2. Strategien gegen Inflation

Im ersten Teil des Buches erklärte ich, warum ich eine Inflation langfristig für das wahrscheinliche Szenario halte. Eine vorübergehende Deflation in bestimmten Regionen ist dabei nicht auszuschließen. Die Kombination aus Ungleichgewichten und Finanzkrise hat schließlich zu starken Verzerrungen geführt, die jetzt ausgeglichen werden müssen. In Ländern wie Griechenland und Spanien wird es auf Jahren zu einer Deflation kommen.

Auch eine vorübergehende Deflation der Weltwirtschaft insgesamt ist nicht völlig ausgeschlossen, obwohl ich ein solches Szenario für sehr unwahrscheinlich halte. Und selbst dann wäre langfristig die Inflation sogar noch wahrscheinlicher oder gefährlich, weil Deflation beziehungsweise die Furcht vor Deflation die Zentralbanken in einen extremen Aktivismus treiben würde, der am Ende die Inflation begünstigen würde. Die Zinsen würden auf null sinken, und die Zentralbanken würden auf Teufel komm raus festverzinsliche Wertpapiere aller Kategorien aufkaufen, um die Zinsen zu senken. Wenn man nur genügend aggressiv ist, kommt die Inflation.

So oder so, für die Weltwirtschaft insgesamt ist die Inflation langfristig das größere Problem. Denn zum einen wird Chinas Wirtschaftsmodell ohne Inflation kaum aufrechtzuerhalten sein. Zum anderen wird die Entschuldung der Privatsektoren der Vereinigten Staaten und anderer angelsächsischer Länder enorm schmerzhaft. Wenn die USA die Wahl haben zwischen einer leichten Inflation, etwa im oberen einstelligen Bereich, oder lang anhaltender Arbeitslosigkeit und Konsumschwäche, dann werden sie die Inflation wählen. Das ist in Deutschland sicher anders, aber Deutschland und der Euro werden sich diesem globalen Trend nicht vollständig widersetzen. Ich erwarte, dass die Europäische Zentralbank ihr Inflationsziel von zwei Prozent einhalten oder nur eine

kurzfristige Abweichung zulassen wird. Bei der Federal
Reserve bin ich mir da nicht sicher, zumal man neuen
ökonomischen Ideen dort eher aufgeschlossen ist als in
der konservativen EZB. Und unter Makroökonomen, so
viel wissen wir schließlich, ist die Frage kein Tabuthema.
Zu Anfang des Buches bin ich auf die theoretischen Aspekte dieser Debatte näher eingegangen.

Was bedeutet das für Investoren? Wie schützt man
sich vor einer Inflation, die jetzt noch nicht sichtbar ist,
die aber logischerweise in den nächsten Jahren irgendwie
auftritt. Ich werde im Folgenden zwei Strategien entwickeln, eine Strategie mit Leerverkäufen (Optionen, Zerti-
fikaten und so weiter) und eine vereinfachte Version ohne
Leerverkäufe.

Eine gemischte Short-Strategie

Die offensichtliche Anlagestrategie sind Investitionen in
Gold, jedenfalls zu einem Preis von bis zu 1 100 US-Dollar je Feinunze. Wenn die US-Inflation tatsächlich auf die
höheren einstelligen Zahlen steigt, dann wird der Goldpreis auch von diesem relativ hohen Niveau noch weiter
stark ansteigen. Dieses Thema hatte ich schon im zweiten
Teil des Buches ausgiebig diskutiert. Im Falle einer langen
Deflation würde der Goldpreis kollabieren. Hier müssen
Sie also eine Entscheidung aufgrund plausibler Szenarien
treffen. Ich halte eine moderate Inflation im mittleren bis
höheren einstelligen Bereich für wahrscheinlich und würde somit annehmen, dass Gold eine relativ gute Investition ist. In diesem Sektor wäre Platin mein spezieller Favorit, da Platin ähnliche Charakteristika hat wie Gold,
zudem aber noch für die industrielle Produktion wichtig
ist, etwa bei Katalysatoren, und von einer starken Nach-
fragesteigerung in den Schwellenländern profitieren wird.
Daher meine erste konkrete Portfolioentscheidung: Ich
würde vielleicht 20 Prozent meines Portfolios in Edelme-

talle investieren, etwa zwei Drittel in Platin und ein Drittel in Gold.

Und der Rest? Zunächst, was man auf keinen Fall tun sollte: Kaufen Sie keine festverzinslichen Wertpapiere einfach so. In Zeiten der Inflation wird der Wert dieser Papiere fallen. Trotzdem bietet gerade der Bondmarkt Möglichkeiten für intelligente Anti-Inflations-Strategien.

Wenn Sie wie ich glauben, dass die amerikanische Inflation höher sein wird als die europäische, werden die amerikanischen Bondpreise stärker fallen als die deutschen. Hier würde ich ein Portfolio konstruieren, long deutsche Anleihen, und short amerikanische Treasuries, also ein Portfolio mit Käufen deutscher Anleihen und Leerverkäufen amerikanischer Anleihen. Anstatt Leerverkäufe zu tätigen, können Sie Bondoptionen kaufen, also in diesem Fall eine Put-Option auf US-Treasuries. Alternativ können Sie auch in einen Fonds investieren, der das für Sie tut. Welche exakten Formen dieser Strategie für Sie richtig sind, können Sie nur selbst entscheiden. Das hängt auch von den gegenwärtigen Marktsituationen ab, und natürlich auch von den gerade zur Verfügung stehenden Produktangeboten. Ich selbst ziehe einfache und übersichtliche Strategien vor, die ich genau verstehe. Ich würde also ein Portfolio deutscher Staatsanleihen mit Put-Optionen amerikanischer Anleihen vermischen. Da Sie schließlich eine langfristige Strategie betreiben, sind Leerverkäufe zu aktivistisch. Sie müssen immer nachkaufen. Das Ganze nervt. Optionen geben Ihnen die Möglichkeit, auf Zeit zu spielen.

Wenn der gesamte globale Bondmarkt crasht, dann sind Sie durch die Option abgesichert. Gleichzeitig profitieren Sie davon, dass sich die deutschen Anleihen relativ zu den amerikanischen ganz gut halten werden, was ja die Grundannahme dieser Strategie ist – mehr Inflation im Dollarraum als im Euroraum. Das funktioniert also selbst dann, wenn beide absolut an Wert verlieren.

Hier gibt es unzählige Alternativen, die auf Ähnliches hinauslaufen. Ich wählte lediglich Bundesanleihen und US-Treasuries, weil es sich hier um die liquidesten Anleihenmärkte der Welt handelt. Sie können die US-Anleihen auch ersetzen durch britische oder beide kombinieren. Ich sehe das ähnlich wie Bill Gross, der Chefanleger des Bondspezialisten Pimco, der die britischen Staatsanleihen mit einem Fass von Nitroglyzerin verglichen hat. Auch japanische Anleihen sind aufgrund des sehr hohen japanischen Schuldenstandes von 180 Prozent vom Bruttoinlandsprodukt langfristig problematisch. Sie können sich also auch ein Short-Portfolio zusammenstellen aus amerikanischen, britischen und japanischen Anleihen sowie ein Long-Portfolio aus deutschen, finnischen und niederländischen Anleihen. So wären Sie auch gegenüber Währungsschwankungen etwas besser abgesichert.

Wie schon vorher gesagt, mit Leerverkäufen meine ich nicht unbedingt direkt echte Leerverkäufe, sondern alle Strategien, die dann profitieren, wenn der Kurs fällt. Machen Sie es nicht zu kompliziert und vor allem überlegen Sie sich im großen Detail die verschiedenen Szenarios, die auftreten können. Fragen Sie sich: Was passiert, wenn die Inflation doch nicht so stark wird? Was passiert, wenn der Euro gegenüber dem Dollar steigt oder fällt? Versuchen Sie unbedingt die Risiken dieser Strategie zu verstehen. Zum Beispiel bei einer einfachen Bundesanleihe-long-Treasury-short-Strategie, besteht die größte Verlustgefahr darin, dass der Euro plötzlich stark an Wert gegenüber dem Dollar verliert, wenn also EUR/USD fällt (merke, die erstgenannte Währung ist die Basiswährung, die zweite die Notierungswährung). Bei einem Wechselkurs von 1,34 Dollar pro Euro halte ich das langfristige Währungsrisiko für nicht sehr groß, aber die bestehenden Unsicherheiten über die Zukunft des Euroraums könnten hier kurzfristig zu starken Schwankungen führen und damit Ihre gesamte Bundesanleihenstrategie aushebeln. Eine Solvenzkrise im Euroraum könnte eine Situation hervorrufen, in der der Dollar bis auf einen Euro steigt. Dann würde diese Strategie tatsächlich nach hinten losgehen. In diesem Fall könnte man sich zusätzlich dadurch absichern, indem man ein Wertpapier in das Portfolio nimmt, das bei einem Anstieg des Dollars profitieren würde. Der Volatilitätsindex VIX zum Beispiel profitiert in solchen Situationen.[60] Am besten würde ich das Risiko direkt angehen, etwa durch ein Put-Währungszertifikat EUR/USD. Währungszertifikate sind Optionsscheine für den Devisenhandel. Mit einem EUR/USD-Put gewinnen Sie, wenn der Euro, als die Basiswährung, fällt. Mit einem Call gewinnen Sie, wenn der Euro steigt. Wie bei jeder Option müssen Sie auch hier die Laufzeiten beachten und wenn nötig nachkaufen, sodass Sie während des gesamten Zeitraums Ihrer Strategie abgesichert sind. Bedenken Sie, es geht nicht darum, mit dem Währungszertifikat Geld zu verdienen, sondern lediglich Verluste aus der Bondstrategie auszugleichen. Die Kosten des Währungszertifikates sind also eine Art Versicherungsprämie. Wenn der Euro nie fällt, dann ist das so, als würden Sie eine Versicherungsprämie bezahlen, die Sie nie in Anspruch nehmen. Das kostet Sie zwar, bedeutet dann aber auch, dass Ihre Bundesanleihe-long-Treasury-short-Strategie nicht durch extreme Währungsbewegungen ausgehebelt wird.

Die Quantitäten will ich Ihnen hier nicht explizit ausrechnen. Versichern Sie sich gegen realistische Risiken, aber vermeiden Sie, sich überzuversichern. Der Referenzwert für Sie ist natürlich die Größe der Leerverkäufe der amerikanischen Anleihen. Wie viel Sie genau absichern sollten, hängt von der genauen Strategie ab. Ich würde eher zu Unterversicherung als zu Überversicherung neigen. Letztere wäre ja nichts anders als Währungsspekulation, und Privatinvestoren würde ich nie zu puren Währungsstrategien raten. Es geht hier wirklich nur um die Absicherung.

Insgesamt würde ich dieser gemischten Long-short-Strategie mit Währungsabsicherung 25 Prozent meines Anti-Inflations-Portfolios zur Verfügung stellen. Wenn Inflation Ihr wichtigstes Problem ist, wenn Sie Rentner sind oder von einem festen Einkommen leben, dann ist dieses Portfolio das einzige von denen, die ich in diesem Buch vorschlage, das so oder in abgewandelter Form wirklich relevant ist.

Wenn Sie meine Strategien vergleichen mit denen in einschlägigen Finanzmagazinen, dann sind meine Strategien erheblich einfacher gestrickt. Ich rate nicht zu Hebelzertifikaten und schon gar nicht zu aktiven Spekulationen an den Devisenmärkten. Es gibt keine bekannten makroökonomischen Modelle für die Bestimmung eines Wechselkurses. Ich selbst habe die Kursentwicklung derart oft falsch prognostiziert, dass ich mir das abgewöhnt habe. Meine Analyse sagt mir lediglich, dass sich die Bondmärkte Amerikas und Großbritanniens langfristig gegenüber Deutschland nicht gut entwickeln werden. Der einzige, aber auch wirklich einzige Grund, jemals in Währungszertifikate zu investieren, besteht darin, Risiken zu reduzieren. Ich würde daher auch nicht auf einen Anstieg des Dollars auf einen Euro spekulieren, sondern eher auf einen Anstieg um zehn Prozent. Den perfekten Hedge gibt es eh nicht. Ein plausibler Hedge ist gut genug.

Wir haben bislang weniger als 50 Prozent des Anti-Inflations-Portfolios bestückt. Was ist mit dem Rest? Ich würde immer einen kleinen Teil im Geldmarkt haben, etwa 15 bis 20 Prozent. Sollten die Geldmarktzinsen unter die Inflationsraten fallen, können Sie da kurzfristig raus, es besteht also nicht das Risiko der festverzinslichen Papiere, dass Sie bei einem Anstieg der Inflationserwartungen einen sofortigen Kapitalverlust erleiden. Natürlich impliziert meine Annahme, dass die US Federal Reserve die Inflation langfristig tolerieren wird, natürlich auch, dass die Geldmarktzinsen zumindest zeitweise negativ sein

werden. Wenn das der Fall ist, sollten Sie den Geldmarkt-
anteil Ihres Vermögens entsprechend reduzieren.

Für die restlichen 35 Prozent Anteile kämen für mich
zwei Anlageklassen infrage, die vor Inflation schützen
sollten. Das eine sind Immobilien, die nach einem Einsturz in einigen Ländern jetzt nicht mehr so überteuert
sind wie zuvor. Das andere sind japanische Aktien.

Ich bin im Allgemeinen kein Freund von Immobilieninvestitionen. Immobilien schützen zwar gegen Inflation,
sind aber unproduktiv und ihre Preise sind gerade in
neuerer Zeit starken Blasenentwicklungen ausgesetzt. Bei
einem Crash sind Immobilienmärkte extreme illiquide.
Für den Investor droht dann der Ruin. Die Renditen, etwa Mieten, sind im Allgemeinen enttäuschend.

Trotzdem würde ich den Immobilienmarkt nicht völlig
außer Acht lassen. Eine der besten Anti-Inflations-An-
lagen ist das Eigenheim. Selbst in Ländern wie Deutschland, in denen Mieterhöhungen streng reguliert sind, lohnt
sich ein Eigenheim oder eine Eigentumswohnung in den
meisten Fällen, solange Sie nicht ständig umziehen müssen. Mit Ihrem Eigenheim sind Sie in Deutschland meistens – und anderswo außerhalb von Blasenphasen – gut
gegen die Inflation gesichert.

Es gibt im Immobilienmarkt viele steuerbegünstigte
Modelle, auf die ich hier nicht eingehen möchte. Das hat
mit Makroinvestitionen nichts zu tun, kann aber aus anderen Gründen trotzdem interessant sein.

Für Immobilieninvestitionen in Spanien oder Irland,
wo die Preise stark gefallen sind, ist es noch etwas zu
früh. Die Preise werden weiter fallen. Ich würde abwar-
ten, bis sich die Preise stabilisiert haben oder sogar wieder leicht ansteigen. Das wäre der optimale Moment für
den Privatanleger, sich in Spanien ein Ferienhaus zu kaufen. Wenn Sie das Risiko eines Austritts Spaniens aus der
Europäischen Währungsunion als extrem unwahrscheinlich betrachten, dann wäre der Kauf einer attraktiven

spanischen Immobilie sicher keine schlechte Wahl, allerdings wahrscheinlich noch nicht im Jahre 2010, sondern eher später. Aber verfolgen Sie die Debatte um Spaniens Zukunft im Euroraum mit Argusaugen. Sie entwickelte sich erheblich, während ich dieses Buch schrieb.

Mein eigentlicher Favorit sind die USA, wo der Verfall der Immobilienpreise am weitesten fortgeschritten ist. Der Überhang alter Wohnungen und Häuser war im Frühjahr 2010 immer noch sehr groß, sodass keine Hausse in Aussicht stand. Wahrscheinlich gehen die Preise noch mal etwas runter. Aber wir sind jetzt schon auf einem eher normalen Hauspreisniveau im Gegensatz etwa zu den Boomzeiten. Ich glaube zwar nicht, dass man da jetzt große Gewinne erzielen kann, aber ich bin mir ziemlich sicher, dass bei den jetzigen Preisen das Risiko nicht sehr groß ist. Es gibt viele Möglichkeiten, in den amerikanischen Häusermarkt zu investieren, nicht nur durch Direktkauf, sondern auch über Beteiligungsfonds.

Zum Schluss mein eigentlicher Favorit, der japanische Aktienmarkt. Japan ist ein Land, das in den letzten 20 Jahren eine leichte Deflation erlebte, und zwar unfreiwillig. Den Japanern gelang es nicht, trotz Nullzinspolitik eine positive Inflationsrate zu erzeugen. Und die gläubigen Monetaristen unter Ihnen sollten sich einmal die Frage stellen, wie es denn sein kann, dass die Geldmenge über viele Jahre stark ansteigt, die Inflation aber nicht. Die Ökonomie versteht diese Entwicklung immer noch nicht vollständig. Jedenfalls sind sich die Ökonomen und die meisten Investoren darüber einig, dass Japan auch in Zukunft nicht zu starker Inflation neigen wird.

Wie ich im zweiten Teil argumentierte, sind die amerikanischen und europäischen Aktienmärkte überbewertet. Die Bewertung des japanischen Marktes ist dagegen nicht so extrem. Die Profitmargen sind im vierten Quartal 2009 erheblich gestiegen, die Profite nach Abschreibungen sind im Jahresvergleich um 74 Prozent gestiegen.

Der Trend wird sich meiner Ansicht nach fortsetzen. Wohingegen sich das japanische Wachstum nur langsam erholt, steigt die Nach-Krisen-Kapazitätsauslastung stetig.
Die Gefahr für japanische Gewinne besteht vor allem
durch steigende Zinsen, denn japanische Firmen verlassen
sich zu einem größeren Teil auf Fremdkapital als amerikanische und europäische. Aber angesichts der Preisentwicklung sehe ich das Risiko starker Zinserhöhungen dort
nicht so sehr. Die jetzige Zinspolitik führte ebenfalls zu
einer Stabilisierung des nominalen Wechselkurses USD/
JPY, wohingegen die Lücke der gegenwärtigen, aber vor
allem zukünftigen Inflationsraten zwischen USA und
Japan den Verfall des realen Wechselkurses des Yen be-
günstigt. Und das wiederum bedeutet einen Anstieg japanischer Exporte und somit japanischer Gewinne. Diese
Analyse bezieht sich wie alle hier vorgestellten Strategien
auf die Bewertungen im Frühjahr 2010. Wenn Sie dieses
Buch lesen, kann sich die Lage fundamental verändert
haben. Sie müssen hier auf jeden Fall nacharbeiten, aber
ein gescheiter Makroinvestor tut das sowieso.

Und somit ergäbe sich für mich im Frühjahr 2010 folgendes Anti-Inflations-Portfolio:

Mein Anti-Inflations-Portfolio in einer gemischten
Short-Strategie

Gold und Platin	20 %
Gemischtes Short/long-Bond-Portfolio	25 %
Geldmarkt	20 %
Japanische Aktien	35 %

Sie können Immobilien noch einfügen. Aber um europäische und amerikanische Aktien würde ich einen großen
Bogen machen. Die Märkte sind aus meiner Analyse heraus extrem überbewertet, und Zeiten der Inflation sind
nicht besonders gut für die Aktienmärkte. Die Ausnahme
bildet Japan.

Ein klassisches Portfolio ohne Leerverkäufe

Für Investoren, die keine Short-Strategie wählen können oder wollen, kann man ebenfalls ein konservatives Anti-Inflations-Portfolio aufstellen. An den Long-Positionen – Gold, Platin, Geldmarkt, japanische Aktien – ändert sich nichts. Wir müssten hier lediglich das gemischte Short/long-Bond-Portfolio ändern. Hier gibt es zwei Möglichkeiten. Das eine wäre dann tatsächlich der Immobilienmarkt, aber Vorsicht, die Krise ist noch nicht vorbei – zumindest noch nicht im Frühjahr 2010. Das mag sich geändert haben, wenn Sie dieses Buch lesen. Schauen Sie nicht nur auf die historische Preisentwicklung, sondern vor allem auf die Menge leer stehender Immobilien, Baugenehmigungen und so weiter, damit Sie ein vollständiges Bild vom Markt bekommen. Bärenmärkte im Immobiliensektor können sehr lange dauern, und meine Erfahrung ist es besser zu warten, bis die Trendwende gekommen ist, sich die Angebots- und Nachfragesituation wieder etwas normalisiert haben und die Preise sogar wieder leicht anziehen. Keine Angst, Sie sind selbst dann noch weit entfernt von einer Blase. Wenn Sie hier zu früh kaufen, erleben Sie in den ersten Jahren möglicherweise eine Deflation, also genau das, wovor Sie sich schützen wollen. Und Hände weg von gewerblichen Immobilien. Hier kommt der Crash zum Teil noch.

Sie sollten auch inflationsindizierte festverzinsliche Papiere wie TIPS in Betracht ziehen. Frankreich und die USA geben solche Papiere heraus. Auch Deutschland hat inflationsindizierte Anleihen auf den Markt geworfen. Diese Anleihen werfen keine sehr attraktiven Renditen ab, haben aber einen großen Vorteil. Sie schützen simultan vor Inflation und Deflation. Diese Bonds funktionieren im Prinzip auf der Basis von einer garantierten Basisrendite plus Inflation, wobei der Nennwert im Falle der amerikanischen TIPS ebenfalls an die Inflationsrate angepasst ist. Wie Inflation definiert ist, ist natürlich genau geregelt. TIPS sind im Grunde strukturierte Produkte, und Sie müssen sie sich genau ansehen, und die Regeln variieren von Land zu Land. Aber das Prinzip ist dasselbe. Die Idee ist es, den Anleger vor Inflation zu schützen.

Hier ein Beispiel. Sie kaufen einen US-TIPS mit einem Nennwert von 1 000 Dollar und einem Coupon von drei Prozent. Im ersten Jahr ist die Inflation zehn Prozent. Dann erhöht sich der Nennwert um zehn Prozent, steigt also auf 1 100 Dollar. Am Ende der Laufzeit bekommen Sie also nicht nur den nominalen Wert zurück, sondern auch den realen. Was passiert mit dem Coupon? Die drei Prozent Coupon beziehen sich jetzt auf den neuen Nennwert von 1 100 Dollar. Anstatt 30 Dollar Coupon, den Sie ohne Inflation bekommen hätten, bekommen Sie nun 33 Dollar, also exakt zehn Prozent mehr. Sowohl Ihr Einkommen als auch Ihr Kapital erhöhen sich um die Inflationsrate.

Amerikanische TIPS und französische OATi oder OAT i, die sich auf die französischen beziehungsweise harmonisierten europäischen Inflationsindizes beziehen, sind die liquidesten Märkte für inflationsgeschützte Anleihen. Die Briten emittieren einen „inflation-linked gilt", und die Finanzagentur der Bundesrepublik einen Bundesanleihen-Index. Auch die Japaner, Schweden und Italiener emittieren solche inflationsgeschützten Anleihen.

Für den Makroinvestor von besonderer Bedeutung ist die folgende Beobachtung: Diese Anleihen schützen nicht nur vor Inflation, sondern auch vor Deflation. Wenn der Inflationsindex negativ wird, wird der Nennwert nicht reduziert. Beim oben genannten Beispiel kann der Nennwert nicht unter 1 000 Dollar fallen. Das heißt, TIPS sind gute Anlageformen in Zeiten der Inflation und der Deflation. Und da wir aufgrund unserer Makroanalyse zu dem Schluss gekommen sind, dass es sowohl inflationäre als auch deflationäre Tendenzen geben kann, möglicherweise sukzessive, dann wären TIPS auf jeden Fall eine konservative Anlage, die insgesamt den Anleger gegen Preisinstabilität schützt.

Bei extremer Deflation und extremer Inflation – und zwar gemessen in den offiziellen Referenzinflationsstatistiken – werden TIPS ihren Marktwert stark erhöhen. Wenn die Inflation jetzt doch nicht kommt, und sich die Inflationserwartung wieder nach unten stabilisiert, verlieren TIPS an Wert. Sie werden weiterhin Ihre drei Prozent auf 1 000 Dollar Nennwert Coupon erhalten, aber womöglich zahlen Sie einen Marktpreis von über 1 000 Dollar, und dieser Marktpreis variiert wie bei jedem Bond. Mit anderen Worten: Wie jede Anlage im Bondmarkt kann man auch mit TIPS verlieren, wenn die Inflationsentwicklung in die für Sie falsche Richtung läuft. TIPS schützen vor Inflation, sind aber keine Absolutversicherung gegen Kapitalverlust.

Aus der *Financial Times* vom 19. April 2010 entnehme ich folgende Tabelle.

	Kurs	Rendite in Prozent	Implizite Inflation in Prozent
US 3 % 2012	108,09	–0,57	1,66
US 3,625 % 2028	124,21	2,01	2,48
Frankreich 2,25 % 2020	108,81	1,33	1,95

Quelle: *Financial Times*, 19. April 2010, Auszug.

In der ersten und zweiten Zeile haben wir US-TIPS, in der dritten einen französischen OAT. Der erste TIPS hat einen Coupon von drei Prozent mit einer Laufzeit bis 2012. Die Rendite ist negativ, weil der gesamte Bondmarkt extrem hoch bewertet ist. Sie kaufen also in jedem

Fall sehr teuer ein. Die Inflation, die durch diese Bewertung impliziert wird, ist 1,66 Prozent. Die implizite Inflation ist die Differenz zwischen den Renditen von gewöhnlichen US-Treasuries und vergleichbaren TIPS. Wenn Sie also eine höhere Inflation erwarten für diesen Zeitraum als 1,66 Prozent, dann sollten Sie TIPS kaufen anstatt Bonds, ansonsten umgekehrt.

In der Tabelle sehen Sie auch, dass die langfristigen Erwartungen des Marktes ebenfalls in Richtung auf eine höhere Inflation tendieren. Ich glaube, der Markt ist hier zu konservativ. Ich glaube, dass die durchschnittliche amerikanische Inflationsrate bis zum Jahre 2028 (siehe zweite Zeile) höher sein wird als 2,48 Prozent.

TIPS und andere Inflationslinker sind daher keine bombensichere Strategie. Wenn der gesamte Bondmarkt einbricht aufgrund von gestiegenen Inflationserwartungen, dann werden die TIPS ihren Wert mehr oder weniger erhalten.

Wenn für Sie der Inflationsschutz im Vordergrund steht, dann sind TIPS allerdings unverzichtbar. Ein Viertel des Vermögens würde ich in TIPS und OAT anlegen. Für die meisten europäischen Anleger, die jetzt kein Währungsrisiko eingehen möchten, sind die OAT i und eventuell auch die deutschen Linker attraktiver – zumal in diesem Portfolio sowieso ein Teil der Investitionen in den japanischen Aktienmarkt fließt.

Somit ergibt sich folgendes konservative Portfolio, ohne Leerverkäufe und Ähnlichem:

Gold und Platin	25 %
Inflationsgeschütze Bonds – OATi, OAT i und Bondindex	25 %
Geldmarkt	20 %
Japanische Aktien	30 %

Für die meisten Leser ist dieses Unterkapitel das wichtigste in diesem Buch überhaupt. Ich habe es an das Ende gestellt, um zu verhindern, dass Sie diese Aufstellung als einen Geheimtipp betrachten, was es nicht ist. Sie basiert nicht auf irgendwelchen unterschlagenen Informationen, sondern auf meiner Analyse zukünftiger volkswirtschaftlicher Entwicklungen. Wenn Sie diese Analyse nicht teilen, können Sie dieses Portfolio gleich verschrotten. Es hat keinen Wert für Sie. Aber ein solches Portfolio wird Sie gegen Inflation schützen. Bei Deflation wäre der Schaden dadurch begrenzt, dass die Linker und die Geldmarktfonds stabil bleiben sollten, wohingegen es beim Goldpreis zu Verlusten kommt. In Zeit der Preisstabilität wäre dieses Portfolio eher langweilig.

3. Spannungen im europäischen Währungsraum

Eine weitere klassische Makrosituation ergibt sich aus den Spannungen im europäischen Währungsraum. Der Euro wurde im Jahre 1999 eingeführt, und zwar „für immer", wie eine Sprecherin der Europäischen Kommission[61] einmal betonte. Doch die Märkte zweifeln an dieser Aussage, und zwar aus folgenden Gründen:

1. Die Divergenzen im Euroraum haben zugenommen. Die Löhne und Gehälter in Südeuropa steigen schneller als bei uns. Die Wettbewerbsfähigkeit der Betriebe nimmt ab, und die Arbeitsmärkte dieser Länder sind dermaßen reguliert, dass sich die Löhne auch bei hoher Arbeitslosigkeit nicht nach unten anpassen.
2. Es gibt keine effektiven Krisenbewältigungsmechanismen. Wenn ein Land wie Griechenland in eine Solvenzkrise gerät, dann können die Partner mit Notkrediten noch kurzfristig helfen. Aber es gibt keinen Mechanismus, der hier grundsätzlich greift. Mit dem Stabilitätspakt bekommt die EU die Probleme nicht in den Griff, und es gibt keine effektiven Mechanismen, Länder zur Haushaltsdisziplin zu zwingen.
3. Deutschland insbesondere verweigert sich jeglicher Form der wirtschaftspolitischen Koordination, die über den schwachen Stabilitätspakt hinausgeht.

Wenn man diese Fakten zusammenzieht, dann kommt man schnell zu dem Schluss, dass die politische und wirtschaftliche Realität nicht kompatibel mit einem langfristigen Überleben des Euro in seiner jetzigen geografischen Ausdehnung sind und mit den jetzigen Regeln. Entweder der Rest des Euroraums passt sich an das frugale Deutschland an oder es kommt irgendwann einmal zum Knall.

Damit wäre nicht unbedingt der Euro zu Ende, aber der Euroraum könnte zerbrechen.

Im Frühjahr 2010, als diese Zeilen verfasst wurden, war die Rettungsaktion von Griechenland das große Thema. Die Leser kennen den weiteren Verlauf der Geschichte besser als der Autor. Meine Prognose im Frühjahr 2010 war, dass Griechenland nicht im selben Jahr noch den Zahlungsverzug anmelden muss, aber wahrscheinlich in den darauffolgenden Jahren, zumindest aber eine geordnete Restrukturierung der Altschulden. Griechenland ist *de facto* insolvent. Zunächst hat Insolvenz nichts mit Finanzmärkten zu tun, sondern mit der Stabilisierung des Schuldengrades. Meine Aussage ist also, dass Griechenlands Schulden langfristig explodieren werden, und zwar unabhängig davon, ob und wie viel Geld Griechenland in den Finanzmärkten oder durch Notkredite auftreiben kann. Insofern ging die Debatte im Frühjahr 2010 an der eigentlichen Problematik vorbei. Die Debatte drehte sich ausschließlich um die kurzfristige Liquidität. Das Problem war aber die langfristige Solvenz.

Für Investoren aus Deutschland sind diese gefährlichen Ungleichgewichte nicht von direkter Bedrohung. Denn was immer auch passiert, die deutsche Währung, wie auch immer sie heißen mag, wird stabil sein, jedenfalls mindestens so stabil wie die von Griechenland und Spanien. Wenn der Euro überlebt, ist das alles kein Thema. Wenn nicht und es zu einer Abspaltung oder einem Nord-Süd-Bruch des Euroraums kommt, dann ist Deutschland auf jeden Fall in der Hartwährungszone. Nur wer Investitionen in Südeuropa hat, ist gefährdet.

Das heißt, jeder Investor sollte im Hinterkopf die Möglichkeit einpreisen, dass die spanischen Immobilien oder die griechischen Segelboote, die man unterhält, an Wert verlieren können. Entweder fallen dort die Europreise – oder sie steigen weniger als bei uns – oder die Länder treten aus dem Euroraum aus und werten gleichzeitig ab.

Kann man diese Situation aktiv für sich ausnutzen? Hier würde ich ähnlich argumentieren wie im letzten Abschnitt. Die Methode sind gemischte Bondportfolios mit Long- und Short-Positionen.

Der Spread ist der Unterschied in der Rendite zwischen zwei festverzinslichen Wertpapieren. Als Basis nimmt man oft die deutschen Bundesanleihen. Die gelten im Markt als quasi risikolos. Der Unterschied in der Verzinsung einer griechischen Anleihen mit gleicher Laufzeit und einer deutschen Anleihe reflektiert zwei theoretisch mögliche Faktoren. Das eine ist das Risiko des Default – also des Zahlungsverzugs oder gar Zahlungsausfalls. Das andere ist die Möglichkeit eines Austritts aus der Währungsunion und damit der Zwangsumtausch aller Schuldtitel zu einem Wechselkurs von eins zu eins. Auch wenn es dafür (noch) keine gesetzlichen Grundlagen gibt, wird ein kluger Investor diese Wahrscheinlichkeit nicht mit null beziffern. So wie sich Griechenland, Portugal, Spanien und Irland entwickeln, ist ein solches Szenario, wenn nicht unbedingt wahrscheinlich, dann zumindest nicht auszuschließen.

Wenn ein Land wie Griechenland insolvent wird, dann gibt es zwei Möglichkeiten. Griechenland bleibt im Euroraum und meldet den Zahlungsverzug an (oder man einigt sich gütig mit den Gläubigern auf eine Umstrukturierung der Schulden oder auf eine Verlängerung der Laufzeiten). Die Alternative ist der Austritt aus dem Euroraum und die Bezahlung der Schulden mit abgewerteten Euro-Drachmen zu einem Wechselkurs von eins zu eins.

Im nächsten Kapitel geht es speziell um die Problematik des Zahlungsausfalls, und zwar nicht nur im Euroraum. In diesem Kapitel geht es spezifisch um die Problematik für Investoren, die durch einen Bruch des Euroraumes entsteht.

Wenn Griechenland austreten und um 30 Prozent ab-

werten würde, dann erhalten Investoren nur noch einen
Gegenwert von 70 Euro pro geliehene 100 Euro. Jetzt
stellen Sie sich mal die Frage, wie hoch die Renditen sein
müssten, um ein solches Risiko auszugleichen. Das
hängt von einer Reihe von Faktoren ab, unter anderem
natürlich, wann die Abwertung erfolgt. Wenn sie in genau einem Jahr erfolgt, wenn Sie also noch genau eine
Jahresrendite erwarten können, dann würden Sie mindestens eine Rendite von 30 Prozent wollen, um eine
Abwertung in dieser Größenordnung auszugleichen. (Die
Zahlen stimmen nicht ganz. Wenn Sie das präzise ausrechnen, kommen Sie auf ein etwas anderes Ergebnis,
aber mir geht es hier nur um grobe Größenordnungen).
Mit anderen Worten müsste bei einem solchen Risiko der
Spread nicht 400 Basispunkte betragen, sondern eher
3 000 Basispunkte. Jetzt würde Letzteres natürlich nur
gelten, wenn die Eintrittswahrscheinlichkeit eines Austritts von Griechenland aus der Währungsunion gleich
100 Prozent wäre. Das ist sie natürlich nicht. Wenn Sie
aber die Wahrscheinlichkeit eines solchen Szenarios mit
30 Prozent beziffern, dann ergäbe sich als Aufschlag
3 000 · 0,3 = 900 Basispunkte. Wenn Griechenland austreten sollte, könnte die Abwertung allerdings auch noch
viel extremer sein. Bei einer 40-prozentigen Abwertung
ergäbe sich mit obiger Rechnung, Pi mal Daumen, ein
Aufschlag von 1 200 Basispunkten. Das waren auch die
Aufschläge, die die Märkte Anfang Mai verlangten. Noch
während ich dieses Buch geschrieben habe, änderte sich
die Bewertung griechischer Anleihen in dieser Größenordnung. Wenn der Spread nur 200 Basispunkte beträgt,
dann impliziert das eine extrem geringe Austrittswahr-
scheinlichkeit. Unter der Voraussetzung einer Abwertung
von 40 Prozent wäre die implizite Wahrscheinlichkeit,
dass ein solches Ereignis eintritt, aufgrund der Annahme
eines Spreads von 200 Basispunkten mal gerade fünf Prozent.[62]

Sie brauchen also nicht einmal präzise zu rechnen, um festzustellen, dass die Bewertung an den europäischen Bondmärkten, zumindest bis zum März 2010, die Wahrscheinlichkeit eines Zusammenbruchs des Euroraums praktisch nicht mit einpreiste. Ich glaube, dass die extrem hohen Spreads von Anfang Mai das Risiko möglicherweise überschätzten. Wenn Sie dieses Buch lesen, kann es sein, dass die Spreads derart hoch sind, dass sich eine solche Strategie nicht mehr lohnt. Laufen Sie nicht dem Trend nach. Analysieren Sie. Ein Spread von 200 Basispunkten ist somit keine Wette auf einen Zusammenbruch des Euroraums, eher eine Wette darauf, dass es langfristig zu moderaten Zahlungsproblemen kommen kann. Wie eingangs gesagt, Letzteres ist Thema des nächsten Kapitels.

Wir müssen uns als Makroinvestoren die Frage stellen, ob die implizite Annahme der Märkte im März 2010, dass das Zerfallsrisiko des Euro nahezu null beträgt, richtig ist, oder, wenn ja, ob dieses Risiko in den Preisen berücksichtigt ist.

Die Wahrscheinlichkeit eines Eurozusammenbruchs ist deutlich größer als null. Wir können aus dem Bauch heraus eine Ziffer wählen, etwa 20 Prozent, das ist aber weder sinnvoll noch notwendig. Die wirtschaftlichen Entwicklungen, die rechtlichen Rahmenbedingungen, wie etwa die No-Bailout-Regel, und die inkohärente Politik der Bundesregierung sind nicht unbedingt kompatibel mit einem langfristigen Überleben des Euroraums. Bei gleichbleibenden Bedingungen wird der Euro für viele südeuropäische Länder unerträglich, und zwar aus unterschiedlichen Gründen. Die Griechen haben eine unverantwortliche Haushaltspolitik betrieben. Die Spanier haben sich zwar an alle Regeln des Stabilitätspakts gehalten, nur ist dort der Grad der privaten Verschuldung extrem hoch. Dies wiederum war eine Konsequenz aus der Immobilienblase. Beide Länder wie auch Portugal müssen

Schulden abbauen und gleichzeitig ihre Wettbewerbsfähigkeit verbessern. Der Ökonom Irving Fisher hat in den
30er-Jahren gezeigt, was passiert, wenn Deflation und hohe Schulden zusammenfallen. Es kommt zu einem Teu-
felskreis, der in einer Depression endet.

Da gerade wir Deutschen zu einer Fiskalunion nicht
bereit sind, ist die Wahrscheinlichkeit also gar nicht mal
so gering, dass Griechenland, Portugal, Spanien und Irland irgendwann einmal die Währungsunion verlassen.
Jedenfalls ist diese Wahrscheinlichkeit höher als null
Prozent. Die Aufschläge – mit Ausnahme denen Griechenlands Ende April 2010 – reflektierten dieses Risiko
keineswegs. Ich würde daher als Investor zwar keine
Leerverkäufe griechischer Bonds tätigen, wenn die Rendite auf einem Niveau von 600 oder 700 Basispunkten
liegt, aber wahrscheinlich eine solche Strategie überlegen,
wenn sich die Lage an den Märkten beruhigt hat und die
Problematik aber nicht gelöst ist. Die europäischen Notkredite, insofern sie denn auch tatsächlich geleistet werden, deckeln die Renditen effektiv. Aber die spanischen,
portugiesischen und irischen Renditen sind sehr gering.
Mit einem Long-short-Portfolio – long Deutschland,
Finnland und Niederlande, short Spanien, Portugal und
Irland – können Sie nicht grundsätzlich falschliegen, sofern nicht schon eine spekulative Entwicklung eingesetzt
hat. Ihr Risiko läge in einer Verringerung der Spreads.
Wenn Deutschland plötzlich bereit wäre, der Idee eines
gemeinsamen europäischen Bonds zuzustimmen, dann
wäre eine solche Strategie verlustreich. Oder wenn die
Ungleichgewichte im Euroraum wie durch ein Wunder
verschwinden würden. Außerhalb dieser Traumwelt ist
diese Strategie relativ robust. Die Wahrscheinlichkeit,
dass diese Spreads langfristig hochgehen, ist sicher um
einiges größer als die Wahrscheinlichkeit, dass sie fallen.
Diese Strategie ergibt natürlich nur dann einen Sinn, solange die Renditen auf die südeuropäischen Anleihen ge-

ring sind. Wenn sie steigen, erhöht sich das Risiko. Im Frühjahr 2010, als die ganze Welt nur auf Griechenland schielte und Spanien und Portugal in Ruhe ließ, wäre die Gelegenheit einer solchen Strategie gut gewesen.

Die Situation in Portugal ist sogar noch kritischer als die in Griechenland. Ich habe im Folgenden mir einmal die Auslandsschulden der verschiedenen Sektoren der Wirtschaft in Griechenland und Portugal angesehen. Hier sind die Ergebnisse (Grafik 22).

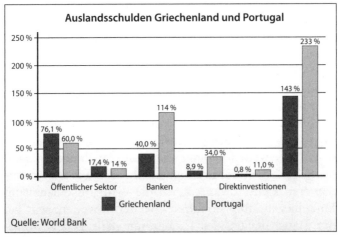

Grafik 22

Die portugiesischen Auslandsschulden liegen bei 233 Prozent vom jährlichen Bruttoinlandsprodukt. Die griechischen unter 150 Prozent. Das ist zwar auch sehr hoch, aber Portugal ist dadurch viel abhängiger von der Einschätzung der Märkte. Gehen die Marktzinsen einmal hoch, ist das Land schnell insolvent. Portugal und auch Spanien haben ein Jahrzehnt lang eine Verschuldungspolitik betrieben, die auf der Annahme basierte, Wirtschaftswachstum und Anstieg der Immobilienpreise würden immer weiter extrem steigen. Deren Schuldenblase wird

genauso knallen wie die Subprime-Blase in den USA mit
ähnlich verheerenden Folgen.

Es handelt sich hierbei um direkte Strategien, die also
direkt auf meiner Analyse über die zukünftigen Risiken
im Euroraum aufbauen. Sie können komplizierte Handelsstrategien wählen. Wie gesagt, meine Strategien sind
sehr simpel gestrickt. Ich versuche, Hebelprodukte und
andere Exoten zu vermeiden, denn mir geht es um die
Frage, welche Investitionsstrategie sich aus einer Makro-
lage ergibt. Die Antwort ist also Nordeuropa-Bonds long,
Südeuropa-Bonds short. Sie können hier noch etwas verfeinern, indem Sie den Nicht-Euro-Teil der EU mit einbeziehen, also Großbritannien im Westen und die Nicht-
Euro-Staaten in Mittel- und Osteuropa. Wohingegen
man den Euroaustritt für Spanien nicht mehr ausschließen kann, werden Polen und die Tschechische Republik
dem Euroraum irgendwann einmal beitreten. Beide Länder verfolgen eine relative solide Geld- und Haushaltspolitik, sodass man die Schuldtitel dieser Staaten ebenfalls
in ein Long-Portfolio mit aufnimmt, wohingegen man
die Schuldtitel Großbritanniens in den Short-Bereich integrieren kann. Zwar können die Briten nicht aus dem
Euro fliegen, aber sie können weiter abwerten, was bei
der Haushaltslage des Landes mittelfristig eher wahrscheinlich ist. Mit dieser Strategie würden Sie nicht die
Ungleichgewichte innerhalb des Euroraums für sich ausnutzen, sondern darüber hinaus auch noch die Ungleichgewichte innerhalb der EU.

Diese Ungleichgewichte sind das Resultat schlechter
Politik. Unsere Politiker haben die gemeinsame Währung
ins Leben gerufen, ohne dafür die notwendigen Voraussetzungen für eine nachhaltige Entwicklung zu schaffen.
Langfristig wird eine einheitliche Währung ohne eine minimal suffiziente Fiskalunion, Anti-Krisen-Mechanismen
und einen einheitlichen europäischen Bond kaum überleben können. In Ländern wie Spanien oder Griechenland

ist der Arbeitsmarkt derart verkorkst, dass dort reale
Schocks, wie sie in dieser Krise auftraten, nicht kompen-
siert werden können. Wir brauchen zwar keinen einheitlichen Arbeitsmarkt im Euroraum, aber die strukturellen
Unterschiede müssen erheblich reduziert werden. Der
deutsche Arbeitsmarkt reagiert auf negative Schocks mit
Lohnsenkungen, der spanische mit einem Anstieg der Arbeitslosigkeit. Und solange die Politik nicht bereit ist, die
notwendigen wirtschaftlichen und politischen Strukturen
zu schaffen, so lange werden Investoren in der Lage sein,
diese Schieflage auszunutzen, ähnlich wie George Soros
im Jahre 1992 die Schieflage im Europäischen Währungssystem ausnutzte. Auch damals war das Risiko asymme-
trisch.

Es gibt im Übrigen auch Investmentfonds, die sich auf
die innereuropäische Schieflage spezialisieren. Diese Fonds
sind zum Teil von Menschen geführt, die zutiefst euro-
skeptisch sind. Man muss also vorsichtig sein, ob hier
aus politischer Überzeugung oder aus dem Kalkül eines
Investors gehandelt wird. Mein unbedingter Rat an alle
Leser ist es, diese beiden Dinge zu trennen. Vielleicht sind
Sie ein Anhänger der konservativen österreichischen Na-
tionalökonomie, ein deutscher Monetarist oder ein Alt-
keynesianer, vielleicht auch ein Europa-Gegner oder ein
Europa-Fan. In diesem Buch geht es nicht um unsere
Weltanschauungen, sondern um unsere Investitionen.

Ich selbst war und bin ein Anhänger der Europäischen
Währungsunion, was mich allerdings nicht davon abhält,
die Schwächen des Systems aufzulisten und Ratschläge
an Investoren zu erteilen, wie man diese Schwächen für
sich ausnutzt. Der Wechselkursmechanismus des Europäischen Währungssystems ist nicht durch George Soros
zerstört worden, sondern durch inkompetente und arro-
gante Politiker, die die Gefahren immer herunterspielten,
und die ohne Rücksicht auf ökonomische Realität Wechselkurse festlegten. Genauso ist es heute. Wer eine Wäh-

rungsunion ins Leben ruft und gleichzeitig den Nationalismus wiederentdeckt wie unsere deutschen Politiker im Frühjahr 2010, braucht sich nicht zu wundern, dass die Welt eine solche Währungsunion nicht ernst nimmt.

Trotz der Volatilität an den europäischen Bondmärkten gibt es bislang noch nicht einmal den Anfang einer spekulativen Attacke auf den Euroraum. Ich kann angesichts der wirtschaftlichen und politischen Realitäten nicht ausschließen, dass es dazu kommen wird, und weiterhin nicht ausschließen, dass eine solche Attacke Erfolg hat. Dann werden natürlicherweise nicht die Devisenmärkte, sondern die Bondmärkte Ziel solcher Attacken sein. Ich bin absolut sicher, dass die Finanzministerien und Staatskanzleien in den europäischen Hauptstädten auf eine derartige Situation nicht vorbereitet sind.

Das sollten Sie als Investor wissen. Mit einer Strategie Nord/Ost long und Süd/West short liegen Sie da nicht so schlecht. Nur passen Sie auf, dass Sie da nicht zu spät einsteigen. Wenn die Kurzfristzinsen erst einmal bei zehn Prozent liegen, dann würde ich in dieser Gemengelage nicht mitmachen.

4. Globale Schuldenkrise (ohne Inflation)

Im letzten Abschnitt habe ich ein spezifisches Problem ausgeklammert, und zwar die Insolvenz eines Landes innerhalb des Euroraums, also Insolvenz bei weiter bestehender Mitgliedschaft im Euroraum. Im ersten Abschnitt war das Szenario Schuldenabbau durch Inflation. In diesem Abschnitt geht es ganz allgemein um den Schuldenabbau ohne Inflation. Da sich Mitgliedsstaaten im Euroraum nicht durch Inflation entschulden können, falte ich beides in einen Abschnitt und stelle die Frage: Wie stellt sich ein Investor angesichts der Schuldenexplosion am besten auf?

Ich selbst halte das Szenario in den Abschnitten eins (weltweit) und zwei (für den Euroraum) für am wahrscheinlichsten. Der Dollarraum wird sich durch moderate Inflation entschulden. Im Euroraum wird es an den Rändern bröckeln. Das Szenario in diesem Kapitel ist aber auch nicht ganz auszuschließen. Was passiert also, wenn die Welt ohne Hilfe der Inflation sich entschulden muss?

Eines der Erben der Finanzkrise ist eine erhöhte Überschuldung. Unter Ökonomen gibt es keinen Konsens, ob es sich hier um ein langfristiges Problem handelt oder nicht. Einige behaupten, die Welt habe in der Vergangenheit ähnliche Probleme gemeistert, wie zum Beispiel nach den zwei Weltkriegen. Damals überstieg der Schuldenstand das jährliche Bruttoinlandsprodukt in den USA und in Großbritannien. Danach wuchs man aus seinem Schuldenproblem heraus. Die Skeptiker sagen, das wird uns diesmal nicht so leicht gelingen.

Hier zunächst eine Grafik über die Schuldenstände einiger Industrieländer und insbesondere die Veränderungsrate dieser Schuldenstände (siehe Grafik 23).

Um die Solvenzsituation einzelner Länder zu betrachten, sollte man einige weitere Informationen dazuneh-

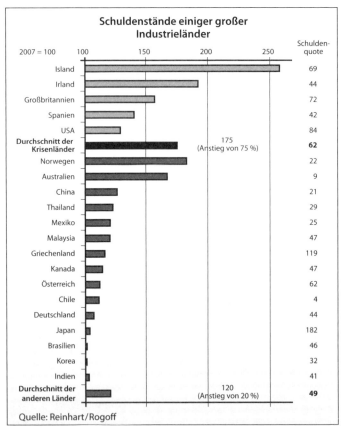

Grafik 23

men, zum Beispiel den Netto-Inlandsvermögensstatus. Er misst die Differenz zwischen den Aktiva ausländischer Vermögen im Inland und inländischer Vermögen im Ausland (siehe Grafik 24).

Die Zahlen von Island überschatten alles, aber ich habe sie eingefügt, um ein Gefühl für die Größenordnungen zu bekommen. 100 Prozent sind schon eine sehr hohe Zahl, und Portugal bewegt sich in dieser Größenordnung. Spanien, Griechenland und Irland sind ebenfalls zwischen

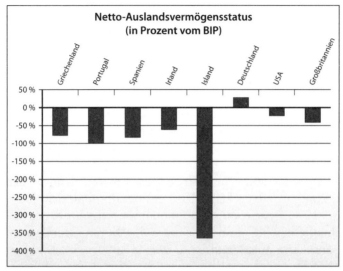

Grafik 24

50 und 100 Prozent, wohingegen die USA und Großbritannien leicht negativ abschneiden und Deutschland positiv. Die ganzen Sparer, die in Island ihre Konten hatten, sind in dieser langen blauen Linie erfasst. In Deutschland ist es genau umgekehrt: Mehr Deutsche haben Vermögen im Ausland als Ausländer in Deutschland. Die Statistik ist eine von den wichtigen Informationen, die man sich anschauen sollte, um die langfristige Solvenzsituation eines Landes zu betrachten. Je höher der Netto-Auslandsvermögensstatus, desto abhängiger ist das Land von seinen Auslandsgläubigern – und umgekehrt natürlich auch.

Die Ökonomen Carmen Reinhart und Kenneth Rogoff, die die erste dieser Grafiken produzierten, haben in einer groß angelegten Studie[63] herausgefunden, dass für Industrieländer die Schuldenschwelle von 90 Prozent vom Bruttoinlandsprodukt eine magische Grenze darstellt. Unterhalb dieser Schwelle gibt es keine signifikanten Beziehungen zwischen Wachstum und Schulden. Ober-

halb dieser Schwelle sind Wachstum und Schulden negativ korreliert. Daher sorgen wir uns eben um einen
Schuldenstand von 125 Prozent wie in Griechenland oder
110 Prozent wie in Italien. Bei Schwellenländern sind die
Werte geringer, bei einem Schuldenstand von 60 Prozent.

Das Ergebnis besagt also, dass die Erhöhung der Staatsschulden durch die Konjunkturprogramme viele Länder
nahe an den Schwellenwert brachte und zum Teil darüber.

Dieses empirische Ergebnis ist wichtig, denn in der
Ökonomie gibt es keine Theorie über optimale Schulden-
grade. In Deutschland glaubt man weitestgehend, der optimale Schuldengrad sei nahe null. Die im Grundgesetz
verankerte Schuldenbremse würde langfristig zu einem
Verschuldungsgrad von ungefähr zehn Prozent führen,
sofern sie denn eingehalten würde. Dieser Grad ist für ein
Industrieland wie Deutschland wahrscheinlich zu gering.
Der jetzige Schuldenstand von nahezu 80 Prozent ist wahrscheinlich zu hoch. Aus dieser Annahme lässt sich aber
keine optimale Zahl ableiten. Solange die Schulden nicht
zu hoch sind und der Grad stabil bleibt, so lange ist die
Situation in Ordnung.

Wenn wir die zukünftige Schuldenentwicklung eines
Landes betrachten, dann muss man zwangsläufig Annahmen über das Wachstum treffen. Zum einen drücken wir
die Höhe der Staatsschulden im Verhältnis zum Bruttoinlandsprodukt aus. Das heißt, bei fallendem Nominalwachstum erhöht sich die Schuldenquote, selbst wenn
die absolute Höhe der Schulden konstant bleibt. Zum
Zweiten gibt es die dynamischen Effekte. In einer Rezession fallen die Steuereinnahmen und die Sozialausgaben
steigen an. Das Defizit steigt, und somit auch die Schuldenquote.

Ich habe im Frühjahr 2010 eine Schuldenrechnung für
Griechenland aufgestellt. Griechenland hatte im Jahre

2009 einen Gesamtschuldenstand von rund 125 Prozent
vom BIP. Das Defizit betrug 13 Prozent. Entscheidend für
unsere Rechnung ist das Primärdefizit, das Defizit ohne
Zinszahlungen. Das betrug 7,9 Prozent.

Die Frage, die sich daraus ergibt, ist: Um den Schuldenstand auf 125 Prozent vom BIP zu stabilisieren, wie
hoch muss die Primärbilanz des Staates sein?

Dazu gibt es komplizierte und vereinfachte Formeln.
Wir nehmen hier die vereinfachte Formel, die für unsere
Zwecke völlig ausreicht.

Primärbilanz = Schuldenquote · (Zinsen − Nominalwachstum)

Hier muss man Annahmen treffen über die Zinsen und
das Nominalwachstum in einer Anpassungsphase. Griechenland musste eine extreme Reduzierung des Defizits
durchführen, und während einer solchen Phase würde
man ein Einbrechen des Wachstums erwarten. Für 2010
lagen die Prognosen für das Realwachstum bei minus
drei bis minus fünf Prozent. Für das Jahr 2011 war die
Prognose sogar noch pessimistischer. Da Griechenland
zudem auch seine Löhne senken muss, um an Wettbewerbsfähigkeit zu gewinnen, würde man kaum Inflation
erwarten, eher eine leichte Deflation. Da Nominalwachstum gleich dem Realwachstum minus Inflation ist, folgt
bei einer Deflation aus einem negativen Realwachstum
ein noch viel negativeres Nominalwachstum.

Jetzt machen wir einfach mal ein paar Annahmen.
Der EU-Kredit an Griechenland hatte einen Zinssatz von
fünf Prozent. Nehmen wir an, Griechenland könne sich
zu diesem Zinssatz in den nächsten drei Jahren finanzieren. Nehmen wir des Weiteren ein Nominalwachstum
von einem Prozent an. Das ist angesichts der Prognose
sehr optimistisch, aber vielleicht realistisch auf die mittlere Sicht. Griechenland wird lange keine Inflation erzeugen dürfen, und das Wachstum wird bestenfalls moderat

ausfallen. Setzen wir also einmal diese Annahmen in unsere Formel ein.

Primärbilanz = 125 % · (5 % − 1 %) = 125 % · 4 % = 5 %

Um die Schulden unter diesen Annahmen zu stabilisieren, muss Griechenland aus einem Primärdefizit von 7,9 Prozent also einen Primärüberschuss von fünf Prozent erzielen. Die Anpassung beträgt also 13 Prozentpunkte. Das ist eine der stärksten Anpassungen, die je ein Industrieland in der Vergangenheit geschafft hat. Dänemark, Schweden und Finnland haben in den 80er- und 90er-Jahren Ähnliches vollbracht, sie hatten aber den Vorzug einer abgewerteten Währung, wodurch die Wettbewerbsfähigkeit schlagartig erhöht wurde, und vor allem einen viel höheren Konsens zur Anpassung in der Gesellschaft.

Um eine derartige Anpassung hinzubekommen, müsste Griechenland die Staatsausgaben enorm reduzieren. Hier noch ein paar Rechnungen. Die Staatsausgaben betrugen 2008 44 Prozent vom BIP und die Steuereinnahmen 41 Prozent. Wenn die 13 Prozentpunkte ausschließlich über die Ausgaben kämen, dann bedeutet dieses eine Ausgabenkürzung von sage und schreibe 30 Prozent der Gesamtausgaben. Wenn die Anpassung ausschließlich über Steuern gemacht würde, dann ergäben sich Steuererhöhungen in einer ähnlichen Größenordnung. Letzteres kann man eh vergessen, denn das griechische Steuersystem ist ja nicht einmal in der Lage, die Steuern einzusammeln.

Die Europäische Kommission und die europäischen Finanzminister konzentrierten sich in ihren Mahnungen immer auf die Frage, wie lange es dauern wird, bis Griechenland wieder die vorgeschriebenen drei Prozent Defizit erreicht. Aber das ist die falsche Frage. Selbst wenn Griechenland diese Hürde überspringt, droht am Ende der Staatsbankrott. Um eine Schuldenexplosion zu vermeiden, muss Griechenland viel größere Anstrengungen unternehmen und dabei gleichzeitig noch wachsen oder zumindest stagnieren. Ich halte es für fast ausgeschlossen, dass eine demokratische Gesellschaft zu einer derart brutalen Anpassung in der Lage ist. Wir wären das im Übrigen auch nicht, und die griechische Gesellschaft ist gespaltener als unsere. Mein Fazit war daher, dass Griechenland trotz aller Notkredite langfristig insolvent ist, wobei Insolvenz definiert ist als eine Schuldenexplosion.

Bleiben wir beim Beispiel Griechenland. Im April 2010 betrug der Spread zu Deutschland 400 Basispunkte. Reflektiert das die Sorgen einer Insolvenz?

Im letzten Abschnitt habe ich eine grobe Abschätzung unternommen über die Beziehungen zwischen einer zu erwartenden Währungsabwertung und den sich daraus ergebenden Größenordnungen für Spreads. Jetzt stellen wir uns eine ähnliche Frage: Was sagen die Spreads über die Wahrscheinlichkeit eines Zahlungsausfalls aus? Aus der Finanzliteratur gibt es dazu eindeutige Aussagen[64], die sich in sehr komplizierten Formeln ausdrücken. Auch hier gibt es eine handliche Pi-mal-Daumen-Formel, die Makroökonomen benutzen. Sie ist ungenauer, aber keineswegs schlechter, denn diese genauen Formeln zwingen Sie zu Annahmen, die Sie als Außenstehender eh nicht überprüfen können.

Eine einfache Methode, das implizite Risiko aus einem Spread zu ermitteln, ist die folgende: Sie nehmen den Spread, etwa zu einem quasi risikofreien Papier wie zum Beispiel Bundesanleihen. Sie ziehen dann die Quadratwurzel. Die Quadratwurzel von 400 ist 20. Dann schlussfolgern Sie: Der griechische Spread von 400 Basispunkten Mitte April 2010 impliziert eine 20-prozentige Wahrscheinlichkeit eines 20-prozentigen Verlustes. Warum ist das so? Eine 20-prozentige Wahrscheinlichkeit eines 20-prozentigen Verlustes ergibt einen erwarteten Verlust von $0{,}2 \cdot 0{,}2 = 0{,}04 = 4$ Prozent.

Wenn Sie eine Rendite von 400 Basispunkten bekommen, neutralisieren Sie damit den zu erwartenden Verlust. Sie müssen natürlich noch Laufzeiten und so weiter berechnen. Hier gehe ich vereinfachend davon aus, dass sich die Erwartung auf das nächste Jahr bezieht.

Zwei Anmerkungen: 20 mal 20 macht 400, aber auch zehn mal 40. Die Quadratwurzel ergibt hier also keine eindeutige Lösung. Es gibt unzählig viele Kombinationen. Eine zehnprozentige Wahrscheinlichkeit eines 40-prozentigen Verlustes ist ebenso mit einem Spread von 400 Basispunkten verträglich wie eine 40-prozentige Wahrscheinlichkeit eines zehnprozentigen Verlustes. Da wir nicht wissen, wie hoch der Verlust sein wird, zum Beispiel im Falle einer geordneten Restrukturierung, wo der Abschlag verhandelt wird, ist es auch letzten Endes egal, welche Zahl Sie da einsetzen. 20/20 ist genauso gut wie jede andere Kombination, wenn Sie nichts Näheres wissen.

Zweitens unterstellt diese Rechnung, was man in der Finanzwissenschaft Risikoneutralität nennt. Danach ist es Investoren egal, ob sie riskante oder weniger riskante Wertpapiere halten, solange die riskanten Kombinationen entsprechend vergütet werden. In der Realität ist das natürlich nicht so. Die meisten Investoren sind risikoavers, das heißt, sie ziehen eine sichere Anlage einer riskanten Anlage selbst bei entsprechender Kompensierung vor.

Die Beispielrechnung für Griechenland zeigt, wie wichtig es ist, dass ein Land während einer Anpassungsphase günstige Zinsen erhält und dabei das Wachstum aufrechterhält. Ohne Wachstum und Notkredite ist Griechenlands Position hoffnungslos. Auch mit Notkrediten läuft nichts, wenn das Wachstum über mehrere Jahre einbricht.

Und jetzt erinnern Sie sich vielleicht wieder an das Resultat von Reinhart und Rogoff, wonach eine Schul-

denquote von 90 Prozent eine Wachstumsschwelle darstellt. Über dieser Schwelle reduzieren sich die Wachstumsraten von Industrieländern. Griechenland ist weit
über dieser Schwelle. Da die Wirtschaft eher einem
Schwellenland als einem Industrieland gleicht, sollte man
sogar den geringeren Schwellenwert von 60 Prozent annehmen. Griechenlands Schuldenquote ist mehr als das
Doppelte.

Ich benutzte Griechenland lediglich als ein Beispiel
zur Illustration, wie schwierig es ist, ein Schuldenproblem unter Kontrolle zu bekommen, wenn das Wachstum
sehr gering ist. Und genau an diesem Punkt liegen die
Schuldenoptimisten falsch. Die Situation der Weltwirtschaft nach der Finanzkrise ist keineswegs vergleichbar
mit der Nachkriegssituation. Auch wenn sich die Indus-
trieproduktion nach dem Einbruch 2008/2009 wieder
erholt, ist die Wahrscheinlichkeit nachhaltiger Wachs-
tumsschübe sehr gering, nicht nur für Griechenland, sondern für Europa insgesamt und womöglich auch für die
USA. Wenn das Potenzialwachstum aber fällt, dann wird
der Schuldenabbau sehr schwierig und langwierig. Für
die Bondmärkte wäre das ebenso wie die Inflation reines
Gift. Auch für die Aktienmärkte gäbe es kaum Hoffnung,
denn in Zeiten geringen Wachstums bei geringen Inflationsraten sind hohe Profite kaum wahrscheinlich.

Und hiermit wären wir bei unserem eigentlichen Thema. Wie gehen Makroinvestoren mit einem nicht inflationären Schuldenproblem um.

Es ist das schwerste aller Szenarien, weil hier weder
Rohstoffmärkte noch Immobilienmärkte steigen werden,
weil die Bondmärkte und Aktienmärkte gleichzeitig nach
unten oder seitwärts tendieren. Die Bondmärkte könnten
sogar einbrechen, wenn es mehrere Fälle wie Griechenland gäbe, wenn Investoren plötzlich realisieren, dass ihr
eingesetztes Kapital gefährdet ist. Dann wären die optimistischen Bewertungen, die noch im Frühjahr 2010 vor-

herrschten, nicht mehr mit der Wirklichkeit zu vereini-
gen.

In diesem Szenario verfährt man am besten mit einem
Höchstgrad an Geldliquidität, also in Geldmarktkonten
oder Geldmarktfonds. In den Bondmärkten würden sich
reine Short-Strategien anbieten. Die Long-short-Strategi-
en des letzten Kapitels – long Bundesanleihen, short britische Anleihen – wären nicht optimal, da mit großer
Wahrscheinlichkeit auch deutsche Anleihen nicht mehr
als risikolos gesehen werden, ob berechtigt oder nicht, sei
eine andere Frage. Ich selbst halte weiterhin die Wahrscheinlichkeit einer deutschen Zahlungsunfähigkeit für
ziemlich exakt gleich null.

Mir sagte mal ein Anleger, früher sprach man von ri-
sikofreiem Profit. Heute reden wir vom profitfreien Risiko. Wenn diese Mentalität überwiegt, dann sind wir in
diesem Szenario. Dann ist man am besten liquid und
short.

5. Rückkehr globaler Ungleichgewichte – Eine neue Blase

Nach unserer Analyse im ersten Kapitel des Buches leben wir in einem Zeitalter globaler Ungleichgewichte und finanzieller Instabilität. Es gibt einen kausalen Zusammenhang zwischen den beiden. Die Ungleichgewichte werden in den kommenden Jahren eher zu- als abnehmen. Es werden mit an Sicherheit grenzender Wahrscheinlichkeit neue Blasen entstehen, auch einige Superblasen.

Für den Investor ist es extrem wichtig, sich hier über die Kausalität im Klaren zu sein. Globale Ungleichgewichte bedingen Finanzinstabilität, also auch Blasen. Denn wenn China, Japan und Deutschland massive Überschüsse einfahren, müssen diese Überschüsse irgendwie im globalen Finanzsystem verwurstet werden, und sie landen irgendwo als Kredit, die meisten davon in Ländern mit exzessiven Leistungsbilanzdefiziten. Eine Subprime-Krise wird es nicht noch mal geben, aber es gibt unzählig viele Möglichkeiten, in irgendwelchen Marktsegmenten Blasen zu schlagen.

Das Wiederaufkommen von Ungleichgewichten ist also zunächst zumindest kaum mit Szenarien von Deflation und Depression vereinbar. Wie wir schließlich gesehen haben, haben die Ungleichgewichte während der Krise nachgelassen. Wenn sie wiederkommen, dann sind wir in einer ähnlichen Situation wie vor der Krise mit ähnlich ungelösten Problemen, allerdings zunächst ohne einen Immobilienboom. Aber aufgepasst. Ein Szenario von Ungleichgewichten ist nicht stabil. Hier geht alles hoch und runter, und die Investoren müssen hier sehr vorsichtig taktieren und relativ schnell reagieren.

Wenn die Ungleichgewichte wieder zunehmen, wird es langfristig zu extremen Spannungen kommen. Denn Ungleichgewichte können nicht langfristig aufrechterhalten werden. Sie erzeugen Blasen, die irgendwann platzen. Ich erwarte langfristig einen ziemlich starken Schock für das Finanzsystem und die Weltwirtschaft, eine Krise, die weitaus schlimmer sein wird als die letzte. Ich kann nur nicht sagen, ob dieser Schock im Jahre 2015, 2020 oder 2030 eintreten wird. Für Investoren ist die Aussage daher völlig nutzlos.

Was ich hier im Folgenden beschreibe, sind allesamt Strategien mit ungewissem Verfallsdatum. Sie funktionieren, bis sie grandios scheitern. Es sind allesamt eher kurzfristige Strategien, die funktionieren können, wenn man rechtzeitig die Flucht ergreift. Es werden Blasen kommen, und wieder wird man versuchen, die Blasen mit irgendwelchen neuen Argumenten zu rechtfertigen, so wie man in der Vergangenheit immer Blasen gerechtfertigt hat. Der Leser sollte sich dann daran erinnern, dass er lediglich eine Blase reitet, und kein neues Glaubensbekenntnis entdeckt hat.

Die Ausgangssituation ist eine Rückkehr globaler Ungleichgewichte, eventuell mit Inflation. Die Exportsektoren der Länder mit strukturellen Leistungsbilanzüberschüssen werden in dieser Zeit boomen, der deutsche Maschinenbau, die chinesische und die japanische Industrie allen voran. Man sollte ebenfalls erwarten, dass die Konsumsektoren in den Defizitländern wieder boomen, vor allem der amerikanische und eventuell auch wieder der britische Einzelhandel.

Eine Rückkehr globaler Ungleichgewichte mit anschließender Blasenwirkung wird die Aktienmärkte insgesamt beflügeln, und das trotz meiner Feststellung, dass die Aktienmärkte schon jetzt überbewertet sind. Es gibt zwar auch in den Aktienmärkten langfristige Tendenzen zur Rückkehr zum Trend, aber die Abweichungen können Jahre oder Jahrzehnte dauern. Die Aussage, dass ein Aktienmarkt überbewertet ist, ist somit alleine nicht von Bedeutung. Insbesondere, wenn wir eine Rückkehr von

Blasen erleben, ist die Wahrscheinlichkeit einer erneuten Bubble oder einer Superbubble relativ groß. Wenn Sie an dieses Szenario glauben, dann sind Investitionen in den oben genannten Segmenten des Aktienmarktes kurzfristig durchaus sinnvoll, solange Sie nur verstehen, dass beim nächsten Crash extreme Verluste drohen. Wer sich nur gegen Volatilität oder Inflation absichern möchte, sollte diese Zockerei besser nicht mitmachen oder nur einen kleinen Teil des Vermögens investieren. Wer risikobereit ist und gerne Wellen reitet, sollte es tun. Ich würde ebenfalls annehmen, dass die Aktien deutscher und japanischer Exporteure steigen werden, halte mich selbst aber zurück aus dem einfachen Grund, dass ich nicht glaube, in der Lage zu sein, hier den richtigen Exit-Moment zu erkennen. Das hat nichts mit volkswirtschaftlicher Analyse zu tun. Letztere kann uns nur sagen, dass Märkte über- oder unterbewertet sind. Und das wissen wir mittlerweile ja schon.

Ein mir gut bekannter Makromanager vertraute mir einst folgende Strategie an. Wenn, wie er erwartete, die Ungleichgewichte zurückkehren und mit ihr eine erneute Blase an den Finanzmärkten aufkäme, so fragte er rhetorisch, wer würde dann von einer solchen Entwicklung am meisten profitieren? Die Banken natürlich.

Im Frühjahr 2010 lag der Sektor nach dem Platzen einer Blase noch am Boden. Wenn es den Regierungen gelänge, den Finanzsektor in den Griff zu kriegen und so zu regulieren, dass keine Monopolprofite anfallen, dann wäre die Strategie sicherlich falsch. Aber trotz aller Versuche, die schlimmsten Exzesse im Finanzsektor zu unterbinden, ändert das nichts an der Tatsache, dass die massiven Leistungsbilanzüberschüsse von China, Japan und anderer durch die großen Finanzzentren geschleust werden und transformiert werden müssen. Am Ende einer langen Kette von Risikotransformationen werden wieder Kredite stehen, natürlich nicht diesmal Subprime-Kredite, sondern Kredite einer anderen Kategorie. Schließlich wiederholen wir nicht exakt dieselben Fehler. Wir machen neue. Und dann sind die Banken wieder dick im Geschäft.

Schauen Sie sich mal folgende Grafik 25 an, zunächst für den Euroraum.

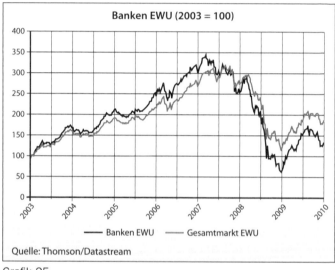

Grafik 25

Hier vergleichen wir bei einem gemeinsamen Ausgangspunkt 2003 die Entwicklungen bei den Banken mit dem gesamten Aktienmarkt im Euroraum. Ich wählte 2003 als Ausgangsjahr, weil ich genügend Abstand zum Platzen der Neuen-Markt-Blase brauchte und gleichzeitig den Großteil des Booms des letzten Jahrzehnts abbilden wollte. Aus der Grafik geht klar hervor, dass die Banken von der Blase mehr als der Gesamtmarkt profitierten. Bis Ende 2007 war die Preisentwicklung günstiger, zum Teil sehr deutlich. Mit der Krise änderte sich die Situation schlagartig, und die Banken waren plötzlich die großen

Verlierer. Zwar verbesserte sich die Situation seit 2009 sowohl für Banken als auch den Gesamtmarkt. Der Abstand blieb aber erhalten.

Für Sie als Investor ist der Abstand entscheidend. Dieser Abstand wird sich, wenn meine Analyse korrekt ist, in Zukunft verringern, wenn die Banken ihre Bilanzen bereinigen und dann wieder dick ins Geschäft zurückkehren. Der Finanzsektor tendiert zum Überschießen, und insofern ist es in der Regel nicht problematisch, wenn man dort kauft, wenn es billig ist. Im März 2010 war der Gesamtmarkt deutlich überbewertet, sodass aus meiner Sicht eine relativ sichere Strategie darin besteht, Banken zu kaufen in Verbindung mit Verkaufsoptionen für den Gesamtmarkt. Ich würde hier nicht auf einzelne Banken setzen, sondern zum Beispiel auf Banken im Euroraum oder amerikanische Banken in Verbindung mit der Put-Option für den entsprechenden Markt. Wenn der Gesamtmarkt einbricht, dann sind Sie durch Ihre Put-Option geschützt. Wenn die nächste Blase kommen sollte, dann werden Sie überdurchschnittlich durch die Bankaktien profitieren, natürlich minus dem Preis für die Put-Optionen. Das Schöne an dieser Strategie ist, dass Sie relativ wenig Risiko eingehen.

Verlieren würden Sie dann, wenn die Banken relativ zum Markt schlecht abschneiden. Das kann zum Beispiel passieren, wenn irgendeine Bank auf der Welt Konkurs anmeldet und der Gesamtmarkt plötzlich in Panik gerät und die Bankaktien neu bewertet, so wie das nach der Lehman-Pleite passierte. Diese Strategie – wie auch keine andere, die hier im Buch vorgestellt wird – ist nicht gedacht als eine Kauf-und-halte-Strategie. Sie funktioniert nur, solange der Bankensektor insgesamt relativ unterbewertet ist.

Sie können diese Strategie erheblich verfeinern, indem Sie in ein Bündel global tätiger Banken investieren oder in einige Retailbanken, die von der Krise relativ verschont

blieben. Mit der Deutschen Bank zum Beispiel oder BNP
Paribas oder Santander liegen Sie da nicht so falsch.

Sie können diese Analyse mit einer Mikroanalyse des
Bankensektors verbinden, indem Sie die Risiken für die
Bilanzen genau analysieren. Das tue ich hier nicht. Hier
geht es um die Makroperspektive, die aber eine zusätzliche Mikroanalyse nicht ausschließt. Die grundlegende
Frage, die hinter dieser Strategie steht, ist diejenige: Wie
beurteilen wir die relativen Entwicklungen der Realwirtschaft und der Finanzwirtschaft?

Die Realwirtschaft wird sich von dieser Krise schnell
erholen. Die Wachstumsraten in den Jahren 2010 und
2011 werden deutlich höher liegen als in der Krise. Aber
der Privatsektor gerade in den angelsächsischen Ländern
wird um Entschuldung nicht herumkommen. In einer
solchen Situation wird man also nicht erwarten, dass Unternehmen ähnlich hohe Gewinnquoten einfahren wie
während der Kreditblase im letzten Jahrzehnt. Die relative Schwäche des Privatsektors wird die Notenbanken zu
einer exzessiv lockeren Geldpolitik verleiten, insbesondere in den USA und mit Abstrichen auch in Großbritanni-
en. Nutznießer dieser Strategie werden in erster Linie
die Banken sein. Sie werden nur einen Teil der leicht verfügbaren und billigen Gelder an die Wirtschaft zu ähnlich guten Konditionen weiterleiten. Dadurch, dass sie
auch weiterhin billig Geld leihen können und es relativ
teuer verleihen, erhöhen sich ihre Profite beziehungsweise gewinnen sie Spielräume, ihre Bilanzen zu bereinigen.
Man kann jede Bankbilanzkrise mit niedrigen Zinsen bekämpfen, solange man die Zinsen nur lang genug niedrig
lässt. Wenn das geschieht, was ich erwarte, dann werden
die Kurse der Banken relativ zum Gesamtmarkt steigen.
Da ich pessimistisch bin, was den Gesamtmarkt angeht,
glaube ich, die beste Strategie hier wäre also: long Finanzen, short Gesamtmarkt.

Man teilt den Finanzsektor zumeist in drei Kategorien

ein: Banken, Versicherungen und andere Finanzdienstleister. Diese Einteilung ist zum Teil nicht mehr zeitgemäß, denn Versicherungsgesellschaften haben Banken gekauft, und klassische Investmentbanken wie Goldman Sachs haben eine Banklizenz erworben. Larry Summers sagte einmal, dass man Finanzfirmen nicht danach regulieren sollte, wie sie sich nennen, sondern danach, was sie tun. Recht hat er. Als Investor sollten Sie genauso denken.

Wenn unser Makroszenario stimmt – wieder aufflammende internationale Ungleichgewichte, niedrige Zinsen, schwacher Privatsektor –, dann sind die Banken relativ zur Wirtschaft wieder dick im Geschäft. Das Gute an einer Hedge-Strategie besteht darin, dass Sie Risiko nach unten begrenzen. Denn es ist sehr unwahrscheinlich, dass der Gesamtmarkt hochgeht, während der Bankensektor runterknallt. Ich kann mir nicht mal ein plausibles Szenario ausdenken, in dem so etwas unter gegebenen wirtschaftlichen und politischen Umständen wahrscheinlich ist. Wenn jetzt die G 20 überraschend entscheiden würden, den Finanzsektor doch noch streng zu regulieren, sodass hier tatsächlich die Monopolprofite einkassiert würden, dann wäre es konsequent, diese Strategie zu ändern. Solange das nicht passiert, wäre sicherlich ein Teil eines neuen Portfolios – long Banken, short Markt.

Nachfolgend nun dieselbe Grafik für den US-Markt (Grafik 26).

Dort ist die Diskrepanz noch viel größer, aber man beachte, die Banken haben während des Booms nicht profitieren können. Bankaktien haben seit 2003 schlechter abgeschnitten als der Markt insgesamt. Aber schauen Sie sich die aufklaffende Lücke an.

Der Grund für diese Entwicklung lag zum einen an dem Konsumboom, den wir in Europa nicht hatten und der in erster Linie Unternehmen in der Realwirtschaft zugutekam, insbesondere dem Bausektor und den Sektoren,

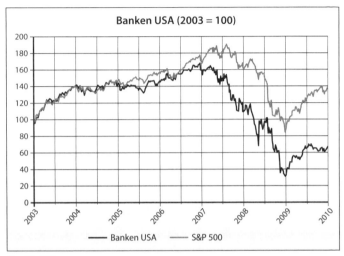

Grafik 26

die stark vom Bau abhängen. Die vorwiegend regional tätigen Banken haben durch den Verbriefungswahn zwar auch profitiert, aber ihre Funktion und ihre Margen waren eher die eines Einzelhändlers. Die Banken waren die Verkäufer der Kredite. Geld wurde mit der Verbriefung verdient. Es waren vorwiegend die großen international tätigen Banken, die aus dieser Gemengelage die meisten Profite herausholten. Ich würde daher auch nicht in kleine Regionalbanken investieren, sondern lediglich in globale Banken, denn es sind diese Banken, die von den globalen Ungleichgewichten am stärksten profitieren. Die Überschüsse und Defizite beim Export bedingen starke Geldflüsse in die entgegengesetzte Richtung, die durch die großen Banken geschleust werden.

Der entscheidende Erfolg einer solchen Strategie wie aller Makrostrategien ist die Wahl des richtigen Exits, also zu wissen, wann man aufhören muss. Sicherlich sollte man vorsichtig werden, wenn sich die Kurven zwischen Realwirtschaft und Finanzsektoren kreuzen. Dann besteht das Ungleichgewicht nicht mehr. Das wäre für mich das späteste Exit-Signal. Ein wahrscheinlich früheres Exit-Signal wäre eine verstärkte Finanzregulierung, die sowohl den Schattenbankensektor mit einbezieht und die die Monopolgewinne des Finanzsektors erheblich beschränken wird. Ich glaube, es wird irgendwann auch dazu kommen, allerdings haben sich die G-20-Regierungen bislang nicht zu einer verschärften Kontrolle des Finanzsektors bereit erklärt. Dazu bedarf es wahrscheinlich noch einer weiteren schweren Finanzkrise. Bis dahin genießt der Finanzsektor weiterhin starke Monopolprofite.

Die Rückkehr globaler Ungleichgewichte hätte große und schädliche Folgen für die Volkswirtschaft. Die notwendigen Anpassungen von Wechselkursen und Industriestrukturen würden hinausgezögert, man würde gerade in China starken inflationären Druck erzeugen, der wahrscheinlich exportiert würde, der Euroraum könnte an seinen inneren Spannungen zerschellen. Es ist politisch und wirtschaftlich ein ziemliches Katastrophenszenario.

Auch als Long-short-Bond-Investoren müssen Sie hier höllisch aufpassen. Solange die Blase lustig bläst und Inflation erzeugt, so lange funktioniert die Long-short-Strategie, aber wenn die nächste Blase knallt und die Weltwirtschaft in den Abgrund reißt, dann kommt es wahrscheinlich zur größten Bondrallye aller Zeiten. Die Zinsen gehen dann wieder auf null zurück oder werden negativ – und es droht Deflation. Aus Sicht der Geldwertstabilität ist dieses Szenario eine Weiterentwicklung unseres Inflationsszenarios. Hier erleben wir also folgende Entwicklung. Kurzfristig Deflation. Mittel- bis langfristig Inflation. Und dann wieder Deflation. Vielleicht erinnern Sie sich noch an das erste Kapitel, als ich über den schwedischen Ökonomen Knut Wicksell geschrieben habe. Dessen Theorie würde damit in Einklang stehen. Die Geldpolitik hätte dann längst die Kontrolle über die Inflation verloren.

Eine Rückkehr globaler Ungleichgewichte ist für Investoren eine schwierige Situation, die gleichzeitig sehr wahrscheinlich ist. Hier nun eine kurze Zusammenstellung von Investitionen in diesem Szenario:

1. Zunächst ähnliche Strategie wie beim Inflationsszenario. Gold, Platin, Geldmarkt, Long-short-Bond-Strategien.
2. Investitionen in bestimmten Segmenten der Aktienmärkte – deutsche und japanische Exportunternehmen, vor allem aber Banken mit starker Kundschaft in Ländern mit hohen Leistungsbilanzdefiziten, also USA, Großbritannien, eventuell abgesichert mit Short-Positionen auf den Gesamtmarkt.
3. Sorgfältige Analyse der Exit-Bedingungen. Seien Sie nicht gierig. Wenn sich die Werte verdoppelt oder verdreifacht haben, dann steigen Sie aus, auch wenn das nicht der optimale Moment sein mag. Bei einer Superbubble steigt man besser ein Jahr zu früh aus als einen Tag zu spät. Wenn Sie die Blase auch als Blase begreifen, dann werden Sie die Knall-Signale relativ früh erkennen. Wenn Ihre Putzfrau einsteigt, dann steigen Sie aus.

6. China

Bislang haben wir uns nur mit negativen Szenarien beschäftigt, und im Grunde machen Makroinvestoren nichts anderes, als Schieflagen zu identifizieren und für sich auszunutzen. Und Schieflagen sind meistens negativer Natur. Der Makroinvestor ist also im Allgemeinen nicht jemand, der sagt, klasse, in China geht die Post ab, da müssen wir unbedingt auch mitmischen, sondern jemand, der sagt, der Spread zwischen portugiesischen und deutschen Anleihen kann nicht mehr besser werden, aber nur noch schlechter.

China ist für viele Makroinvestoren eine schwierige Herausforderung. Das Land ist groß, den meisten Europäern immer noch recht unbekannt und voller Verheißungen und Drohungen. China ist im Jahre 2009 erneut um zehn Prozent gewachsen, einem Jahr, in dem Deutschland um fünf Prozent geschrumpft ist. Ist das aufrechtzuerhalten oder droht auch hier eine inflationäre Blase?

Ich sehe in China eine Schieflage, möchte Ihnen allerdings erst den immer noch vorhandenen Enthusiasmus für das Land erklären. Der berühmte Investmentmanager Anthony Bolton, von Fidelity, war einer derjenigen, der noch vor dem August 2007 die Kreditblase als solche erkannte. Er gehört zu den großen und erfolgreichsten Investoren unserer Zeit, und er verkündete im Winter 2010 sein Comeback, und zwar mit einem speziellen Fonds für China. Bolton, der selbst kein Chinesisch spricht und China auch nicht besonders gut kennt, hat sich in Hongkong niedergelassen, von wo aus er den China Special Situation Fund managt.

Der Prospekt[65] von CSSF ist sehr aufschlussreich in Bezug auf die Hoffnungen der China-Bullen. Das Kernargument ist folgendes. China hat in den letzten 30 Jahren ein enormes Wachstum hingelegt, und doch ist das Pro-Kopf-Einkommen mit 3 000 Dollar im Jahr weit unter dem von Russland und Brasilien. China sei jetzt auf einem Niveau, bei dem verschiedene vergleichbare Länder einen sogenannten S-Kurven-Effekt erlebten, mit stark ansteigenden Raten des privaten Konsums, der in China immer noch sehr schwach ist. Da die Chinesen eine relativ hohe Sparquote haben, mit einem Gesamtsparvermögen mittlerweile viermal so hoch wie im Jahre 1998, ist die Wahrscheinlichkeit eines Konsumbooms sehr groß. Gleichzeitig ist die Marktkapitalisierung des chinesischen Aktienmarkts gerade einmal zwei Prozent des Weltmarktes, also ein viel kleinerer Anteil im Gegensatz zu Chinas Anteil an der Weltwirtschaft.

Die China-Geschichte ist im Grunde genommen die, dass China eine stetige industrielle Entwicklung unternimmt, und dass das Anpassungspotenzial an den Westen weiterhin sehr groß ist.

Was wir hier bislang gehört haben, ist die typische Schwellenländerstory. Weil andere Länder an dieser Schwelle in einen Konsumrausch fielen, wird China dies auch tun. Man sucht nach Schieflagen in den Statistiken und investiert in die Hoffnung, dass sich die Statistiken ausgleichen.

Ich würde diesen Schwellenländerschwank mit einiger Vorsicht genießen. Der in China ansässige amerikanische Finanzökonom Michael Pettis erzählt eine aufschlussreiche Geschichte[66], warum in China die Sparquote fällt, wenn die Zinsen steigen. Normalerweise würde man es andersherum erwarten, dass Menschen dann einen Anreiz haben zu sparen, wenn die Zinsen hoch sind, und zu konsumieren, wenn die Zinsen gering sind. Er erzählt die Geschichte einer Familie, die für die private Universitätsausbildung ihrer Kinder spart. Die Familie hat sich genau ausgerechnet, wie viel über die Jahre hinweg gespart werden muss unter Berücksichtigung der zukünftigen Zinsen. Wenn die Zentralbank die Zinsen senkt, dann muss mehr gespart werden, um das Sparziel zu erreichen. Und dann bleibt weniger Geld zum Konsumieren. Ähnliches hat man in Brasilien in den 60er- und 70er-Jahren erlebt.

Wenn also wie in China Marktmechanismen fundamental gestört sind, dann kommt es zu sehr merkwürdigen Verhaltensweisen, die man mit den ökonomischen Pi-mal-Daumen-Regeln westlicher Volkswirte und Investoren nicht mehr erklären kann. In China ist das nominale Wachstum ungefähr zehn Prozent. Man würde normalerweise erwarten, dass die nominalen Zinsen ähnlich hoch liegen, denn die Kapitalgeber, also die Sparer, müssten eine Rendite erzielen, die ähnlich wäre wie das nominale Wirtschaftswachstum. In China sind die Zentralbankzinsen aber unter zwei Prozent, was in keinem Verhältnis zum Wachstum steht.

Pettis schreibt an einer anderen Stelle eine wirklich eindrucksvolle Analyse der Gefahren, die in China drohen.[67] China leidet wie einige andere Schwellenländer auch an einem verdeckten Schuldenproblem, das in guten Zeiten nicht in den nationalen Bilanzen auftritt, das aber erst in Krisenzeiten sichtbar wird. Das liegt zum Beispiel daran, dass Banken keine Abschreibung für risikoreiche Kredite machen, dass also Kredite noch als Aktiva in den Bilanzen aufgeführt werden, die auf keinen Fall mehr zurückbezahlt werden können. Wenn so etwas systematisch geschieht, dann sind die bilanzierten Schulden des Privatsektors unterrepräsentiert. Wenn die Bank erst in Schwierigkeiten kommt oder durch den Staat gerettet werden muss, erst dann wird die Schieflage offensichtlich. In Krisenzeiten erhöhen sich dann die ausgewiesenen Schuldenstände.

Pettis rechnet aus, dass die echten Schulden des Landes – also die Summe von Staats- und Privatsektor – keineswegs die offiziell ausgewiesenen 20 bis 25 Prozent vom Bruttoinlandsprodukt sind, sondern eher 70 Prozent oder noch höher. Solche Größenordnungen wären für

westliche Länder ein Klacks. Wir haben aber im Gegensatz zu China ein modernes Bankensystem und freien Ka-
pitalverkehr. China hat ähnlich wie die USA eine Kreditblase. Viele dieser Kredite können nicht zurückbezahlt
werden. Die Optimisten unterschätzen die Probleme,
und die Pessimisten, die einen Zusammenbruch des chinesischen Bankensystems prognostizieren, verstehen laut
Pettis nicht so richtig, wie das chinesische Finanzsystem
tickt.

Wir haben schon gehört, dass in China die Zinsen mit
zwei Prozent relativ gering sind im Verhältnis zum
Wachstum des Bruttoinlandsproduktes. Wenn China ein
Problem mit faulen Krediten hat, dann gehen keinesfalls
die Banken pleite, sondern die Banken werden durch die
billigen Kreditzinsen subventioniert. Es findet also ein
immenser Wohlstandstransfer zwischen den chinesischen
Sparern und den Banken statt, beziehungsweise den
Kreditnehmern. Die logische Konsequenz aus den faulen
Krediten ist daher keine Bankenkrise, sondern eine Kon-
sumkrise. China leidet ohnehin schon an einer schwä-
chelnden Inlandsnachfrage. Das Wachstum kommt vom
Export, ähnlich wie in Deutschland. Durch die faulen
Kredite wird sich dieses Ungleichgewicht noch weiter
verstärken.

Über kurz oder lang wird ein solches System implo-
dieren, entweder durch Inflation oder eine massive Depression, die dann entsteht, wenn die vielen Kapitalfehl-
allokationen ein bestimmtes Maß überschreiten. Da man
in China nicht die kommunistische Führung abwählen
und eine andere Wirtschaftspolitik wählen kann, werden
die Probleme nicht gelöst. Das Ergebnis ist eine massive
Instabilität.

Für den europäischen Investor sind die Konsequenzen
relativ einfach. Man kann nicht wirklich gegen China
spekulieren, zumal es auch nicht klar ist, in welcher Form
sich die Instabilität in China breitmachen wird. Es reicht

zu wissen, dass die Politik nicht nachhaltig ist und dass es keine Korrekturmechanismen gibt. Der europäische Makroinvestor macht daher um China einen großen Bogen. Wenn in China dann der große Reissack umfällt, dann lassen wir das das Problem von Anthony Bolton und anderen orientalischen Schwärmern sein.

7. Wie wird daraus jetzt eine einzelne kohärente Makrostrategie?

Ich schreibe diese Zeilen Ende April 2010, also einige Monate, bevor Sie dieses Buch lesen. Ich glaube nicht, dass diese Makrostrategien eins zu eins den Verlauf der Zeit überdauern werden. Es treten neue Ereignisse ein, und es gibt neue Einsichten. In diesen Tagen erlebt das Eurogebiet gerade eine systematische und sich ausweitende Krise.

Aus der amerikanischen Kreditkrise wurde zunächst eine globale Bankenkrise und jetzt eine globale Staatsschuldenkrise. Während man in früheren Zeiten hohe Schulden durch hohe Wachstumsraten reduzierte, ist diese Möglichkeit heute in den westlichen Ländern nur in geringerem Umfang gegeben. Diese Situation kann in zwei Wege münden, mehr Inflation wie in Szenario eins oder direkte Zahlungsverweigerung der Schuldner.

Meine Analyse der ökonomischen Situation und meine Einschätzung der politischen Ökonomie in den verschiedenen Ländern favorisiert eindeutig das erste Szenario einer mittelfristigen Inflation in Verbindung mit Zahlungsausfällen in einigen Regionen. Ich würde nicht aggressiv auf einen Zusammenbruch der Europäischen Währungsunion spekulieren, doch der Süden wird auf absehbare Zeit Schwierigkeiten haben.

Noch sind diese Inflationsgefahren nicht offensichtlich, und ich würde auch kurz- und mittelfristig nicht ausschließen, dass es zu einer Deflation kommt, der die Zentralbanken mit extremer Kraft entgegenwirken würden. Das würde die darauffolgende Inflation nur verstärken. Obwohl ich die Inflation erst mittelfristig vermute, sollte man jetzt eine gemäßigte Anti-Inflations-Strategie aufbauen. Wenn die Inflation erst einmal in den Erwartungshaltungen verankert ist, dann wird eine effektive Strategie kaum noch möglich sein.

Einen zeitlichen Unterschied würde ich aber in Bezug auf die Zuteilung der Währungen machen. Den Euro sehe ich kurzfristig schwächeln. Langfristig ergeben sich zwei Möglichkeiten: Solange die Europäische Währungs-union weiterhin ein Hort der Unruhe bleibt, wird der Euro strukturell schwach bleiben. Investoren ziehen sich dann aus dem Euroraum zurück. Wenn aber die USA in die Inflation flüchten und wir Europäer hart bleiben und wenn der Euroraum nicht auseinanderfliegen sollte, dann sind die Voraussetzungen eines starken Anstiegs der europäischen Währung gegeben. Dann würde der Euro gute Chancen haben, den Dollar als Weltreservewährung abzulösen. Dieses würde einen enormen Kapitalstrom in den Euroraum nach sich ziehen. Ich mache mir über das erste Szenario ernsthafte Sorgen, halte das zweite aber für wahrscheinlicher.

Aus diesen Überlegungen ergeben sich folgende Port-folios, kurzfristig und mittelfristig. Zunächst kurzfristig:

Gold, Platin, Kupfer:	25 %
Long nordeuropäische Bonds, short südeuropäische Bonds:	25 %
Short Euro (mittels Devisenzertifikaten):	20 %
Long japanische Aktien:	20 %
Long Geldmarkt:	10 %

Eine Short-Euro-Strategie ist für konservative Anleger aus Europa einfach dadurch zu bewerkstelligen, dass man einfach in den USA oder solchen Ländern investiert, deren Wechselkurs an den Dollar gebunden ist. Abhän-gig wäre eine solche Strategie allerdings von der weiteren ökonomischen und politischen Situation im Euroraum. Mittelfristig werden sich weitere Anpassungen ergeben, die jetzt schon absehbar wären. Aus short Euro würde dann short Dollar.

Wie Sie sehen, sind das andere Portfolios als die, die Ihre Hausbank empfehlen würde. Sie können die gehebelten Strukturen in diesem Portfolio durch andere Investitionen ersetzen, etwa mit Fonds, die sich auf innereuropäische Divergenzen spezialisieren. Sie könnten die Kombination long nordeuropäische Bonds, short südeuropäische Bonds, short Euro mit einer weitgehend risikolosen Investition in US-TIPS ersetzen. Dadurch würden Sie zum einen gegen Inflation geschützt, zum anderen könnten Sie von einer anhaltenden Euroschwäche profitieren. Es ist also keinesfalls notwendig, Leerverkäufe zu tätigen oder in komplexe Produkte zu investieren, die Elemente eines Leerverkaufes integrieren. Man kann auch mit herkömmlichen Mitteln ähnliche Ergebnisse erzielen. In meinem Musterportfolio habe ich lediglich Long- und Short-Strategien benutzt, um den Zusammenhang zwischen Analyse und Strategie zu verdeutlichen.

Wenn Sie im Herbst 2010 das Buch lesen und sich fragen, ob und wie Sie Ihr Portfolio umschichten sollen, dann analysieren Sie die volkswirtschaftlichen Entwicklungen möglichst genau. Fast alle Informationen, die Sie brauchen, finden Sie im Internet und in den besseren Finanzzeitungen. Im Anhang füge ich weitere Quellen hinzu und werde auf meiner Website www.munchau.com für Leser dieses Buches weitere Updates bereithalten.

Ich würde annehmen, dass Ihr Portfolio anders aussehen wird als meines vom April 2010. Ich würde es mir sogar wünschen. Jedenfalls ist das Zeitalter der Makroinvestitionen angebrochen und dank eines immer noch innovativen Finanzsystems ist es jetzt auch für Sie, liebe Leserin, lieber Leserin, möglich, daran teilzuhaben.

Epilog

Für mich war dieses Buch eine besondere Herausforderung, weil ich mich normalerweise mit Wirtschaftspolitik beschäftige, anstatt Investitionsstrategien zum Besten zu geben. Ich musste mich daher zurückhalten, wenn es an Passagen ging, in denen ich nüchtern feststellte, dass man mit Spekulation gegen portugiesische Bonds nicht wirklich verlieren kann, insofern die Renditen nicht zu hoch sind.

Die erste Frage, die sich für viele Leser ergibt, ist: Inwieweit sind Investitionsstrategien, die wirtschaftliche Ungleichgewichte ausnutzen, überhaupt ethisch zu rechtfertigen? Solange Sie sich gegen Verluste schützen, sind solche Strategien moralisch in Ordnung. Die Politik darf keinem Investor zumuten, Verluste zu ertragen, damit bestimmte politische Ziele erreicht werden, auch nicht solche, mit denen wir übereinstimmen. Der Anleger hat das moralische Recht, sich in solchen Situationen zu wehren und damit auch der Politik Anreize zu geben, andere Lösungen zu suchen.

Eine Spekulation, die einen politischen Prozess zerstört, indem man seine eigene Marktmacht ausnutzt, ist sicher nicht moralisch. Wenn ein großer Fonds mithilfe von Kreditausfallderivaten eine Spekulationswelle auslöst, ist das ethisch nicht zu vertreten. Als Privatinvestor, selbst wenn Sie noch so reich sind, gehören Sie immer in die erste Kategorie. Alle Strategien, die ich hier in diesem Buch vorgetragen habe, fallen in die erste Kategorie.

Unmoralisch sind nicht Investoren, mit der soeben erwähnten Ausnahme, sondern Politiker, die wirtschaftliche Schieflagen verursachen beziehungsweise sie jahrzehntelang tolerieren. Wenn wir eine Währungsunion mit haushaltspolitischer Souveränität haben wollen, dann wird unweigerlich ein Moment eintreten, in dem ein Mit-

gliedsstaat die Souveränität missbraucht. Kommt es zu
einer Schuldenkrise wie im Falle Griechenlands, braucht
man ein klares und politisch realistisches Regelgerüst.
Genau das hat die deutsche Politik in den letzten 20 Jahren verhindert.

Die deutsche Politik hat aber auch jeden Versuch ver-
eitelt, die haushaltspolitische Souveränität einzuschrän-
ken. Mit anderen Worten, Deutschland hat ebenfalls
keine effektive haushaltspolitische Koordination zugelassen. Beides geht aber nicht langfristig. Wenn Krisen
auftreten, muss man sie irgendwie lösen, entweder im
Vorfeld durch politische Koordinierung oder durch einen
Anti-Krisen-Mechanismus. In der Realität braucht man
beides. Wer so handelt, braucht sich nicht zu wundern
und zu beschweren, dass Investoren die Schieflage erkennen und für sich ausnutzen.

Ich habe also überhaupt kein ethisches Problem mit
Leerverkäufen portugiesischer Bonds oder mit den Spekulationen auf einen Verfall des Euro. Die Märkte spielen
im Übrigen eine wichtige Rolle, indem sie wirtschaftspolitische Exzesse sanktionieren. Wenn wir eine halb gare
Währungsunion ins Leben rufen und dann plötzlich unsere Nationalstaatlichkeit wiederentdecken und jede weitere politische Union ablehnen, dann brauchen wir uns
nicht zu wundern, wenn irgendwelche Spekulanten unsere Dreistheit ausnutzen. Wenn die Griechen glauben,
man könne im europäischen Währungsraum auf Dauer
tricksen, dann vergessen sie, dass irgendwann der Moment kommt, wenn dieses auffliegt und der Staatsbankrott droht. Der Markt und wir als Anleger schränken
natürlich das politische Primat ein, wenn wir die Schieflagen ausnutzen. Aber das Einzige, was wir wirklich einschränken, ist der Missbrauch des politischen Primats,
nicht die Handlungsfähigkeit der Politik als Ganzes.

Auch George Soros hat sich im Jahre 1992 nicht un-
ethisch verhalten, obwohl er mit dem Ziel spekulierte,

sehr hohe Gewinne zu erzielen. Er erkannte zu Recht,
dass der von der britischen Regierung gewählte Wechselkurs nur aus Prestigegründen so gewählt war, dass er
aber wirtschaftlich nicht gerechtfertigt war. Er hat mit
seiner Spekulation einen wirtschaftspolitischen Kurswech-
sel erzwungen, der eine lange konjunkturelle Erholung
einleitete.

Auch wenn sich Anleger gegen die vielen Schieflagen
in unserer globalisierten Wirtschaft schützen können,
wie ich hoffe, in diesem Buch gezeigt zu haben, mache
ich mir dennoch große Sorgen um die Zukunft der Weltwirtschaft. Auch wenn das nicht das eigentliche Thema
dieses Buches ist, möchte ich zum Abschluss auf die politischen Konsequenzen zu sprechen kommen.

Die große Finanzkrise wandelt sich gerade von einer
Kredit- und Bankenkrise in eine Staatenkrise. Wir werden
in den nächsten Jahren noch weitere Metamorphosen erleben, eine Krise der Renten- und Gesundheitssysteme,
weitere finanzielle Instabilität, Handelskrisen und vielleicht sogar außenpolitische Spannungen, die aus diesen
steigenden wirtschaftspolitischen Spannungen entstehen.

Das Grundübel ist die Tatsache, dass wir eine Globalisierung zugelassen haben, ohne dafür die notwendigen politischen Voraussetzungen zu schaffen. Auf einer
Mikroebene haben wir dasselbe auch in Europa getan.
Wir haben eine Währungsunion, verweigern aber die Fiskalunion und die politische Union. Wir leben in einer
globalisierten Wirtschaft, und jeder lächerliche Natio-
nalstaat macht seine eigene Wirtschaftspolitik, was zu
enormen Koordinationsproblemen führt. Wir schaffen
freiwillige Institutionen wie die G 20, die sich aber nur
auf einen Minimalkonsens einigen, der oft nichts mit den
Problemen zu tun hat. So priorisierte man nach der Finanzkrise Gesetze zur Regulierung von Bonuszahlungen,
was populär war, aber nichts mit den tiefen Ursachen der
Finanzkrise zu tun hatte.

Auch im Euroraum gelang es uns nicht, Wirtschaftspolitik effektiv zu koordinieren. Anstatt dessen drifte-
ten wir von einer Krise in die andere. Die Finanzkrise
hat immer noch das Potenzial, als einer der großen Rück-
schläge in die Weltgeschichte einzugehen, vergleichbar
vielleicht mit der Pest im 14. Jahrhundert und dem 30-
jährigen Krieg im 17. Jahrhundert. Trotz bahnbrechen-
der Errungenschaften in Forschung und Technik, in der
Medizin und in der Informationstechnologie wird sie
noch lange auf uns lasten.

Sie wird in ihren verschiedenen Formen noch ein ganzes Jahrzehnt andauern und einige ihrer Effekte werden
darüber hinaus noch spürbar sein. Ich mache mir mittlerweile kaum noch Hoffnung, dass die Politik zu irgendeiner Lösung beitragen wird. Man wird hier und da ein
Feuer löschen, aber zu den wesentlichen Reformen in
den Finanzmärkten und im globalen Wirtschafts- und
Währungssystem wird es nicht kommen. Die Ungleichgewichte werden zurückkehren und in einer neuen, wahrscheinlich schwereren Krise münden. Man braucht keine
große Fantasie, um zu der Schlussfolgerung zu geraten,
dass diese Entwicklung zu einer Großenteignung der Sparer führen wird.

Das Ziel dieses Buches war daher nicht, den Gang der
Geschichte zu ändern, sondern Leser auf die drohenden
Gefahren hinzuweisen, und ihnen einen Analyserahmen
zur Verfügung zu stellen, anhand dessen man sich vor
diesen Gefahren schützen kann. Wenn Sparer in eine offene Klinge rennen, die durch die heutige Wirtschaftspolitik erzeugt wird, droht nicht nur Verarmung, sondern
politische Instabilität, Unruhen und langfristig auch eine
Bedrohung der Demokratie. Es ist daher eine wichtige
Aufgabe, Sparer und Anleger vor diesen Gefahren zu
warnen. Insofern sind die Makrostrategien auch ein poli-
tisches Buch.

Glossar und Abkürzungsverzeichnis

Hier folgt nun zum einfachen Nachschlagen ein Glossar und Abkürzungsverzeichnis der wichtigsten im Text benutzten Fachausdrücke. Kursiv gedruckte Wörter haben ihren eigenen Eintrag.

AAA oder Aaa – die beste Bewertung eines Wertpapiers oder einer *Tranche* durch die *Ratingagenturen*. Die Bewertung verläuft anhand einer Skala.

Außenbilanz – der negative Wert der *Leistungsbilanz*.

Bailout – englisch für staatliche Nothilfen. Bail ist die Kaution, die man beim Gericht hinterlässt, um einen Gefangenen bis zum Strafprozess auf freiem Fuß zu lassen.

Bank für Internationalen Zahlungsausgleich – die Zentralbank der Zentralbanken. Spielt eine wichtige Rolle in der internationalen Zusammenarbeit zwischen Zentralbanken und eine sehr wichtige Rolle in der Gestaltung internationaler Kapitalregeln. Die *Basel-I-* und *Basel-II*-Regeln wurden nach der Schweizer Stadt benannt, in der die BIZ ihren Sitz hat.

Bank-Run – ein Streik der Sparer, der dann entsteht, wenn das Vertrauen in das Bankensystem verschwindet. Ein Bank-Run war früher physisch dadurch gekennzeichnet, dass Sparer lange Schlangen vor den Bankfilialen bildeten, um ihre Konten zu schließen. Derartige Szenen hat es zuhauf während der Großen Depression und in früheren Bankenkrisen gegeben und auch vereinzelt während der Finanzkrise.

Baseler Eigenkapitalregeln – das erste Baseler Abkommen – Basel I – aus dem Jahre 1988 schreibt den Banken Eigenkapitalregeln vor. Nach diesen Regeln unterliegen die von Banken vergebenen Kredite einer durch das Eigenkapital vorgegebenen Höchstgrenze. Die Kredite werden risikogewichtet. Bestimmte Kredittypen, zum Beispiel Unternehmenskredite, werden als riskant eingestuft, andere als weniger riskant, zum Beispiel Kredite an andere Banken. Basel II ist das Nachfolgeabkommen, das in Europa im Jahre 2008 in Kraft trat. Basel II reformiert das Basel-I-Abkommen unter anderem darin, dass die Kredit-/Eigenkapital-Quoten nicht mehr nach starren Regeln berechnet werden, sondern aufgrund eines von der Bank erstellten Ratings ihrer Kreditkunden. Momentan wird als Konsequenz der Finanzkrise ein neues Baseler Abkommen ausgehandelt – Basel III.

BIP – Bruttoinlandsprodukt.

BIP Deflator – Preisindex für das gesamte *Bruttoinlandsprodukt*. Wird berechnet als Quotient von nominalem und realem *BIP*.

BIZ – siehe *Bank für Internationalen Zahlungsausgleich*.

Bond – englisch für Anleihe, ein festverzinsliches Wertpapier, das in der Regel einen Coupon (ähnlich einem Zins) bezahlt. Am Ende der Laufzeit wird der Nominalwert des Bonds zurückbezahlt. Es gibt verschiedene Formen von Bonds, zum Beispiel einen *Null-Coupon-Bond oder Zero-Coupon-Bond*.

Bretton-Woods-System – das Weltwährungssystem der Nachkriegszeit. Auf der Konferenz in Bretton Woods im amerikanischen New Hampshire einigte man sich auf ein System mit dem Dollar als Ankerwährung und festen Wechselkursen. Der Wert des Dollar war an den Goldpreis gebunden. Zur Sicherung der internationalen Finanzstabilität schuf man die beiden großen Bretton-Woods-Institutionen, die Weltbank und den Internationalen Währungsfonds, beide mit Sitz in Washington.

Bruttoinlandsprodukt – die gesamte in einem Land erbrachte Wirtschaftsleistung in einer bestimmten Zeiteinheit, zumeist in Quartalen oder Jahren angegeben. Man unterscheidet zwischen nominalem BIP, das auf dem Geldwert der Erhebungsperiode basiert, oder realem BIP, ausgedrückt in Preisen eines Bezugsjahres. Letzteres berücksichtigt also die Inflation. Man kann das BIP von der Einkommensseite sowie von der Ausgabenseite ermitteln. Die Veränderungsrate vom BIP ist das Wirtschaftswachstum.

Call – ein Optionsschein, mit dem auf steigende Wertpapierpreise spekuliert wird. Das Gegenstück zu einem Call ist der *Put*.

Carry Trade – eine kurzfristig angelegte Handelsstrategie, die darauf basiert, sich Geld in einem Land mit geringen Zinsen auszuleihen, um es dann in einem anderen Land zu höheren Zinsen anzulegen. Ein typischer Carry Trade bestand darin, sich in japanischen Yen zu verschulden, das Geld in Europa oder in den USA über Nacht anzulegen, wo die Geldmarktzinsen höher waren als in Japan, und den Kredit am nächsten Tag zurückzuzahlen.

CDS – siehe *Credit Default Swap*.

Collateralized Debt Obligation – ein Wertpapier aus dem Kreditmarkt, das Pools von Krediten bündelt und in Wertpapiere verschiedener Güteklassen umformt. Es gibt verschiedene Arten von CDOs, solche, die nur dazu dienen, die Bilanz einer Bank zu bereinigen (Balance Sheet CDO), und solche, die aktiv gemanagt werden. Es gibt CDOs, die in *Mortgage-Backed Securities* investieren, auch CMO (*Collateralized Mortgage Obligation*), und es gibt CDOs, die sich in anderen Segmenten des Kreditmarkts eindecken. Mit CDOs meint man auch die Zweckgesellschaften, die von den Investmentbanken etabliert werden mit dem Ziel, CDOs auf den Markt zu bringen.

Commercial Paper – Geldmarktpapiere mit Laufzeiten von bis zu zwei Jahren. Werden meistens von Banken oder Großunternehmen für eine kurzfristige Finanzierung herausgegeben. Es gibt vier Typen von Commercial Papers.

Coupon – einem Zins entsprechende und ebenfalls in Prozenten ausgedrückte regelmäßige Zahlung an einen Bondinhaber. Der Coupon bezieht sich auf den Nominalwert des Bonds.

Credit Default Swap – *Kreditausfallderivat.*

DSGE-Modelle – *Dynamic Stochastic General Equilibrium.*

Duration – eine Kennzahl eines Bonds, die die durchschnittliche Kapitalbindungsdauer angibt.

„Dynamic Stochastic General Equilibrium"-Modelle – eine Kategorie moderner volkswirtschaftlicher Modelle, die eine Reihe von Charakteristika haben, die Schwachstellen herkömmlicher Modelle adressieren. DSGE-Modelle sind mikrofundiert, basieren also auf mikroökonomischen Erkenntnissen über Arbeitsmärkte und Produktivität zum Beispiel. Sie sind dynamisch, das heißt in der Lage, die volkswirtschaftliche Entwicklung über eine Zeitperiode zu prognostizieren, und sie sind stochastisch, das heißt, sie berücksichtigen systematische Schocks. Die Modelle sind technisch aufwendig. Einer der Kritikpunkte der DSGE-Modelle ist die fehlende Berücksichtigung eines Finanzmarkts.

Euribor – Euro Interbank Offered Rate, ein täglicher Referenzwert der im Euroraum tätigen Banken im Interbankengeschäft.

EZB – Europäische Zentralbank.

Fed – Federal Reserve, US-amerikanische Notenbank.

Fiatgeld – von einer Zentralbank geschaffenes Geld, dessen Wert nicht an ein Metall, wie zum Beispiel Gold, gebunden ist.

Fraktionales Reservebankensystem – ein System, in dem Geschäftsbanken Mindestreserven bei der Zentralbank hinterlegen. Die Mindestreserven helfen der Zentralbank, die im Umlauf befindliche Geldmenge zu kontrollieren.

Free Floating Currency – eine Währung, deren Wechselkurs frei in den Devisenmärkten bestimmt ist. Dollar und Euro sind free floating.

FT – *Financial Times.*

G 20 – Gruppe der 20 größten Wirtschaftsnationen, die sich im Zuge der Finanzkrise als De-facto-Nachfolger der G 7/8 etablierten. Die G 20 haben sich zum Ziel gesetzt, die Wirtschafts- und Finanzpolitik in der Nachkrisenzeit besser zu koordinieren.

Geldmarkt – ein Markt für Geld, das heißt für Finanzmittel mit Laufzeiten von bis zu zwei Jahren. Es wird unterschieden zwischen dem *Interbankenmarkt* und dem *Commercial-Paper*-Markt.

Geldschöpfung – mit Geldschöpfung bezeichnet man den Prozess, wie Geld in den Wirtschaftskreislauf gerät. Das geschieht in erster Linie durch Kredite, die die Geldmenge erweitern.

Glass-Steagall Act – ein amerikanisches Gesetz aus dem Jahre 1933, das die Trennung von Geschäftsbanken und Investmentbanken vorschrieb. Die Idee bestand darin, die Sparguthaben gegen Spekulation der Banken zu schützen. Das Gesetz beinhaltete ebenso formelle Maßnahmen zur Versicherung von Sparguthaben.

Hedge – deutsch Absicherung. Ein Investor ist gehedgt, wenn er sich gegen Risiken seiner Investition absichert. Zu den Hedging-Instrumenten gehören Optionen, die einem Investor erlauben, aber nicht dazu zwingen, Wertpapiere zu einem vorher festgelegten Preis zu einem bestimmten Zeitpunkt in der Zukunft zu kaufen. Für einen Investor, der *long* ist in einem Wertpapier, der also Wertpapiere gekauft hat, ist eine Hedging-Strategie der Leerverkauf eines anderen ähnlichen Wertpapiers.

Hedgefonds – ein Fonds, dem es aufgrund seiner Regulierung erlaubt ist, zu hedgen, das heißt, Leerverkäufe zu tätigen sowie mit Optionen zu handeln.

Interbankenmarkt – ein *Geldmarkt*, auf dem Banken kurzfristig Geld verleihen und leihen ohne Sicherung. Die Zinsen auf den Geldmärkten, zum Beispiel *Libor* oder *Euribor*, sind in der Regel nahe bei den Notenbankzinsen. Während der Kreditkrise im August 2007 stiegen diese Zinssätze deutlich an.

IWF – Internationaler Währungsfonds.

Kapitalbilanz – Teil der volkswirtschaftlichen Zahlungsbilanz. Die Kapitalbilanz umfasst Änderungen von Forderungen und Verbindlichkeit gegenüber Ausländern. Die Summe aus Kapitalbilanz und *Leistungsbilanz* ergibt null (siehe Text für eine ausführliche Darstellung). Das heißt, die Kapitalbilanz ist die Leistungsbilanz mit entgegengesetztem Vorzeichen.

Kreditausfallderivat – ein Finanzinstrument im Kreditmarkt, mit dem man sich gegen einen Zahlungsausfall versichern kann. Der Käufer eines Kreditausfallderivates oder Credit Default Swap (CDS) ist derjenige, der sich versichert. Der Käufer zahlt in der Regel eine vierteljährliche Prämie an den Verkäufer. Der Verkäufer muss im Falle eines Zahlungsausfalls den Käufer kompensieren. Der Referenzwert ist zum Beispiel ein *Bond*, häufig in einer Größenordnung von zehn Millionen Dollar oder zehn Millionen Euro. Die Notierung eines CDS erfolgt in Basispunkten. Eine Notierung von 200 Basispunkten, also zwei Prozent, heißt, dass im Jahr 200 000 Dollar (beziehungsweise Euro) als Prämie fällig werden.

Kreditkrise – die im Jahre 2007 ausgelöst Krise an den globalen Finanzmärkten.

Kreditmarkt – ein Teil des Finanzmarktes, auf dem verbriefte Wertpapiere gehandelt werden. Der Großteil dieses Handels findet direkt von Bank zu Bank statt, und nicht über eine Börse.

Leerverkauf – siehe *short.*

Leistungsbilanz – Teil der volkswirtschaftlichen Zahlungsbilanz. Die Zahlungsbilanz beinhaltet alle wirtschaftlichen Transaktionen zwischen In- und Ausland. Umfasst vorwiegend die Handelsbilanz und die Dienstleistungsbilanz sowie Transfers. Defizite oder Überschüsse in der Leistungsbilanz werden in Prozentpunkten vom *BIP* ausgedrückt. Für ein Land wie Deutschland gilt die Daumenregel: Leistungsbilanz + *Kapitalbilanz* = 0.

Long – ein Investor ist long in einem Wertpapier, wenn er das Wertpapier kauft und hält. Ein Investor ist long, wenn er hofft, dass das Wertpapier in der Zukunft an Wert gewinnt. Die meisten Privatinvestoren sind long.

Makroökonomisch (Makro) – die gesamte Volkswirtschaft betreffend.

Makro-Hedgefonds – *Hedgefonds,* die sich darauf spezialisieren, Investitionen auf der Basis makroökonomischer Analysen zu treffen.

Margin Call – die Aufforderung des Brokers, das Margin-Konto aufzustocken.

Margin-Konto (Margin Account) – ein Konto bei einem Broker, mit dem er bestimmte risikobehaftete Transaktionen verrichten kann, wie zum Beispiel Leerverkäufe (Shorts). Es muss eine vereinbarte Mindestsumme auf dem Konto bleiben, um eventuell auftretende Verluste zu decken.

Mikroökonomisch (Mikro) – einzelne Untereinheiten der Volkswirtschaft betreffend, zum Beispiel den Arbeitsmarkt.

Mortgage – ein durch Grundbesitz gesicherter Kredit, ähnlich einer Hypothek. Eine amerikanische Mortgage unterscheidet sich allerdings in einigen wichtigen Aspekten von einer deutschen Hypothek. So sind Mortgages in der Regel refinanzierbar, also innerhalb der Laufzeit kündbar. Mortgages unterliegen stärkerer Innovation als klassische Hypotheken.

Mortgage-Backed Security – hypothekenbesichertes Wertpapier. Eine Spezialform einer *Asset-Backed Security,* die durch eine Hypothek abgesichert ist.

Nominalwert des Bonds – der Wert, der am Ende der Laufzeit eines Bonds zurückgezahlt wird und auf den sich der *Coupon* bezieht.

Null-Coupon-Bond – ein *Bond,* der keine Coupons bezahlt, den man dafür zu einem Abschlag vom Nominalpreis kauft. Der Grund für eine derartige Konstruktion liegt häufig im Steuersystem, wenn Einnahmen (Coupons) anders besteuert werden als Kapitalerträge (Differenz zwischen Nominalwert des Zero-Coupon-Bonds und dem zu Anfang abgezinsten Kaufpreis).

OATi, OAT i – inflationsindizierte Bonds der französischen Regierung (obligations assimilables du Trésor). Bei einem OATi ist die Referenz der französische Preisindex. Bei einem OAT i der harmonisierte europäische Preisindex.

Ponzi-System – Schnellballsystem, benannt nach dem berühmten amerikanischen Gauner Charles Ponzi.

Primärdefizit – das jährliche Defizit des öffentlichen Sektors ohne Berücksichtigung von Zins- oder Couponzahlungen, zumeist ausgedrückt als Prozent vom *BIP*.

Put – ein Optionsschein, mit dem man gegen den Verfall von Wertpapierpreisen spekuliert. Das Gegenstück zu einem Put ist der *Call*. Mit einem sogenannten Greenspan-Put meint man, dass die US-Notenbank den Spekulanten im Fall eines Markteinbruchs mit Zinssenkungen zuhilfe kommt. Spekulanten brauchen sich also nicht gegen einen Verfall des Gesamtmarktes abzusichern, weil die Notenbank diese Aufgabe übernimmt.

Quantitative Lockerung – eine Methode der Geldpolitik. Mit der quantitativen Lockerung bezeichnet man den Versuch einer Zentralbank, die Marktzinsen zu reduzieren, indem sie festverzinsliche Wertpapiere aufkauft (was deren Preis erhöht und die Renditen senkt). Es gibt verschiedene Strategien der quantitativen Lockerung, die sich auf bestimmte Segmente des Marktes beziehen. Im letzten Jahrzehnt wurde die quantitative Lockerung insbesondere von den Zentralbanken Japans, der USA und Großbritanniens in großem Maße betrieben, wohingegen die Europäische Zentralbank lediglich den Markt für Pfandbriefe unterstützte.

Ratingagenturen – private Firmen, deren Geschäft darin besteht, Wertpapiere zu bewerten. Die drei wichtigsten internationalen Ratingagenturen sind Moody's, Standard & Poor's und Fitch Rating. Den Ratingagenturen wird vorgeworfen, die Kreditkrise durch zu großzügige Bewertungen mitverschuldet zu haben.

„Real Business Cycle"-Modelle – eine Klasse moderner volkswirtschaftlicher Modelle, in der die Fluktuationen der Wirtschaft hauptsächlich durch reale Schocks erklärt werden. RBC-Modelle sind vorwiegend mit konservativen ökonomischen Denkschulen assoziiert.

Rendite des Bonds – das jährliche Einkommen eines Bonds, ausgedrückt in Prozent vom Kaufpreis.

Repo – steht für englisch Repurchase Agreement oder Securities Repurchase Agreement. Ein Repo ist eine regelmäßige Auktion, mit deren Hilfe eine Zentralbank kurzfristiges Geld den Banken zur Verfügung stellt. Der Repo-Satz – der Leitzins der Zentralbank – ist der Zinssatz für diesen Kredit. Technisch funktioniert ein Repo so, dass die Zentralbank den Banken Wertpapiere abkauft, die bestimmte Bedingungen erfüllen müssen und die nach Ablauf des Repo-Geschäfts an die Banken zurückverkauft werden, abgezinst mit dem Repo-Satz.

Schulden-Deflation – ein Konzept des US-Ökonomen Iriving Fisher aus den 30er-Jahren. Nach seiner Schulden-Deflations-Theorie kann eine Depression durch eine Abwärtsspirale entstehen, in der eine Deflation den realen Wert der Schulden erhöht und damit die Wirtschaft zu weiterem Schuldenabbau und Konsumverzicht zwingt, was wiederum die Preise verfallen lässt und den realen Wert der Schulden weiter erhöht.

Short – ein Investor ist short in einem Wertpapier, wenn er Leerverkäufe tätigt, das sind Verkäufe von Wertpapieren, die man jetzt nicht besitzt, die man zu einem späteren Zeitpunkt kaufen muss. Ein Investor ist short, wenn er darauf wettet, dass der Preis fällt.

Spread – *Zinsspanne.*

Standardabweichung – ein Ausdruck aus der Statistik. Die Standardabweichung ist ein Maß für die Streuung einer statistischen Serie um den Durchschnitt herum.

Subprime – Kredit oder Hypotheken an Kunden mit geringerer Kreditwürdigkeit. Subprime-Hypotheken wurden vor der Krise oft ohne Überprüfung des Einkommens des Antragstellers vergeben. Ein Anstieg der Nichtzahlungen von Subprime-Hypotheken war Auslöser der Kreditkrise.

Swap – ein Finanzinstrument, bei dem zwei Parteien sich einigen, Zahlungsströme miteinander auszutauschen. Ein wichtiger Swap ist der Zinsswap, wobei Zahlungen von variablen und festen Zinsen miteinander ausgetauscht werden. Die eine Partei zahlt der anderen den variablen Satz, zumeist *Libor* oder *Euribor*, die andere Partei zahlt den festen Satz, den sogenannten Swap-Satz.

Taylor Rule – eine geldpolitische Regel, benannt nach dem US-Ökonomen John Taylor, wonach der optimale Zinssatz einer Zentralbank von zwei Faktoren abhängig sein sollte: die Abweichung vom Inflationsziel sowie die geschätzte Abweichung vom Potenzialwachstum.

TIPS – inflationsindizierte Bonds der amerikanischen Regierung (Treasury Inflation Protected Securities).

Verbriefung – darunter versteht man die Umwandlung von nicht handelbaren Finanzinstrumenten, wie zum Beispiel Krediten, in handelbare Wertpapiere.

Währungsreserven – die Aktiva, die eine Zentralbank in ausländischer Währung unterhält. Die Währungsreserven westlicher Industrieländer sind relativ unbedeutend. Aber in Ländern mit Devisen- und Kapitalkontrollen wie China können Währungsreserven hohe Positionen einnehmen, wenn diese Länder Überschüsse in der *Leistungsbilanz* erzeugen. Die Einkünfte in Auslandswährung werden dann nicht in die heimische Währung umgetauscht, sondern als Währungsreserven gehalten, die dann meistens in sicheren US-Staatsanleihen wieder angelegt werden.

Wechselkurs, nominal und real – der nominale Wechselkurs zweier Währungen ist die Umtauschrate. Der reale Wechselkurs berücksichtigt die Inflation. In Systemen mit festen Wechselkursen wie im *Bretton-Woods-System* kann es zu Änderung des realen Wechselkurses kommen, auch wenn der nominale Wechselkurs konstant bleibt, wenn in den jeweiligen Ländern unterschiedliche Inflationsraten vorherrschen. So fiel sowohl im *Bretton-Woods-System* als auch in der Europäischen Währungsunion der reale Wechselkurs Deutschlands gegenüber den anderen Mitgliedern im System, obwohl der nominale Wechselkurs fest war.

Zahlungsbilanz – erfasst alle monetären Transaktionen zwischen Inländern und Ausländern. Ihre wichtigsten Komponenten sind die *Leistungsbilanz* und die *Kapitalbilanz*. Die Zahlungsbilanz ist per Definition ausgeglichen.

Zero-Coupon-Bond – *Null-Coupon-Bond*.

Zinsspanne – englisch Spread. Die Differenz zwischen dem Zinssatz eines Wertpapiers und dem Zinssatz einer sicheren Staatsanleihe, etwa von Bundesanleihen. Wenn die Zinsspanne klein ist wie während der Blase, dann sind die Investoren besonders risikofreudig. Sie akzeptieren eine geringe Risikoprämie für den Kauf eines Wertpapiers. Eines der Merkmale der Krise vom August 2007 war ein plötzlicher Anstieg der Zinsspanne.

Zinsstrukturkurve – eine Darstellung der Marktzinsen in Abhängigkeiten ihrer Laufzeit. Bei einer normalen Zinsstrukturkurve sind die langfristigen Zinssätze höher als die kurzfristigen. Bei einer invertierten Zinsstrukturkurve ist es umgekehrt. Kurzfristige Zinsstrukturkurven gelten als Marktindikatoren für bevorstehende Rezessionen.

Zinsswap – ein Derivat, bei dem zwei Parteien Zinsströme austauschen. Meistens handelt es sich um einen Tausch von Zinszahlungen mit festen und variablen Zinsen. Der Markt für Zinsswaps ist eine der größten Segmente des gesamten Finanzmarkts, weil viele Unternehmen nur Zugang zu variablen Bankkrediten haben, die sie zur Planungssicherheit in festverzinsliche Kredite umtauschen möchten. Vertragspartner sind oft größere Unternehmen, die Zugang zu den Kapitalmärkten haben, die festverzinsliche Wertpapiere zur Verfügung stellen. Unter Umstände können die großen Firmen ihre günstigen festverzinslichen Kredite in variable Kredite mit zum Teil sehr geringen Zinssätzen tauschen.

Empfehlenswerte Literatur

Die Liste der relevanten Literatur ist sehr groß. Wer sich weiterbilden möchte, der sollte sich auf folgende drei Themenbereiche konzentrieren: internationale Finanzkrisen, internationale Währungssysteme, ökonomische Theorien der Instabilität und globale Ungleichgewichte. Ich liste hier jeweils nur ein oder zwei Bücher pro Themenbereich auf. Es sind Bücher, die Sie als Makroinvestoren wahrscheinlich lesen sollten. Ich erwähne keine Finanzliteratur, die Ihnen zeigt, wie man Leerverkäufe tätigt. Diese Informationen sind im Internet kostenlos erhältlich.

Die folgenden Bücher würden eine exzellente Grundlage für ein vertieftes Studium bilden. Mit einer Ausnahme sind die folgenden Bücher leider nur in englischer Sprache erhältlich.

Über Finanzkrisen
Das unverzichtbare moderne Standardwerk für Finanzkrisen ist:
Reinhart, Carmen; Rogoff, Kenneth: *This Time Is Different: Eight Centuries of Financial Folly*, Princeton University Press, 2009

Das ebenso unverzichtbare klassische Standardwerk über Finanzkrisen:
Kindleberger, Charles: *Manien, Paniken, Crashs. Die Geschichte der Finanzkrisen der Welt*, Börsenmedien, 2001

Über die Geschichte des Währungssystems
Auch hier gibt es ein überragendes modernes Standardwerk der Literatur.
Eichengreen, Barry: *Globalizing Capital: A History of the International Monetary System*, 2 ed., Princeton University Press, 2008

Über Finanzinstabilität
Nicht ganz leicht, aber hochrelevant für die Analyse der Instabilität unseres Finanzsystems ist Minskys wiederentdeckter Klassiker:
Minsky, Hyman S.: *Stabilizing an Unstable Economy*, McGraw-Hill, 2008

Über globale Ungleichgewichte
Das wichtigste Buch zu diesem Thema ist:
Brender, Anton; Pisani, Florence: *Global Imbalances and the Collapse of Global Finance*, Centre for European Policy Studies, 2010, www.ceps.be

Eine sehr gut lesbare Analyse ist die eines Kollegen:
Wolf, Martin: *Fixing Global Finance*, updated edition, Johns Hopkins University Press, 2010

Anhang: Internetquellen

Für den privaten Makroinvestor, der keinen Zugang zu professionellen Dienstleistern hat wie Bloomberg oder Reuters, bieten sich eine Reihe von alternativen Quellen an. Fast alle wichtigen Quellen für Makroinvestoren sind in englischer Sprache. Ich treffe hier eine Auswahl von Ressourcen, auf die ich mich selbst verlasse. Diese Liste ist natürlich nicht vollständig.

Tageszeitungen
• Hier ist Ihr Autor aufgrund seiner beruflichen Situation keine neutrale Quelle. Ein Online-Abo bei der *Financial Times*, www.ft.com, ist für viele international orientierte Makroinvestoren wahrscheinlich sinnvoll. Alternativen wären das *Wall Street Journal*, www.wsj.com, und, mit Abstrichen, *The Economist*, www.economist.com. Deutsche Alternativen sind *Financial Times Deutschland*, *Handelsblatt* und *Börsenzeitung*. Jede dieser Zeitungen hat ihre eigenen Stärken. Eine dieser Zeitungen zu abonnieren, oder zumindest eine Online-Version, wäre sicherlich ratsam.

Informationsdienste und Blogs
• Einer der zuverlässigsten Makroblogs ist www.calculatedrisk.com, ein Blog, der sich während der US-Immobilienkrise einen großen Namen verdiente. Der Blog gehörte auch zu den ersten überhaupt, die am 9. Mai die Nachricht von einer Einigung über ein europäisches Rettungspaket in die Öffentlichkeit brachten. Hierbei handelt es sich vorwiegend um einen Referenzblog über Makrothemen im Allgemeinen mit Analysen im Immobiliensektor.

Bei den folgenden zwei Tipps muss Ihr Autor wieder seine Befangenheit erklären.

• FT Alphaville, www.ftalphaville.com, ist ein sehr lebendiger Finanzblog der *Financial Times*, der im Mai 2010 noch frei zugänglich war. Dort gibt es viele Referenzen und anspruchsvolle Diskussionen zu aktuellen Finanzthemen.

- Der Autor ist ein Mitgründer des europäischen Informationsdienstes www.eurointelligence.com, der im Mai 2010 ebenfalls noch frei zugänglich war. Eurointelligence ist ein Informationsdienst für den Euroraum, der jeden Morgen eine kommentierte Analyse der wichtigsten, den Euroraum betreffenden Nachrichten und Kommentare aus den europäischen Medien liefert.
- Der Blog www.nakedcapitalism.com gehört zu den schärfsten und regimekritischsten unter den Finanzblogs, mit einem großen Interesse an Makro- und Finanzthemen. Die Chefbloggerin Yves Smith gehört zu den intelligentesten Kritikern des amerikanischen Finanzkapitalismus.
- Es gibt viele Makroblogs von Ökonomieprofessoren. Die meisten von ihnen beschäftigen sich mit sich selbst und ihren internen Debatten. Einer der interessantesten Blogs für Makroinvestoren ist www.baselinescenario.com vom ehemaligen IWF-Chefökonomen Simon Johnson und LSE Prof. Peter Boone. Johnson und Boone gehörten zu den schärfsten Kommentatoren in der globalen Finanzkrise, und vor allem auch in der Eurokrise. Dort bekommen Sie Analysen, die in einem scharfen Kontrast stehen zu der Verlautbarungspolitik der Bundesregierung und der europäischen Institutionen.
- Paul Krugmans Blog, www.krugman.blogs.nytimes.com, ist sicherlich ebenfalls lesenswert. Der Nobelpreisträger und Kolumnist der *New York Times* ist einer der schärfsten globalen Makrodenker überhaupt. Er hatte die Krise im Euroraum schon lange vorher gesehen, bevor sich die Europäer selbst dafür interessierten.
- Auch wenn China bei uns nicht in unserem Vordergrund steht, sollte man über die ökonomische Situation dort vertraut sein. Michael Pettis und sein China Financial Markets Blog, www.mpettis.com, gehören zu den besten Makrofinanzanalysen, die es aus China gibt. Für Ihren Autor ist Pettis die wichtigste Quelle von Informationen aus China.
- Zu erwähnen ist auch der deutsche Blog Herdentrieb, von *Zeit*-Journalisten geschrieben, mit zum Teil sehr guten Analysen, der aber nicht mit derselben Frequenz erscheint wie die oben genannten Blogs.
- Ein ebenfalls guter Makroblog ist der Economics Blog vom *Wall Street Journal*, http://blogs.wsj.com/economics, der eine gute Quelle von Nachrichten und Interviews ist.

Statistiken
- Quasi die Bibel makroökonomischer Statistiken ist der World Economic Outlook des Internationalen Währungsfonds, www. imf.org. Im Anhang findet man einen guten Überblick über Makrodaten.
- Ihr Autor arbeitet ebenfalls gern mit den europäischen Makrodaten der Europäischen Kommission in deren Publikationsreihe *The European Economy*. Nicht ganz leicht zu finden. Ich gebe Ihnen den vollständigen Pfad. Dort haben Sie die wichtigsten Wirtschaftsdaten über den Euroraum und die einzelnen Mitgliedsstaaten sowie wichtige andere Länder: http://ec.europa.eu/ economy_finance/publications/european_economy/forecasts_ en.htm.
- Hier gibt es eine Menge freier Informationen. Für monetäre Daten aus dem Euroraum sollte man unbedingt das Statistical Data Warehouse, sdw.ecb.europa.eu der Europäischen Zentralbank zurate ziehen, wo die neusten für die Geldpolitik relevanten Daten frei heruntergeladen werden können. Die nationalen Zentralbanken haben die jeweiligen nationalen Daten-Pendants, wie zum Beispiel die Bundesbank, www.bundesbank.de, die Banque de France, www.banque-france.fr, die spanische Zentralbank, www.bde.es, und die italienische Zentralbank, www.banca ditalia.it.
- Leider immer noch ein Geheimtipp ist die große Makrodatenbank der Europäischen Kommission, die auf deren Website derart gut versteckt ist, dass nur Insider sie finden. Selbst Google versagt. Ich gebe Ihnen daher den vollständigen Pfad: http:// ec.europa.eu/economy_finance/db_indicators/ameco/index_ en.htm. Dort gibt es die komplette Sammlung von Makrodaten aus dem Euroraum.
- Für die USA gibt es viele erstklassige Quellen. Von offizieller Seite sind zu erwähnen natürlich die Federal Reserve, http:// www.federalreserve.gov/datadownload. Sehr gut sind die Datenseiten von Professor Robert Shiller, dessen aktualisierte Datenreihe zu CAPE und zu US-Immobilienpreisen man hier finden kann, http://www.econ.yale.edu/~shiller/data.htm.
- Auch Yahoo! Finance ist eine sehr gute Internetseite, die umsonst viele Datendienste anbietet. Die amerikanische Seite ist finance.yahoo.com und die deutsche de.finance.yahoo.com.
- Ebenfalls sehr gute Datenbanken in Zeiten der Finanzkrise hat die Bank für Internationalen Zahlungsausgleich, www.bis.org, mit hervorragenden Datensätzen.

- Zusammen mit der BIS und dem IWF hat die Weltbank eine interessante Datenbank über Auslandsschulden zusammengetragen. Das ist gerade jetzt in der Finanzkrise eine wichtige Informationsquelle. Am besten „googeln" Sie World Bank External Debt, und dann suchen Sie die Unterseite „Quaterly External Debt". Dort haben Sie Zugang zu den wichtigsten internationalen Schuldenstatistiken. Wenn Sie wissen wollen, wie viel Geld Portugal dem Ausland schuldet, dort steht es.
- Ein weiterer Tipp. Benutzen Sie das Internet und vor allem Suchmaschinen wie Google. Sie finden fast alles. Wörter und Konzepte, die man nicht versteht, aktuelle Kursdaten und viele Datenbanken und Grafiken. Der Vorteil professioneller Systeme besteht darin, dass Sie innerhalb einer Oberfläche schnell suchen können. Aber die für Makroinvestoren relevanten Daten sind fast alle frei verfügbar. Und der Zeitvorteil ist für Sie als Makroinvestor eh nicht von Bedeutung.
- Und zu guter Letzt die Website zum Buch, auf meiner Homepage www.munchau.com, wo ich Updates und weitere Information für Leser bereitstelle.

Anmerkungen

1   "Gespielt, getäuscht, gemogelt", *Spiegel*, 24.03.1975; http://
    www.spiegel.de/spiegel/print/d-41521241.html
2   Homepage von Professor Stephen Hsu; die Grafik befindet sich
    auf: http://duende.uoregon.edu/~hsu/blogfiles/JapanLandPrices.
    jpg
3   Siehe folgende Referenz in FT Alphaville: http://ftalphaville.
    ft.com/blog/2007/10/02/7752/pressure-mounts-on-citigroup
    %E2%80%99s-prince/
4   „Look back in anger at the spirit of the age", *Financial Times*,
    28.12.2009; http://www.ft.com/cms/s/0/7ae08d02-f3eb-11de-ac
    55-00144feab49a.html
5   Siehe zum Beispiel: *Manias, Panics, and Crashes: A History of
    Financial Crises* (Wiley, 2005, 5th edition) oder *The World in
    Depression: 1929–1939* (University of California Press, 1973)
6   Siehe zum Beispiel: *A short history of financial euphira*, Pen-
    guin Books Ltd; Reprint edition (1994) oder *The Great Crash
    of 1929*, Mariner Books (1997)
7   Anton Brender, Florence Pisani: „Globalised finance and its
    collapse", übersetzt von Francis Wells. Ursprünglicher Titel: „La
    crise de la finance globaliste", Centre for European Policy Stu-
    dies, www.ceps.be. http://www.google.co.uk/url?sa=t&source
    =web&ct=res&cd=2&ved=0CAoQFjAB&url=http%3A%2F
    %2Fiepecdg.com.br%2Fuploads%2Flivros%2FBrender_Pisani
    Globalised_finance.pdf&ei=gWlDS5-4KMjMjAfA5eCADg&
    usg=AFQjCNG6gpgTxI6cBl2FNNyRyEjB77aGXA&sig2=Z0
    QuOW333y4sHLwnDdsgFw
8   John Maynard Keynes: *Allgemeine Theorie der Beschäftigung,
    des Zinses und des Geldes*, dt. Übersetzung, Duncker & Humb-
    lot, 11. Auflage, 2009
9   Die beiden großen Monografien von Hyman P. Minsky sind
    John Maynard Keynes, McGraw-Hill Professional (2008) und
    Stabilising an unstable economy, McGraw-Hill Professional
    (2008)
10 Hyman P. Minsky, „Securitization", Policy Note 2008/2, The
    Levy Institute of Bard College
11 Eine gute Zusammenfassung seiner Hauptidee ist: „The Finan-
    cial Instability Hypothesis", Working Paper No. 74, The Jerome
    Levy Economics Institute of Bard College, http://www.levy.org/
    pubs/wp74.pdf

12 Siehe zum Beispiel den Kommentar von Arvind Subramanian, „How economics managed to make amends", *Financial Times*, 27.12.2009, http://www.ft.com/cms/s/0/a2e35910-f30a-11de-a888-00144feab49a.html

13 BIS Working Papers, No. 258, DSGE models and central banks, Camilo E Tovar, Monetary and Economic Department, September 2008

14 „Default and DSGE models", Charles A. E. Goodhart Dimitri Tsomocos, 26.11.2009, www.vox.eu

15 Willem Buiter: „The unfortunate uselessness of most ‚state of the art' academic monetary economics", *Financial Times*, Mavercon Blog, 03.03.2009, http://blogs.ft.com/maverecon/2009/03/the-unfortunate-uselessness-of-most-state-of-the-art-academic-monetary-economics/

16 Frederic S. Mishkin, Rede vor dem Forecaster's Club of New York, New York, 17.01.2007, http://www.federalreserve.gov/newsevents/speech/Mishkin20070117a.htm, Enterprise Risk Management and Mortgage Lending

17 Frederic S. Mishkin: „Not all bubbles present a risk to the economy", *Financial Times*, 09.11.2009

18 „In Atlanta, Bernanke defends Fed's role in housing bubble", *The Atlanta Journal-Constitution*, 03.01.2010

19 Wynne Godley, Dimitri B. Papadimitriou, Gennaro Zezza: „The U.S. Economy: What's Next?", Economics Strategic Analysis Archive sa_apr_07, Levy Economics Institute, The Bard College, New York 2007

20 Wynne Godley, Mark Lavoie: „Two Country Stock Flow Consistent Macroeconomics Using a closed model with a dollar exchange rate regime", http://www-cfap.jbs.cam.ac.uk/publications/files/WP10%20-%20Godley%20&%20Lavoie.pdf

21 Bloomberg: „U.S. Needs More Inflation to Speed Recovery, Say Mankiw, Rogoff", 19.05.2009, http://www.bloomberg.com/apps/news?pid=20601109&sid=auyuQlA1lRV8

22 Olivier Blanchard, Giovanni Dell'Ariccia, Paolo Mauro: „Rethinking Macroeconomic Policy", International Monetary Fund, www.imf.org

23 Axel Weber: „Der IWF spielt mit dem Feuer", 25.02.2010, *Financial Times Deutschland*, http://www.ftd.de/politik/konjunktur/:waehrungspolitik-der-iwf-spielt-mit-dem-feuer/50080179.html

24 Bank für Internationalen Zahlungsausgleich: Derivat-Statistiken, http://www.bis.org/statistics/derstats.htm

25 „Eurozone inflation undershoots ECB target", Ralph Atkins, 05.01.2010, *Financial Times*, http://www.ft.com/cms/s/0/44d97 fba-f9eb-11de-adb4-00144feab49a.html?catid=6&SID=google

26 Siehe BBC, http://news.bbc.co.uk/2/hi/business/7509715.stm

27 Axel Leijonhufvud: „Monetary und Financial Stability", Centre for Economic Policy Research, Policy Insight 14, October 2007, www.cepr.org.

28 Knut Wicksell: *Geldzins und Güterpreise*, Fischer Verlag, 1898

29 http://de.wikipedia.org/wiki/Geldschöpfung

30 Axel Leijonhuvfud: „Wicksells Erbe", ein Klassiker der Preis- und Geldtheorie, Verlag Wirtschaft und Finanzen, Düsseldorf, 1997, sowie „Monetary and Financial Stability", CEPR Policy Insight Nr. 14, Oktober 2007

31 Don Patinkin: „Financial Intermediaries and the Logical Structure of Monetary Theory, a Review Article", *American Economic Review*, L1:95-116

32 Adam Posen: „Seven Broad Lessons for the United States from Japan's Lost Decade", Peterson Institute for International Economics, Remarks presented at Japan's Lost Decade: Lessons for the United States, The Brookings Institution, 26.03.2009, http://www.iie.com/publications/papers/posen0309.pdf

33 Yuan ist die Einheit der chinesischen Währung. Man sagt also sechs Yuan. Renminbi ist der Name der Währung. Das ist ähnlich wie mit Sterling und Pfund. Die britische Währung heißt Sterling, man sagt aber nicht sechs Sterling, sondern sechs Pfund.

34 Barry Eichengreen: „Crunch Times for China", Eurointelligence, 14.01.2010, http://www.eurointelligence.com/article.581+M 543c9b67d12.0.html

35 Michael P. Dooley, David Folkerts-Landau, Peter Garber: „An Essay on the Revived Bretton Woods System", National Bureau of Economic Research, September 2003, www.nber.org

36 IWF (2009): World Economic Outlook, Table A10, Summary of Balances on Current Account, October

37 Jim O'Neill, Chefvolkswirt von Goldman Sachs, im Gespräch mit dem Autor im Herbst 2009

38 Kevin O'Rourke: „Illusion of improving global imbalances", Eurointelligence, 04.12.2009, http://www.eurointelligence.com/ article.581+M54f6f40d6a5.0.html

39 Martin Wolf: „The eurozone's next decade will be tough",
    Financial Times, 05.01.2010, http://www.ft.com/cms/s/0/19da
    1d26-fa2f-11de-beed-00144feab49a.html
40 Wolfgang Münchau: „A Franco-German marriage of conveni-
    ence", *Financial Times*, 15.11.2009, http://www.ft.com/cms/s/
    0/a450ea7a-d216-11de-a0f0-00144feabdc0.html?catid=131
    &SID=google
41 Wolfgang Münchau, Susanne Mundschenk: „Eurozone Melt-
    down", Eurointelligence, http://www.eurointelligence.com/ar
    ticle.581+M57ab41e086c.0.html
42 Nach Schätzungen des Chefökonomen in einem Vortrag
43 Siehe Charles Kirkpatrick, Julie Dahlquist: *Technical Analysis*,
    FT Press, 2007, Seite 112.
44 Siehe Caroline Baum: „Just in time to come crashing down",
    Los Angeles Business Journal, 03.01.2000.
45 Beachten Sie, ich benutze eine logarithmische Skala, mit der
    Basis e = 2,71, was ein genaueres Bild der relativen Schwan-
    kungen ergibt. Der Crash von 1929 ist nach wie vor unüber-
    troffen, wie man eindeutig erkennt. Bei einer linearen Skala
    wäre das nicht ersichtlich.
46 Daten zu US-Aktienmärkten erhältlich in Robert Shillers
    Homepage http://www.econ.yale.edu/~shiller/
47 George Akerlof, Robert Shiller: *Animal Spirits*, übersetzte
    deutsche Ausgabe, Campus Verlag, 2009
48 Burton Malkiel: *Börsenerfolg ist (k)ein Zufall. Die besten In-
    vestmentstrategien für das neue Jahrtausend*, Finanzbuch-Ver-
    lag, 1999
49 John Cassidy, *The New Yorker*, Interview with Eugene Fame,
    13.01.2010, http://www.newyorker.com/online/blogs/johncas
    sidy/2010/01/interview-with-eugene-fama.html
50 Andrew W. Lo, A. Craig MacKinlay: *A Non-Random Walk
    Down Wall Street*, Princeton University Press, 1999
51 Burton Malkiel: *A Random Walk down Wall Street*, W.W.
    Norton & Co, 1996
52 Harry Markowitz: „Portfolio Selection", *Journal of Finance*
    (1952),7:1, Seite 77–91
53 James Tobin, W. C. Brainard: „Asset Markets and the Cost of
    Capital" in: Bela Balassa, Richard Nelson: *Economic Progress,
    Private Values and Public Policy*, North-Holland Pub. Co.,
    1977

54 Andrew Smithers: *Wall Street, Imperfect Markets and inept Central Bankers*, Wiley, 2009

55 Robert Shiller: *Irrationaler Überschwang. Warum eine lange Baisse an der Börse unvermeidlich wird*, Campus Verlag, 2000

56 Bei einem geometrischen Durchschnitt ermittelt man die n-te Wurzel aus dem Produkt von n Daten.

57 Für eine technische Diskussion siehe Stephen Write: „Measures of Stockmarket Value and Returns for the US Nonfinancial Corporate Sector, 1900–2002", *Review of Income and Wealth*, Series 50, No. 4, Dezember 2004

58 http://www.investopedia.com/university/advancedbond/advancedbond2.asp

59 Zitiert von John Kay: „Regrets, Everyone should have a few", *Financial Times* 10.03.2010, http://www.ft.com/cms/s/0/d67cdbd4-2bb3-11df-a5c7-00144feabdc0.html

60 http://pragcap.com/how-to-invest-in-a-strong-dollar-environment

61 Amelia Torres, Sprecherin des ehemaligen Währungskommissars Joaquin Almunia

62 0,4 · 0,05 = 0,02 = 2 Prozent = 200 Basispunkte

63 Carmen M. Reinhart, Kenneth S. Rogoff: „Growth in a Time of Debt", Januar 2010, www.aeaweb.org/aea/conference/program/retrieve.php?pdfid=460

64 Siehe zum Beispiel, Mark J. Manning: „Exploring the relationship between credit spreads and default probabilities", Working Paper no. 225, Bank of England, 2004

65 http://www.google.co.uk/url?sa=t&source=web&ct=res&cd=1&ved=0CAwQFjAA&url=https%3A%2F%2Fwww.fidelity.co.uk%2Fstatic%2Fpdf%2Fcommon%2Fstatutory-documents%2Fcss-prospectus.pdf&ei=NbDXS5m9BJSuOJOtmPkG&usg=AFQjCNGvGpbDKL2-RxyPmoaoH6zfnOavwA&sig2=qNQSO0AjSYKUEzS9P-XZHQ

66 „Chinese Savings and the Wealth Effekt", China Financial Markets Blog, 20.04.2010, http://mpettis.com/2010/04/chinese-savings-and-the-wealth-effect/

67 Michael Petis: „Who will pay for China's bad loans? ", China Financial Markets Blog, http://mpettis.com/2010/04/who-will-pay-for-chinas-bad-loans/

Register

Warum wir Wachstum brauchen

Karl-Heinz Paqué

Die Zukunft des globalen Kapitalismus

HANSER

Paqué
Wachstum!
Die Zukunft des globalen Kapitalismus
ca. 250 Seiten
ISBN 978-3-446-42350-3

Wirtschaft ist ohne Wachstum undenkbar: Unternehmen wollen ihre Gewinne steigern, Anteilseigner ihre Aktienkurse, ganze Volkswirtschaften ihr Bruttoinlandsprodukt. Doch immer mehr Wachstumskritiker fordern die Abkehr vom »Wachstumswahn«. Sie tun es laut und offen. Ihre Argumente: Wachstum zerstört unsere Lebensgrundlagen, es führt zu unbeherrschbaren Finanzkrisen, es spaltet die Gesellschaft in Arm und Reich.

Karl-Heinz Paqué nimmt diese Kritik sehr ernst, zeigt aber in seinem Buch: Die drängenden ökologischen und sozialen Probleme der Menschheit sind nur durch Wachstum zu lösen. Die Frage, wie wir Wachstum bewerten – ob wir es entschieden bejahen oder zutiefst ablehnen –, ist alles andere als ein akademisches Problem. Sie ist entscheidend für die Weichenstellungen, die wir in der Politik und in der Wirtschaft vornehmen: Sollen wir für die Zukunft unserer Gesellschaft weiterhin auf Wachstum setzen? Und wenn ja, wie muss dieses Wachstum aussehen?

»Steuern sind ein erlaubter Fall von Raub.« *Thomas von Aquin*

Beck/Prinz
Zahlungsbefehl
Von Mord-Steuern, Karussell-Geschäften
und Millionärs-Oasen
272 Seiten
ISBN 978-3-446-42343-5

Seit sich Menschen zu Herrschern über Menschen aufgeschwungen haben, gibt es Steuern, und seit es Steuern gibt, leiden die Menschen unter deren Lasten und Ungerechtigkeiten.

Hanno Beck und Aloys Prinz zeigen auf unterhaltsame Weise ohne Fachjargon und Gesetzeskauderwelsch, was es auf sich hat mit Steuern auf Bärte, Seelen, Sklaven, Konsum und Vermögen, welche Mängel das deutsche Steuerrecht hat und wie der Staat seinen Bürgern in die Tasche greift.

Die Autoren verschließen auch nicht die Augen vor der düsteren Seite des Themas: Die zunehmende Staatsverschuldung muss eines Tages abgetragen werden, damit der Staat wieder Handlungsspielräume gewinnt, und solange kein Staatsbankrott zur Debatte steht, geht dies nur auf einem Weg: über höhere Steuern. Die kommenden Jahre werden im Zeichen steigender Steuerbelastung stehen – die Frage ist nur, wer die Zeche zahlt.

Mehr Informationen zu diesem Buch und zu unserem
Programm unter **www.hanser.de**

Was uns Schwarze Schwäne lehren

Taleb
**Der Schwarze Schwan – Konsequenzen
aus der Krise**
136 Seiten
ISBN 978-3-446-42410-4

In seinem neuen Buch zeigt Nassim Taleb in seiner gewohnt nachdenklichen und kenntnisreichen Prosa, dass es vier verschiedene Arten von Ereignissen gibt, die unser Leben prägen. Drei davon sind unproblematisch: sie sind entweder unerheblich oder in ihren Folgen beherrschbar.

Teuflisch ist nur eine einzige Art von Ereignissen – Schwarze Schwäne: Mit zerstörerischer Gewalt reißen sie die Welt in ihren Strudel – das hat die schwerste Wirtschaftskrise seit 80 Jahren mit drastischer Deutlichkeit gezeigt.

Doch die gute Nachricht lautet: Wer Schwarze Schwäne erkennen kann, kann sich auch vor ihnen schützen. Und so bietet Taleb in seinem neuen Buch erstaunlich praktische Ratschläge, wie Privatpersonen, ganze Unternehmen und Gesellschaften robuster werden können gegenüber der Macht der Schwarzen Schwäne.

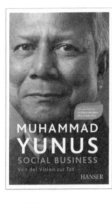